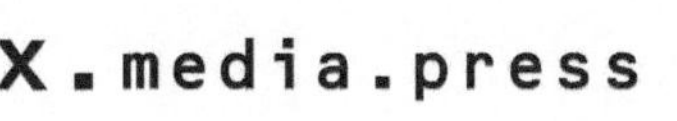 
X.media.press

Sonja Monika Quirmbach

Suchmaschinen:

User Experience, Usability und nutzerzentrierte Website-Gestaltung

Sonja Monika Quirmbach
Wiesbaden, Deutschland

ISBN 978-3-642-20777-8   ISBN 978-3-642-20778-5 (eBook)
DOI 10.1007/978-3-642-20778-5
Springer Heidelberg Dordrecht London New York

Die Deutsche Nationalbibliothek verzeichnet diese Publikation in der Deutschen Nationalbibliografie; detaillierte bibliografische Daten sind im Internet über http://dnb.d-nb.de abrufbar.

Springer Vieweg

Springer Vieweg ist eine Marke von Springer DE.
Springer DE ist Teil der Fachverlagsgruppe Springer Science+Business Media
www.springer-gabler.de

Vorwort

Das vorliegende Buch versucht, eine Brücke zwischen den Nutzern und den Entwicklern bzw. Betreibern eines Suchproduktes herzustellen. Dabei sind alle Suchmaschinen und Suchprodukte – außer Websuchen wie Google oder Bing – angesprochen. Über Websuchen gibt es viel Literatur und wissenschaftliche Studien, über z. B. Produkt-, Nachrichten-, Intranet- oder Bildersuchen jedoch nur sehr wenig. Dieses Buch soll die Lücke schließen durch einen umfassenden Einblick in die Welt der User Experience in Suchmaschinen. Dabei habe ich mich dazu entschlossen, das Buch nicht als eine wissenschaftliche Abhandlung des Themas darzustellen, sondern als Grundlage für Praktiker mit vielen Beispielen und Herleitungen der Probleme. Das Buch richtet sich gleichermaßen sowohl an Anfänger als auch Fortgeschrittene und Experten aus den Bereichen Design, Produktentwicklung, Usability, User Experience und Informatik. Weiterhin können auch Studenten und Dozenten der aufgezählten Fachbereiche davon profitieren. Zu oft sehe ich in meinem Arbeitsumfeld, wie Suchen sehr stiefmütterlich behandelt werden, da sie auf der Prioritätenliste in der Produktentwicklung an letzter Stelle stehen. Dies ist jedoch ein Fehler, der innerhalb des Buches begründet wird. Suchen stellt eine der wichtigsten Funktionen für Nutzer von Webangeboten, Services und Applikationen dar. Je stärker die Suche im Nutzungskontext der Website oder des Angebots integriert werden soll, desto wichtiger ist eine Betrachtung der User Experience für die Suche. Zu diesem Zweck werden für die Grundlagen wichtige Definitionen verwendet und Erläuterungen gegeben, sodass der Einstieg in die Thematik erleichtert wird. Die Kapitel bauen aufeinander auf, können aber auch je nach Wissensstand, Bedarf und Fragestellung separat gelesen werden. Am Ende des Buches gibt es Checklisten, die als Arbeitshilfe einzusetzen sind und die individuell die Themenbereiche unterstützen.

Da mein Buch nicht in Isolation von dem Leben entstanden ist, sondern aus einer Kombination unterschiedlichster Aktivitäten, Einflüsse und Eindrücke resultiert, möchte ich mich an dieser Stelle bei den an meiner Entwicklung beteiligten Personen bedanken. Danken möchte ich meinen Kollegen des ursprünglichen Teams Suche der DTAG, dem Kernteam Suche der ESEMOS GmbH und denen, die mich in meiner täglichen Arbeit inspiriert haben. Insbesondere Dirk Lewandowski, der mich zu diesem Buch motiviert hat und hierzu die initiale Diskussion gab. Denn

S. M. Quirmbach, *Suchmaschinen*, X.media.press, DOI 10.1007/978-3-642-20778-5
© Springer-Verlag Berlin Heidelberg 2012

die Idee zu meinem ersten Buch entstand aus der Zusammenarbeit zum *Handbuch Internet-Suchmaschinen Band I und II*. Danke auch an Hajo, der mich liebevoll und motivierend durch diese Zeit begleitet hat. Mein Dank gilt auch dem Springer Verlag, insbesondere Herrn Engesser und seinem Team, für die Möglichkeit, mein Buch zu publizieren.

Ich wünsche allen Lesern viel Spaß mit dem Buch und dass sie viele neue Ideen aus den Themen für sich verwenden und umsetzen können. Über Rückmeldungen, Anregungen und Kritik zu diesem Buch freue ich mich immer.

Wiesbaden, im Mai 2012   Sonja Monika Quirmbach

Inhaltsverzeichnis

S. M. Quirmbach, *Suchmaschinen*, X.media.press, DOI 10.1007/978-3-642-20778-5
© Springer-Verlag Berlin Heidelberg 2012

Abbildungsverzeichnis

S. M. Quirmbach, *Suchmaschinen*, X.media.press, DOI 10.1007/978-3-642-20778-5
© Springer-Verlag Berlin Heidelberg 2012

Über die Bedeutung von Suchmaschinen

1

Die Verwendung von Suchmaschinen zur Suche nach speziellen Informationen, zur Beantwortung ganz individueller Fragestellungen, zur Erkundung ganz allgemeiner Auskünfte oder zur Lösung unterschiedlicher Problemstellungen stellt im Internet ein Hauptnutzungsszenario dar. Für viele Fragestellungen verwenden die Nutzer sehr gern die Suchen innerhalb von Websites (Engl.: „site search"), um ihrem Informationsbedürfnis individuell Ausdruck zu geben. Um diese Aussage mit konkreten Zahlen zu hinterlegen, die das Volumen verdeutlichen (comscore 2009):

- Im Dezember 2009 wurden weltweit 131 Mrd. Suchanfragen gestellt.
- Das heißt rund 4 Mrd. Suchanfragen pro Tag, 175 Mio. pro Stunde und 2,9 Mio. pro Minute weltweit.
- Davon wurden allein in Deutschland 5. Mrd. Suchanfragen produziert.

Hierzu zählen nicht nur die Suchanfragen, die in Websuchmaschinen wie Google oder Yahoo gestellt wurden, sondern auch in Sites wie Facebook oder eBay und in Produktsuchen wie alibaba.com. Allein in eBay wurden im Dezember 2009 2.102 Mio. Suchanfragen gestellt. Unglaublich hohe Zahlen, die für sich sprechen und verdeutlichen, wie wichtig die Möglichkeit zum Suchen innerhalb einer Website für Nutzer ist.

1.1 Die Verwendung von Suchmaschinen

Der Informations- und Telekommunikationsmarkt entwickelt stetig neue Endgeräte wie Smartphones, touchfähige Interfaces oder Tablets. Auf jedem dieser Endgeräte sind Suchen installiert und über jedes dieser Endgeräte sind Suchmaschinen erreichbar. Sei es als Websuche, Personensuche, Produktsuche, Desktopsuche, Dateisuche oder als Intranetsuche (Kap. 2). Dabei kommen sie nicht nur als Funktion innerhalb einer Website vor, sondern auch als Suchprodukte wie Bildersuchen (flickr.de) oder Telefonverzeichnisse. Sie begegnen uns überall in der digitalen Welt und ermöglichen uns eine Vielfalt an Möglichkeiten, z. B.

- um auf Websites zu suchen,
- über Applikationen ein Produkt zu suchen und zu bestellen,

S. M. Quirmbach, *Suchmaschinen*, X.media.press, DOI 10.1007/978-3-642-20778-5_1
© Springer-Verlag Berlin Heidelberg 2012

- eine lokale Suche nach einem Ort zu starten,
- einen Film aus einem Home–Entertainment-Angebot über TV zu finden,
- nach Fotos auf dem Endgerät zu stöbern.

Dabei sind globale Player wie Google, Amazon oder eBay bei der Optimierung ihrer Suche sehr schnell und innovativ in ihrer Ausgestaltung der User Experience, d. h. in der Ausgestaltung ihrer Benutzeroberflächen. Dementsprechend vielseitig ist die Literatur zur Optimierung der Suchergebnisse und der User Experience, insbesondere für die Websuche von Google. Die Frage jedoch ist, wie das bei den unterschiedlichen Produkt-, Nachrichten-, Portal- und Intranetsuchen etc. aussieht. Hier gibt es nachhaltig große Lücken in der Literatur, die das Thema Aufbau, Zusammenhänge, Optimierung und Messung von User Experience der Suche erklärt. Ziel dieses Buches ist, diese Lücke zu schließen und grundlegende Themen hierzu an die Hand zu geben. Gleichzeitig lassen sich auch Standards in Suchmaschinen erkennen, die oft die Integration von Funktionen zur Suche betreffen, wie das Anzeigen von Suchvorschlägen (Engl.: „search suggestions") bei der Sucheingabe oder das Anzeigen eines Produktbildes zusätzlich zum Ergebnis. Ein weiterer Standard ist ebenfalls, die einzelnen Ergebnisseiten mit Funktionen anzureichern, um den Nutzern eine sinnvolle Interaktion mit den Suchergebnissen zu ermöglichen, um z. B. ein Ergebnis auf die Merkliste zu setzen. Insbesondere Produktsuchen profitieren von den vielfältigen Möglichkeiten, die sie den Nutzern zur Interaktion mit den Ergebnissen anbieten. Der Erfolg von Produktseiten lässt sich anhand steigender Abverkaufszahlen darstellen und messen.

1.2   Suchmaschinen sind nicht im Fokus der Produktentwicklung

Ein Punkt, welcher oftmals in der Betrachtung vernachlässigt wird, ist, dass die Suche eine wichtige Funktion ist, die gleichberechtigt neben der Navigation den Nutzern einen individuellen Einstieg in die Inhalte und Themenwelten einer Website bietet (Kap. 14). Die Gründe für eine Vernachlässigung sind dabei vielfältig, wie z. B.:

- Es gibt im Unternehmen keine zuständige Person für diesen Bereich.
- Die Suche als Funktion wird von den Produktmanagern nicht als wichtig genug empfunden, um finanzielle Ressourcen für eine optimale Entwicklung zur Verfügung zu stellen.
- Ein nicht vorhandenes oder zu geringes Wissen um die Chancen und Möglichkeiten der Suchtechnologie im Unternehmen.
- Die Verwendung von Standardlösungen, ohne detaillierte Beachtung der individuellen Gegebenheiten.
- Das Design wird von Informationsarchitekten oder Programmierern erstellt, die das Potential der Suche falsch einschätzen.

Dementsprechend fallen die User Experience der Suchmaschine und die Ausgestaltung verschiedener Nutzungsszenarien nicht optimal aus. Insofern wird in diesem Buch auch ein Weg aufgezeigt, wie die Nutzungsszenarien konzipiert und implementiert werden können (Kap. 5). Grundlegend hierfür ist das Verständnis um die an dem Suchprozess beteiligten Komponenten, die ausführlich erörtert werden (Kap. 3).

1.3   Über die Elemente der Suche

Es geht also um weit mehr als um die Aufbereitung und Anreicherung der Daten zu sinnvollen Suchergebnissen. Es müssen verschiedene Seitenelemente gestaltet werden, wie die Sucheingabe, die Darstellung einzelner Ergebnisse und die Funktionen zur Suche. Denn eine Suchmaschine besteht aus mehr als nur aus einem Suchschlitz mit einem Suche-Button. Ein wesentlicher Bestandteil dieses Buches ist daher eine detaillierte Betrachtung dieser Elemente innerhalb des Suchprozesses (Kap. 4). Im Gegensatz zu Websuchen, wie z. B. Google, zeigen beispielsweise Produktsuchen andere Darstellungsvarianten der Suchergebnisseite. Eine typische Suchergebnisseite für Produkte und eine für Nachrichten gestalten sich mit ihren Suchergebnisseiten, wie im Folgenden an zwei Beispielen erklärt wird. Hierbei sind in der Umsetzung viele Punkte zur Ausgestaltung im Kontext einer Suchmaschine zu beachten.

Zalando.de (Abb. 1.1) ist eine Produktsite bzw. ein Shoppingportal für Kleidung und Schuhe mit der Möglichkeit, die Produkte online zu bestellen. Die integrierte Suche ermöglicht dementsprechend, den Produktbestand nach dem gewünschten Produkt zu durchsuchen. Die Darstellung der Suchergebnisse erfolgt in der für Produktsuchen typischen Galeriedarstellung, d. h., die Produktbilder werden nebeneinander angezeigt. Im Vergleich dazu die Nachrichtensuche der sueddeutsche.de (Abb. 1.2), dem Onlineangebot der Tageszeitung. Hier werden die Ergebnisse untereinander angeordnet, in einer für sehr textlastige Inhalte typischen Listendarstellung. Folgende Bereiche lassen sich bei beiden Suchergebnisseiten im Vergleich identifizieren:

1. Kopfbereich der Site (Engl.: „header"), mit den Hauptelementen Logo und der Navigation der Site,
2. Kategorien und Filter zu den Suchergebnissen,
3. spezielle Topergebnisse oder Anzeigen zur Suchanfrage,
4. generische Ergebnisse mit Text und Bildern.

Abb. 1.1 Onlineshop zalando.de: Suchergebnisseite zum Suchwort „Daunenjacke" (Screenshot vom 25. Oktober 2011)

Auch wenn sich bei beiden Beispiele innerhalb der Suchergebnisseiten gleiche Bereiche identifizieren und benennen lassen, sind sie bei näherer Betrachtung individuell auf die Bedürfnisse der Nutzer und der dazugehörigen Website angepasst. Denn jede Suchmaschine ist in ihrer Ausgestaltung individuell zu betrachten (Kap. 2). Dazu gehören nicht nur große Themen wie die optimale Integration von Werbeanzeigen, sondern auch sehr spezifische Themen wie Schriftgrößen, Farben,

Abb. 1.2 Onlineangebot der sueddeutsche.de: Suchergebnisseite zum Suchwort „Angela Merkel" (Screenshot vom 25. Oktober 2011)

Icons, Abstände zwischen den Ergebnissen sowie die Bildsprache von Produktabbildungen in den Ergebnissen. Diese hier nur kurz aufgezählten Bereiche werden innerhalb des Buches mit dem Fokus User Experience untersucht und betrachtet (Kap. 6, 7 und 8). Das Ziel hierbei ist, eine optimale Ausgestaltung der Suche für ihre individuellen Bedürfnisse zu erreichen. Auch werden die Einflussfaktoren von Produktmanagern und der Unternehmensstrategie auf die Produktausgestaltung betrachtet. Die Auswirkungen der finanzwirtschaftlichen Strategie auf die User Experience in Suchen sollten immer mit in die Maßnahmen einbezogen werden, da eine stetige Kontrolle der Nutzerakzeptanz erfolgen sollte (Kap. 2, 3, 4 und 5).

1.4   Welche Chancen oftmals unterschätzt werden

Letztlich geht es auch bei Suchmaschinen darum, den Return on Investment (ROI) und somit den Gewinn zu optimieren. Als positive Auswirkungen auf den ROI durch eine optimierte User Experience (UX) sind beispielsweise zu nennen:

- Wachsende Umsatzzahlen durch die Implementierung von zusätzlichen relevanten Produkten oder Artikeln innerhalb der Suchergebnisseite (Engl.: „search engine result page" = SERP) in der Suche.
- Reduzierung von anfallenden Kosten durch Selbstservice der Nutzer, indem diese sich ihre Fragen selbst beantworten, da sie die Antworten schnell und einfach über die Suche finden. Das reduziert die Beantwortung von Kunden-E-Mails und Telefonanrufen im Callcenter oder Kundendienst.
- Steigert die Zufriedenheit der Nutzergruppen, z. B. von Kunden oder Arbeitnehmern, da über die Suchfunktion ein individueller Einstieg in die Inhalte geboten wird.

Dieses Buch gibt neben einer Einführung in die Thematik auch einen umfassenden Einblick in die Methoden zur Optimierung der User Experience mit dem Ziel einer Steigerung des ROI. Der Sinn dabei ist, durch die hier beschriebenen Evaluationsmethoden das Potential der umfassenden Business-Intelligence-Betrachtung[1] der Suche zu steigern und aufzuzeigen (Kap. 11). Eine Grundlage hierfür bildet die statistische Erfassung mittels einer Webanalytics-Software, der realen Nutzungszahlen und die stetige Auswertung des Nutzerverhaltens aufgrund der quantitativen Zahlen (Kap. 9).

1.5   Ein Blick in die Köpfe der Nutzer

Noch mehr Möglichkeiten und Chancen zur Optimierung einer Suchmaschine bieten die Auswertungen der Suchanfragen (Logfileanalyse). Denn die Auswertungen der Daten einer Suche zeigen mehr als nur die Klickzahlen auf die Ergebnisse und die Häufigkeit der eingegebenen Suchwörter (Kap. 12). Sie zeigen die Fragen, Wünsche, Vorlieben und Interessen der Nutzer einer Website im Laufe der Zeit. Die Auswertung

- gibt dem Produktmanager Vorlagen zur Verbesserung der Seitennavigation,
- zeigt auf, nach was die Nutzer suchen und die Veränderungen der Vorlieben bzw. des Suchverhaltens im Laufe der Zeit,
- gibt eine schnelle Übersicht über neue Trendthemen und zeigt Dauerbrenner,
- dient zur Kontrolle und als Abgleich der verwendeten Terminologie von Nutzern mit den Produktbeschreibungen und Artikeln.

---

[1] Business Intelligence beschreibt Verfahren und Prozesse zur systematischen Analyse (Sammlung, Auswertung und Darstellung) von Daten in elektronischer Form. Ziel ist die Gewinnung von Erkenntnissen, die in Hinsicht auf die Unternehmensziele bessere operative oder strategische Entscheidungen ermöglichen. (Gabler 2010)

Um die hier aufgezählten Punkte rechtzeitig zu erkennen, bedarf es einer Unterstützung durch verschiedene Evaluationsmethoden zur Auswertung des Nutzerverhaltens und der Nutzermotivationen, die in dem Buch vorgestellt und mit ihren individuellen Verwendungszwecken gezeigt werden (Kap. 8 und 13).

Literatur

comscore (2009) comscore reports global search market growth of 46 percent in 2009: Top 10 countries by number of searches. http://www.comscore.com/Press_Events/Press_Releases/2010/1/ Global_Search_Market_Grows_46_Percent_in_2009. Zugegriffen: 2. Januar 2012
Gabler (2010) Gabler Wirtschaftslexikon. Gabler, Wiesbaden

Zusammenfassung
Eine Suchmaschine ist grundsätzlich als individuell zu betrachten und in ihrem Kontext, in dem sie eingesetzt und verwendet wird, zu verstehen. Dieses einleitende Kapitel erklärt, wie sich der Kontext einer Suchmaschine darstellt und wie er sich herleitet. Anschließend erfolgt eine Betrachtung, welche der einzelnen Aspekte des Kontexts sich auf die User Experience auswirken und welche nicht. Dabei wird in diesem Kapitel nicht auf die feinen Details und Unterpunkte eingegangen, sondern es werden nur die Hauptpunkte genannt, die für die übergreifende Thematik des Buches ausschlaggebend und für das Verständnis wichtig sind. Die Komponenten, die sich auf die User Experience auswirken, werden in den weiteren Kapiteln ausführlich von verschiedenen Fachrichtungen, Standpunkten und Fragestellungen aus erörtert.

Der Mythos von Otto Normaluser
Hinter dem Glauben, dass die meisten Web-User so wie wir sind, steckt ein anderer Glaube: dass die meisten Web-User überhaupt mit irgendetwas oder irgendjemand zu vergleichen sind. ... Durch Testmethoden soll herausgefunden werden, was die meisten User mögen oder nicht mögen – wie also der Otto Normaluser aussieht. Das einzige Problem daran ist, dass es keinen Otto Normaluser gibt. Steve Krug (Krug 2002)

Das Wissen um den Kontext bzw. das Umfeld einer Suchmaschine erleichtert ihre Konzeption und ist für die Ausgestaltung der User Experience hilfreich, da dieses Wissen das Verständnis um die Einflussfaktoren der User Experience (UX) stärkt. Deswegen wird als erster Einstieg in die Thematik eine grundlegende Vorstellung der einzelnen Aspekte einer Suchmaschine gegeben, wie sie in ihrem Kontext vorkommen und wie individuell sie gestaltet werden müssen. Dabei bilden der Verwendungszweck und die Nutzer die Hauptkriterien zur Beschreibung einer Suche. Es sollte bei der Definition der Nutzergruppe nicht davon ausgegangen werden, dass es nur eine homogene Nutzergruppe der Suche gibt, sondern dass sich

S. M. Quirmbach, *Suchmaschinen*, X.media.press, DOI 10.1007/978-3-642-20778-5_2
© Springer-Verlag Berlin Heidelberg 2012

die Nutzergruppe aufgrund unterschiedlicher Kenntnisse, Verhaltensweisen und Motivationen der Nutzer sehr heterogen zusammensetzt.

Aus dem Verwendungszweck lassen sich per se verschiedene Grundarten von Suchen ableiten und beschreiben, wie nachfolgende Aufstellung zeigt (Bennett et al. 2010, S. 30 ff). Dabei werden allein nur durch eine erste grobe Beschreibung der Suche die Aktivitäten aufgezeigt, die Nutzer mit der Suche ausführen können. Die Aktivitäten aufzuzeigen ist deshalb wichtig, da sie die verschiedenen Prozesse innerhalb der Suche verdeutlichen, die mit umgesetzt werden müssen. Sie bilden somit schon die ersten Nutzungsszenarien für die Suche. Zudem ist es hilfreich, schon hierbei die Nutzer mit in die Entwicklung einzubeziehen und ihre Eigenschaften in Stichpunkten zu beschreiben.

- Websuche:
  - Durchsucht das Internet, kann aber auch nur nach bestimmten Teilaspekten des Webs suchen, wie Bildern oder Nachrichten.
  - Es gibt keine Begrenzung durch Rollen- oder Rechtezuweisungen bzw. diese werden individuell von den Websitebetreibern vergeben.
  - Die Websuche ist meist öffentlich und für jeden Nutzer zugänglich.
  - Die Nutzer haben unterschiedliche Internetkenntnisse und greifen über verschiedene Endgeräte auf die Suche zu.
- Desktopsuche:
  - Gestaltet, um eine Suche nach Informationen und Dateien auf dem eigenen Computer bzw. Endgerät wie Laptop oder Smartphone zu ermöglichen.
  - Lokal bzw. endgeräteabhängig: Die Begrenzung der Einbeziehung von Quellen wird durch das Endgerät gegeben.
  - Die Nutzer haben z. B. gute Kenntnisse des Endgerätes und wissen um die Suchräume.
- Unternehmenssuche (Intranet[1]):
  - Gestaltet, um die Suche in einem Unternehmen über verschiedene Datenbestände und Systeme zu ermöglichen.
  - Dabei liegen meist heterogene Datenbestände in unterschiedlichen Systemen vor, die erschlossen werden müssen.
  - Für einen bestimmten Nutzerkreis, d. h., es gibt eine Begrenzung durch die definierten Rollen und Rechte des Unternehmens.
  - Die Nutzer sind in dem Unternehmen angestellt und kennen die Sprache, Abkürzungen und Bezeichnungen, die innerhalb des Unternehmens verwendet werden.
  - Die Nutzer sind aufgrund ihrer Tätigkeit im Umgang mit Computern und der Standardsoftware zur täglichen Arbeit vertraut und haben gute Kenntnisse im Umgang mit dem Computer und Internet.
- Produktsuche:
  - Für Nutzer (Kunden) eines Onlineshops gedacht.
  - Es gibt für die Suche per se keine Rollen oder Rechte, jedoch werden für einen Kauf spezielle Rechte und Pflichten eingeräumt.

---

[1] Ein weiterer Begriff für die Unternehmenssuche ist Enterprise Search.

- Durchsucht die Produktbestände des Portals, die von verschiedenen Anbietern bezogen werden können. Die Datenbestände können dabei nur einige wenige Dokumente enthalten, die sehr selten aktualisiert werden oder umfangreiche, sehr komplexe Datenbestände enthalten, die dabei in regelmäßigen Zeitabständen aktualisiert werden.
- Die Nutzer kommen aus allen sozialen Schichten der Gesellschaft und besitzen unterschiedliche Internetkenntnisse.
- Site Search:
  - Durchsucht den Datenbestand der dazugehörigen Website oder auch weitere integrierte Datenbestände. Die Datenbestände können dabei nur einige wenige Dokumente enthalten, die sehr selten aktualisiert werden, oder umfangreiche, sehr komplexe Datenbestände, die regelmäßig aktualisiert werden.
  - Hierbei können verschiedene Rollen- und Rechtemodelle greifen. Zum Beispiel, dass die Suche als Funktion erst nach dem Log-in für den Nutzer verfügbar gemacht wird.
  - Die Nutzer haben meist unterschiedliche Internetkenntnisse und können sowohl Anfänger als auch sehr erfahrene Nutzer sein.

Dieses Schema lässt sich individuell anwenden und gibt einen Hinweis auf die Art der Suchmaschine. Diese Darstellung ist jedoch noch auf einer sehr abstrakten und inhaltlich undefinierten Ebene und muss präzisiert werden. Speziell für diesen Schritt eignet sich die Kontext- und Umfeldanalyse. Sie ist eine effiziente Methode, um Abhängigkeiten und die künftige Umwelt eines Systems, einer Website oder speziell hier einer Suche, abzuleiten. Das Wissen um den Kontext einer Suche hilft insbesondere bei einer Neuentwicklung, die User Experience und auch Abhängigkeiten von Komponenten von Beginn an besser planen und das Suchprodukt auf die tatsächlichen Nutzer entwickeln zu können. Die von den Nutzern erwartete Benutzeroberfläche und Anforderungen an die Ergebnisse der Suche können somit systematisch erfasst und definiert werden.

2.1 Kontext- und Umfeldanalyse

Kontext- und Umfeldanalyse
Beantwortet erste detaillierte Fragestellungen zu den zeitlichen, technischen, sachlichen und sozialen Umfeldfaktoren einer Suche. Wenn definiert ist, welche Nutzergruppen vorliegen und welche Art Informationen erschlossen und auffindbar gemacht werden soll, können daraus auch die Bedürfnisse der Nutzer abgeleitet und dementsprechend nicht nur der Suchprozess, sondern auch die ideale User Experience gestaltet werden.

Als Einstieg in die Thematik User Experience in Suchmaschinen dient hier als einfaches Hilfsmittel die Methode der Kontextanalyse (oder auch Umfeldanalyse genannt). Eine Kontextanalyse dient dazu, die hinter dem Suchprozess und der

Suchmaske liegenden Mechanismen und Zusammenhänge sowohl für UX-Experten als auch für Produktmanager, Programmierer und Designer zu verdeutlichen. Das daraus gewonnene Verständnis für die Einflussfaktoren und Zusammenhänge ist hilfreich, um die weiteren Maßnahmen im Rahmen der Produktentwicklung planen zu können, z. B. für die Erstellung der ersten Ansichten der SERP. Die Analyse dient hierbei als erste Überlegung, um das visuelle Design, die Nutzungsszenarien und Interaktionsmöglichkeiten zu gestalten und zu planen. Der Kontext definiert die spätere Utility der Suche, d. h. welche Funktionalitäten die Suche beinhalten soll. Außerdem können die ersten Use Cases und Nutzungsszenarien für spätere User-Experience-Tests abgeleitet werden. Das hilft, die UX einer Suche festzulegen und auch zu optimieren. Basierend auf dem Kontext und dem Umfeld lassen sich sowohl die Abhängigkeiten benennen als auch die Auswirkungen einer weniger optimal integrierten Komponente auf die Usability und User Experience der Suche. Die Ergebnisse werden am Ende der Kontextanalyse einer ersten Spezifikation zusammengefasst. Dabei können die Ergebnisse je nach Bedarf sowohl traditionell, z. B. in einem Word-Dokument, oder moderner auch in einer Mindmap zusammengefasst werden (Abb. 2.1). Eingesetzt wird die Methode in vielen Fachbereichen, wie im Projektmanagement, der Softwareherstellung oder in diesem Buch zur Heranführung an die Thematik User Experience einer Suchmaschine.

Mit der Kontextanalyse werden die grundlegenden Fragen innerhalb der Produktentwicklung der Suchmaschine beantwortet:

- Welche Quellen sollen über die Suche erschlossen werden?
- Wo wird die Suche angebunden?
- Worüber wird die Suche angesteuert und bedient?
- Wer kann die Suche benutzen?
- Wie soll die Suche oder die Suchfunktionalität dem Unternehmen dienen?
- Welche Aufgaben sollen durch die Suche gelöst werden?

Diese Fragen verdeutlichen, dass eine Suchmaschine durch ihren Einsatzort, den Kontext und wie diese im Detail jeweils ausgestaltet sind, definiert wird. Letztlich ist das die Ausgestaltung des Produktes Suche für die Nutzer. Wie vorab erwähnt, hilft das Verständnis um den Kontext der Suchmaschine dabei, die ersten Schritte Richtung User Experience zu planen.

Vorteile

- Die Kontextanalyse kann zu jeder Zeit durchgeführt werden. Das heißt auch nachträglich bei einer bestehenden Suche, um die Gesamtsituation richtig zu erfassen und UX-Maßnahmen zu definieren.
- Sie kann iterativ auf den Nutzungskontext, in dem sich die Nutzer befinden, und den Verwendungszweck gestaltet und erweitert werden.
- Sie dient als verständliche Diskussionsbasis für die an der Produktentwicklung beteiligten Fachbereiche.
- Es handelt sich um eine einfache Weise der Erstellung, die kein spezielles Softwareprogramm erfordert. Bordmittel wie Word oder auch konventionell mit Papier und Stift sind hierbei schon ausreichend.

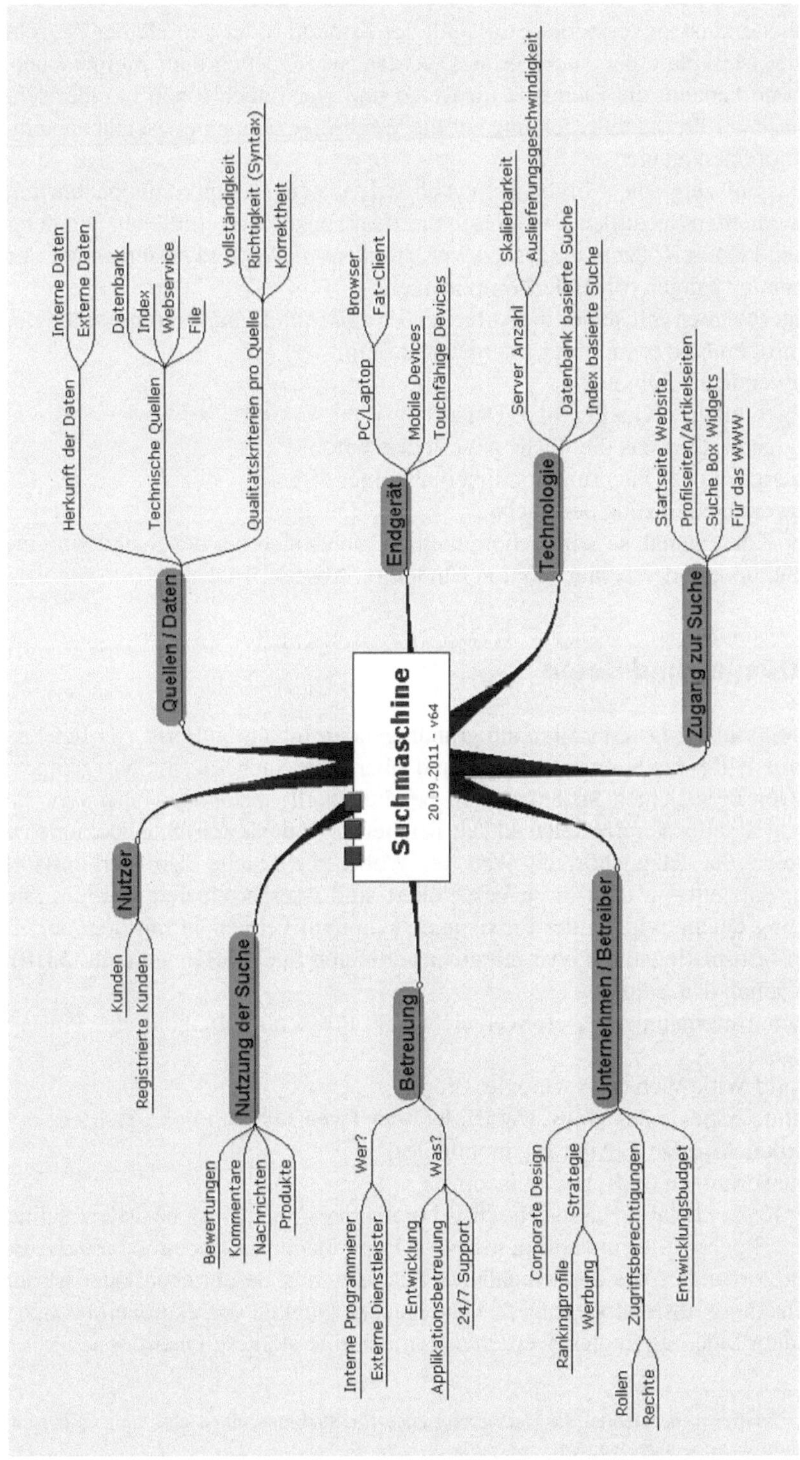

Abb. 2.1 Kontext- und Umfeldanalyse für eine Suchmaschine anhand einer Mindmap

Abschließend ist zu vermerken, dass mit der Kontext- oder Umfeldanalyse sehr individuelle Merkmale der Suche erfasst werden, wie Quellen oder Zielpersonen. Die Methode benennt die Elemente im Detail und weist auch schon in einer sehr frühen Phase der Produktentwicklung auf die Wechselbeziehung zwischen den einzelnen Komponenten hin.

Als Beispiel zeigt die Mindmap in Abb. 2.1, welche Hauptkomponenten mit ihren individuellen Spezifikationen mit in die User Experience einfließen und dementsprechend in ein Konzept umgesetzt werden müssen. Das sind basierend auf den oben genannten Fragen folgende Komponenten:

- das Unternehmen mit seiner individuellen Produkt- und Finanzierungsstrategie,
- die künftigen Nutzer mit ihrer Interneterfahrung,
- die verwendete Technologie,
- die eingebundenen Quellen bzw. Daten,
- das Endgerät, über das die Suche angesteuert wird,
- die Platzierung der Suchfunktion innerhalb einer Site,
- die angedachte Nutzung der Suche.

Bei der Kontextanalyse wird schon deutlich, ob es sich bei der Suche um eine Primär-, Sekundär oder Tertiärfunktion handelt (s. Abschn. 14.2).

2.2　Quellen und Daten

Die Quellen und die Daten stellen die grundlegenden Inhalte in Form von Indexen dar, die mit Hilfe der Suchtechnologie und über eine Suche auffindbar gemacht werden. Der Index einer Suchmaschine beinhaltet alle bekannten und von der Suchmaschine selbst verarbeiteten und gespeicherten (indexierten) Site, Dokumente oder Dateien der dazugehörigen Website. Wobei die Quelle den Herkunftsort der Daten darstellt, an dem diese gespeichert sind oder produziert werden. Die Bezeichnung Quelle wird in der Praxis auch synonym verwendet mit dem darzustellenden Informationsraum oder mit einer vertikalen Suche (Bennett et al. 2010). Quellen können u. a. sein:

- in einem Unternehmen Telefonverzeichnisse, Pressemitteilungen oder Präsentationen,
- das World Wide Web (z. B. Google, Bing).
- bestimmte Aspekte des Webs, wie Bilder oder Tweets (z. B. Flickr, Twitter),
- Produktkataloge (z. B. Amazon, mobile.de),
- Hotelbewertungen (z. B. booking.com).

Bei der Kontextanalyse lässt sich schon vorab hinterfragen, welche Datenqualität im Index vorliegen sollte, um eine gute Search Experience[2] zu bekommen. Sind z. B. alle Daten vorhanden, die durchsuchbaren Felder richtig beschrieben, oder ist der Index vollständig. Insbesondere wenn verschiedene Quellen von extern einbezogen und in einem Index aggregiert werden sollen, ist eine stärkere Qualitätssicherung

---

[2]　Search Experience bezeichnet die User Exeprience für Suchmaschinen und kann in diesem Kontext synonym verwendet werden.

notwendig. Bei einem Datenimport kann es beispielsweise passieren, dass nicht alle Daten mit importiert werden und dies zur fehlerhaften oder unvollständigen Anzeige der Ergebnisse führt. Eine weitere Auswirkung auf die UX ist, ob z. B. Bilder mit zu den Ergebnissen ausgegeben oder Entitäten gebildet werden können. Die Anzeige von Produktbildern bei Produktsuchen ist inzwischen ein Standard, da sie die Nutzer bei ihrer Auswahl und der Kaufentscheidung unterstützt.

2.3   Zugang zur Suche

Der Zugang zur Suche beschreibt den Ort, in dem die Suche eingebunden ist. Der Ort ist bezeichnend für das Umfeld der Suche, z. B.:

- in dem Intranetauftritt eines Unternehmens,
- die Suche für ein Portal im WWW,
- innerhalb einer Applikation wie beispielsweise einem E-Mail-Programm.

Von dem Ort der Suche werden wiederum Nutzungsszenarien abgeleitet. Unter anderem, ob die Suche eine Hauptfunktion ist oder nur unterstützend angeboten wird. Die Kontextanalyse bezüglich des Orts beinhaltet somit schon die ersten Überlegungen zu späteren Rollen- und Rechtemodellen für die Nutzer, die bei der Umsetzung einer Suche mit beachtet werden müssen. Hierzu gehört die Frage danach, ob eine Suche öffentlich und für alle Nutzer oder nur für einen bestimmten Nutzerkreis zugänglich ist. Als Beispiele seien hier genannt:

- Es gibt oftmals unterschiedliche Regelungen der Zugriffsrechte auf Inhalte im Intranet eines Unternehmens. Dabei wird zwischen internen und externen Mitarbeitern unterschieden, die unterschiedliche Rechte bekommen, um Inhalte im Intranet einzusehen. Die Frage hierbei ist, ob die Inhalte, die nicht für alle Mitarbeiter sichtbar sind, auch indexiert und mit in der Suchergebnisseite ausgegeben werden sollen.
- Die Suchfunktion wird erst nach einem Log-in für den authentifizierten Nutzer sichtbar und im vollen Umfang nutzbar. Das Verhalten ist oftmals in Social-Media-Plattformen zu sehen, z. B. bei Facebook oder friendsout24.de.
- Ist die Suchebox als Widget[3] in einer anderen Website integriert, ist darauf zu achten, dass die volle Suchfunktionalität gewährleistet wird. Das heißt, es muss eine Qualitätssicherung erfolgen bezüglich der Suchanfragen und der korrekten Abbildung von fehlerhaften Anfragen auf der Zielseite.

---

[3] Ein Widget ist eine Komponente eines grafischen Fenstersystems. Es besteht zum einen aus dem Fenster, einem sichtbaren Bereich, der Maus- und/oder Tastaturereignisse empfängt, und zum anderen aus dem nicht sichtbaren Objekt, das den Zustand der Komponente speichert und über bestimmte Zeichenoperationen den sichtbaren Bereich verändern kann. Widgets sind immer in ein bestimmtes Fenstersystem eingebunden und nutzen dieses zur Interaktion mit dem Anwender oder anderen Widgets des Fenstersystems. (Wikipedia, http://de.wikipedia.org/wiki/Widget)

2.4   Endgeräte und Schnittstellen

Mit Endgerät ist gemeint, über welche Benutzerschnittstelle die Nutzer mit der Suche und den Ergebnissen interagieren. Es ist die Frage zu klären, ob die Suche nach Informationen auf dem eigenen Computer oder einem weiteren Endgerät, wie Laptop oder iPhone, erfolgt. Endgeräte mit Touchscreen erfordern beispielsweise eine andere Darstellung der Nutzerführung als solche, die über eine Tastatur oder Maus bedient werden können. Dies ist von Beginn an mit zu beachten bei der Ausgestaltung der Funktionalitäten, da es die Definition der Interaktionen erleichtert. Interaktionen meinen hierbei z. B.:

- innerhalb der Ergebnisseite hoch- und runterscrollen,
- Vor- und Zurückblättern durch die Ergebnisse,
- Auswahl und Verwendung von Filtern und Kategorien.

Durch die Kontextanalyse wird folglich eine grundlegende Richtung für die Ausgestaltung der Benutzerschnittstelle und des Interaktionsdesigns aufgezeigt, die durch das Endgerät vorgegeben wird. Ein wichtiger Punkt, der hier mit betrachtet wird, ist, ob eine Browser- oder Fat-Client[4]-Lösung vorliegt. Das wirkt sich dahingehend aus, dass die Schnelligkeit bei der Auslieferung der Ergebnisse von der grundlegenden Lösung abhängig ist. Die Schnelligkeit der Suche wird von den Nutzern wahrgenommen. Die UX einer Suchmaschine ist somit auch lokal bzw. endgeräteabhängig.

2.5   Nutzer

Die Nutzer stellen in Summe den Nutzerkreis bzw. die die vorhandene oder potentielle Zielgruppe einer Suchmaschine dar. Die Nutzer verfolgen ihre eigenen Ziele während der Interaktion mit der Suche und gehen bei ihrer Zielverfolgung individuelle Wege, die nicht immer für die Unternehmen nachvollziehbar sein müssen. Hier ist zuerst zu beachten, ob es Begrenzungen in der Nutzung durch die definierten Rollen und Rechte gibt. Hier sei nochmals erwähnt, dass die Eigenschaften der Nutzergruppe somit auch die Sicherheitskriterien der Inhalte einer Website definieren. Das heißt, sind die Seiten für alle Nutzer im Web oder nur für bestimmte Nutzer in einem Unternehmen oder einer Website zugänglich. Natürlich spielen auch der Kenntnisstand und die Kompetenz der potentiellen Nutzer bei der Ausgestaltung der Suche eine wichtige Rolle und es ist zu klären, wie internet- und sucherfahren die potentielle Zielgruppe ist (Stapelkamp 2007):

- *Anfänger*: Sie haben meist wenig bis gar keine Erfahrung im Umgang mit der Suche oder dem Internet. Sie sind mit einer komplexeren Sucheingabemaske schnell überfordert und kommen nur schwer mit den Funktionen zurecht.

---

[4]   Bei einem Fat Client wird die eigentliche Verarbeitung der Daten vor Ort auf dem Client bzw. Endgerät durchgeführt, wie z. B. die Auslieferung und der Aufbau grafischer Elemente der SERP.

- *Fortgeschrittene*: Sie haben grundlegende Erfahrungen im Umgang mit Suchen und auch im Internet. Sie kommen mit den angebotenen Suchfunktionalitäten zurecht und eignen sich die Benutzung der Suche auch gern neu an.
- *Experten*: Sie haben so viele Erfahrungen im Umgang mit Suchen und dem Internet, dass sie sich über die Benutzung der Suche kaum noch Fragen stellen. Sie verfügen auch über die Fähigkeit, in verschiedenen Handlungsalternativen zu denken.

Diese Aussagen können für die spätere Definition von Personas als Basis verwendet und verfeinert werden (s. Abschn. 10.2).

2.6 Technologie

Durch die Kontextanalyse wird gezeigt, wie eine Suche entwickelt wird und welche Technologie ihr zugrunde liegt. Die Art der verwendeten Technologie beeinflusst beispielsweise die Ausgestaltung der Suchfunktionen, bestimmt die Möglichkeiten zur Beeinflussung der Rankingprofile, definiert die Indexierung und wie die Ergebnisse prozessiert bzw. ausgeliefert werden. Systeme, die auf Suche spezialisiert sind, wie FAST, Solr, Lucene oder Autonomy, bieten meist sehr viel mehr und auch andere Möglichkeiten, wie z. B. ein Contentmanagementsystem (CMS), das auf die Auslieferung und das Management von großen Dokumentenmengen spezialisiert ist. Bei diesem Punkt wird schon vorab folgende Fragen geklärt:

- Welche Anzahl von Servern muss vorhanden sein, damit die Nutzer zu den Hauptnutzungszeiten der Suche gut bedient werden können, ohne dass die Suche langsamer wird?
- Wie sieht die Skalierbarkeit der Server aus? Das heißt, wie viele Ressourcen im Sinne von Rechenzeit, Speicher oder Prozessoren benötigt die Suche mit ihren Funktionalitäten und erwarteten Suchanfragen?
- Ist es eine datenbank- oder eine indexbasierte Suche?
- Müssen spezielle Schnittstellen zwischen Datenbanken, CMS, Shops und der Suchmaschine programmiert werden?

Insbesondere der letzte Punkt, Schnittstellen zur Extraktion, Transformation und Konsolidierung der Daten, kann sich in der Umsetzung als kosten- und zeitaufwändig gestalten. Die Überlegung, ob standardisierte Schnittstellen und Services zur Verfügung stehen oder gekauft werden können, fließt mit in die Betrachtung ein. Die Skalierbarkeit der Systeme muss gut überlegt werden, da die Performance und Schnelligkeit der Suche als Erstes von den Nutzern bemerkt werden, wenn die Suche nicht antwortet bzw. keine Site ausliefert. Eine schnelle Antwortzeit von Suchmaschinen ist eines der wichtigsten Qualitätskriterien für die Nutzer.

2.7   Nutzung und Verwendungszweck

Der Verwendungszweck einer Suche beschreibt die Nutzungsmotivationen, wann und für was eine Suche verwendet werden soll. Ist der Zweck beispielsweise auch das Stöbern durch große Datenbestände einer Website gedacht, dann bedarf es aufgrund der Vielfalt an Daten einer speziellen Führung durch die Ergebnisse, wie Kategorien oder Facettierung der Daten. Die Nutzung der Suche verdeutlicht, welche Antworten die Suche liefern soll, d. h., nach was die Besucher der Site konkret suchen. Nutzer suchen z. B. nach:

- Künstlern oder Prominenten,
- Kritiken zu bestimmten Events,
- lustigen Videos,
- günstigen Hotels in einer bestimmten Stadt,
- aktuellem Produktvergleich von Laptops eines bestimmten Herstellers,
- Lösungsvorlagen zu einem bestimmten PC-Spiel,
- den aktuellen Speiseplan der Kantine.

Die Nutzung kann zu einem späteren Zeitpunkt, bei der Ausgestaltung der Nutzungsszenarien und Use Cases für UX-Tests, noch verfeinert werden (s. Abschn. 10.2). Die Reflexion über die künftige Nutzung der Suche dient hier jedoch als Basis, um den Gesamtkontext zu erfassen. Davon abgeleitet werden können auch schon die ersten Überlegungen zu den Arten der Suchanfragen, die eine Suchmaschine bedienen muss. Als Beispiel sei genannt, dass die Formulierungen von Suchanfragen nach Künstlern sowohl Personennamen als auch den Eigennamen einschließt, die zudem in deutscher Sprache und in weiteren Sprachen vorkommen können. Infolgedessen sollte auch daran gedacht werden, dass verschiedene Schreibweisen und Sprachen mit abgebildet werden müssen, um Null-Treffer-Anzeigen zu vermeiden, z. B.:

- Namen (Herbert Grönemeyer versus Grönemeyer),
- Akzente (Coppélia),
- Mehrwortanfragen (Cirque du Soleil).

Das Wissen hierüber fließt somit in die bereits besprochenen Punkte, die Technologie und die Qualitätssicherung der Indexe, mit ein.

2.8   Betreuung und Entwicklung

Die Betreuung meint hier sowohl die Entwicklung als auch den Betrieb der Suche durch interne oder externe Teams. Diese Aspekte haben grundsätzlich keine Auswirkung auf die User Experience, wenn davon auszugehen ist, dass sowohl interne als auch externe Fachexperten den gleichen Qualitätsstandard liefern können. Jedoch sollte geklärt sein:

- Wer ist für die Pflege der Suche verantwortlich?
- Wie ist die Betreuung organisiert, die bei Problemen der Suche im Betrieb eine schnelle Reaktionszeit garantiert?

Die Frage nach der Applikationsbetreuung und dem Support ist jedoch ein wichtiger Punkt. Wenn beispielsweise die Technik bzw. die Server ausfallen sollten, muss geklärt sein, wer wie reagiert und es muss auch sichergestellt sein, dass die Reaktion und Problemlösung so schnell als möglich erfolgen. Idealerweise so, dass möglichst keine oder nur wenige Nutzer dies überhaupt bemerken..

Fällt beispielsweise ein Server aus, kann die Performance der Suche eingeschränkt sein bzw. dann steht der Suchdienst nicht mehr zur Verfügung. Ein Nichterreichen des Dienstes ist für den Nutzer sichtbar. Es sollte somit ein 24 h/7 Tage pro Woche/365 Tage im Jahr Support gewährleistet sein. Dies umso mehr, je größer die Nutzergruppe des Angebots ist und je stärker finanzwirtschaftliche Aspekte in der Suche implementiert sind.

2.9 Unternehmen und Betreiber

Als letzten Punkt auf der Liste einer Kontextanalyse steht das Unternehmen mit seinen Entscheidungsträgern und Produktmanagern, welches die Suchmaschine anbietet und betreibt. Generell gilt, dass unterschiedliche Unternehmen auch verschiedene Suchen individuell anbieten, betreiben und ihre spezifischen Ziele verfolgen. Die Betreiber geben schlussendlich die Antwort auf die Frage nach dem *Warum* durch die Vorgabe der Strategie und Ausgestaltung der Suche mit ihren Inhalten und Funktionen. Zu den einflussreichsten Faktoren hierbei gehört die Unternehmensstrategie, da sie wichtige Punkte vorgibt, wie z. B.:
- Art und Ausmaß der Werbung in den Suchergebnissen,
- Aussteuerung der Rankingprofile,
- Bereitstellung des Entwicklungsbudgets,
- Art der Verträge mit Partnern,
- Anzahl der Personen für die Produktentwicklung.

Das Unternehmen und die an der Entwicklung beteiligten Experten, wie z. B. Designer, Programmierer oder Produktmanager, geben somit den abschließenden Rahmen der Suchmaschine vor, welcher von den Nutzern erfahren werden soll. Wobei auch hier schon einige Aspekte speziell zur Vorbereitung für die Evaluationsmethoden zur User Experience herangezogen werden können. Dazu gehören sowohl Fragen nach der Art und dem Ausmaß der Werbung als auch zur Wahrnehmung der Rankingprofile.

Fazit

Es gibt keine adaptierbare Standardlösung!
Die unterschiedlichen Kontexte, in denen die Suchen eingebettet sind, produzieren und bedingen unterschiedliche Nutzungsmotivationen. Die Suchen können deshalb nicht universell übertragen werden, es bedarf immer einer individuellen Lösung und spezieller Anpassungen für die einzelne Suche.

Jede Suche ist durch ihren Kontext einzigartig und muss so auch betrachtet werden, um die Spezifikation für User Experience sorgfältig herausfiltern zu können. Insbesondere Intranets oder Portale, die viele verschiedene Inhalte aggregieren und den Nutzern zur Verfügung stellen, können sich in der Umsetzung als sehr komplex offenbaren. Jedoch lassen sich eben durch eine Analyse das Verständnis um den Kontext und rechtzeitige Klärung möglicher Problembereiche und Konflikte die beteiligten Komponenten der Suche bestimmen und potentielle Abhängigkeiten benennen. Der Kontext gibt zudem schon die ersten Use Cases und die Kernfunktionalitäten der Suche vor.

Literatur

Bahrs J (2008) Enterprise Search – Suchmaschinen für Inhalte im Unternehmen. In: Lewandowski D (Hrsg) Handbuch Internet-Suchmaschinen 1. AKA, Heidelberg

Bennett M, Fried J et al (2010) Professional Microsoft search, FAST search, sharepoint search, and search server. Wiley, Indianapolis

Google (2009) Return on Information: Steigerung Ihres ROI mit Google Enterprise Search. http://static.googleusercontent.com/external_content/untr-usted_dlcp/www.google.de/de/de/intl/de/enterprise/gsa/pdf/internal_search_roi_wp.pdf. Zugegriffen: 2. Januar 2012

Krug S (2002) Don't make me think! Web Usability – Das intuitive Web. mitp, Bonn

Lervik J, Riaz A, Olstad B (2006) Book of search. FAST search & transfer ASA, USA

Lewandowski D (Hrsg) (2011) Handbuch Internet-Suchmaschinen 2 – Neue Entwicklungen in der Web-Suche. AKA, Heidelberg

Lewandowski D (Hrsg) (2009) Handbuch Internet-Suchmaschinen 1 – Nutzerorientierung in Wissenschaft und Praxis. AKA, Heidelberg

Machill M, Welp C (Hrsg) (2003) Wegweiser im Netz – Qualität und Nutzung von Suchmaschinen. Bertelsmann, Gütersloh

Morville P (2005) Ambient findability. What we find changes who we become. O'Reilly, Cambridge

Stapelkamp T (2007) Screen- und Interfacedesign. Gestaltung und Usability für Hard- und Software Springer, Berlin

Die Komponenten einer Suchmaschine im Suchprozess

3

Zusammenfassung

Jeder Suche ist ein festgelegter Ablauf eigen, der den Suchprozess definiert. Dieser Prozess vereinigt die beteiligten Komponenten in einer logischen Abfolge. Das heißt, die in der Kontextanalyse identifizierten Komponenten der Suchmaschine lassen sich in eine Reihenfolge – den Suchprozess – abbilden. Zur einfacheren und effizienteren Lokalisation der Faktoren für vorhandene oder potentielle User-Experience-Probleme werden in diesem Kapitel die einzelnen Komponenten einer Suche innerhalb des Suchprozesses aufgezeigt. Damit ist es möglich, die einzelnen Komponenten in ihrem Zusammenspiel besser zu verstehen. Des Weiteren wird gezeigt, welche verschiedenen komplexen Zusammenhänge hinter dem Suchprozess liegen und für die Nutzer logisch abgebildet werden müssen.

Die Suchmaschine besteht in der vereinfachten Darstellung der Mensch-Maschine-Kommunikation aus folgenden Bestandteilen: Nutzer, Suchinterface, Suchtechnologie, Indexe (Quellen), Suchmaschinenbetreiber. Diese Komponenten sind dabei durch einen logischen Ablauf innerhalb des Suchprozesses miteinander verknüpft.

Kapitel 2 hat einführend die Thematik beschrieben, dass jede Suche ihre individuellen Besonderheiten und Eigenschaften zur funktionalen, technischen, inhaltlichen und grafischen Ausgestaltung hat. Wobei nicht jeder genannte Punkt im Einzelnen auch eine Auswirkung auf die User Experience oder die Usability hat. Allen Suchen gleich ist jedoch ein festgelegter Ablauf, der durch den Suchprozess definiert wird. Dieser Prozess ist unabhängig von dem Umfeld einer Suche anzusehen, da dieser immer gleich verläuft und die beteiligten Komponenten in einer logischen Abfolge miteinander verknüpft. Das heißt, die in der Kontextanalyse identifizierten Komponenten der Suchmaschine lassen sich in eine Reihenfolge – den Suchprozess – bringen, die im Einzelnen und auch im Gesamtkontext des Prozesses bewertet und analysiert werden können.

S. M. Quirmbach, *Suchmaschinen*, X.media.press, DOI 10.1007/978-3-642-20778-5_3
© Springer-Verlag Berlin Heidelberg 2012

Zur einfacheren und schnelleren Lokalisation der Faktoren für vorhandene oder potentielle Probleme werden die einzelnen Komponenten einer Suche innerhalb des Suchprozesses aufgezeigt (Abb. 3.1) (Quirmbach 2011, S. 235). Anhand dieser logischen Verknüpfung ist es möglich, schon weit vor der Implementierung der Suche bestimmte Aspekte zur Ausgestaltung und Konzeption zu klären und zu definieren. Die Analyse der Komponenten hilft bei der Gestaltung der Fragen und Testszenarien bei späteren UX-Tests, aber auch zur Herleitung der ersten Kriterien für eine spätere Qualitätssicherung.

3.1   Der Suchprozess in seiner einfachen Form

* Die Nutzer geben ihre Suchanfragen in Form von Wörtern in das Eingabefeld der Suche ein und starten anschließend diese Suche.
* Die Suchmaschine verarbeitet nun die Anfrage und sucht in den Indexen die passenden Einträge.
* Am Ende des Prozesses bekommen die Nutzer die zu ihrer Anfrage passenden Suchergebnisse in der Reihenfolge angezeigt, die der Anbieter festgelegt hat.
* Die Quellen für die Indexe und die Suchalgorithmen werden von dem Suchmaschinenanbieter ausgewählt, definiert und implementiert.

Im Gegensatz zu der Kontextanalyse erfolgt die Analyse der beteiligten Komponenten anhand des Suchprozesses. Sie ist somit eine Verfeinerung der Kontextanalyse und dient als systemischer Ansatz, der den Nutzungskontext in Aktion zeigt mit den Auswirkungen der Komponenten auf die UX in einer Gesamtbetrachtung. Ebenso wird gezeigt, wie sich die Komponenten in ihrer Ausgestaltung gegenseitig beeinflussen.

3.2   Nutzer

Die Komponente Nutzer meint hier die potentiellen Nutzer, welche gemäß der Zielgruppendefinition der Suche bzw. des angegliederten Portals oder der dazugehörigen Website verwendet wird. Eine rechtzeitige Betrachtung und Reflexion der Zielgruppe sind wichtig, damit die Suchmaschine auch auf deren Ansprüche, Erwartungshaltung und Nutzungsmotivationen reagieren kann. Folglich kann bei dieser Betrachtung zugleich die Frage danach abgehandelt werden, was passiert, wenn das Produkt den Ansprüchen seiner Nutzer nicht gerecht werden kann und welche Gründe dafür vorhanden sind.

Das Wissen, die Motivation und die Interneterfahrung der Nutzer spiegeln sich in der Art der Benutzung der Suche und der angegliederten Website wider. Das heißt, die Nutzer haben unterschiedliche Kenntnisse über den Suchprozess und die Suchmaschinen. Deshalb sollte ein Suchinterface sowohl unerfahrenen als auch erfahrenen Nutzern gerecht werden. Mit einem komplexen Suchinterface setzt man beispielsweise ein hohes Wissen der Nutzer über die Anwendung und Funktion auf der Website voraus. Als Folge der Komplexität werden gerade die weniger

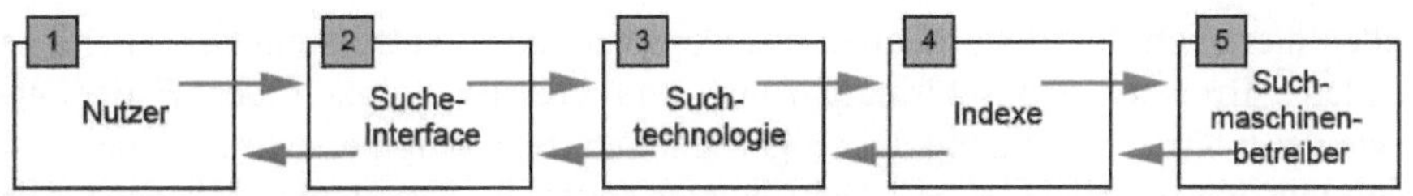

Abb. 3.1 Die Komponenten einer Suche im Suchprozess

erfahrenen Internetnutzer abgeschreckt, die Suche ein- oder mehrmals zu benutzen, da sie die Funktionsweise erst erlernen und verstehen müssen. Nicht jeder Nutzer ist dazu bereit, seine Zeit hierfür zu investieren und sich mit der Funktionsweise der Suche zu beschäftigen. Ein komplexes Interface bei einer Suche ist beispielsweise geprägt durch viele Optionen zum Verfeinern der Suchanfrage vor oder auch nach einer Suche.

Einflüsse auf andere Komponenten
- Das Wissen und die stetige Reflexion darüber, wie ein Nutzer sein Informationsbedürfnis formuliert, helfen, potentielle Abfrageroutinen in der Suche abzubilden. Wird beispielsweise die Anfrage nicht eindeutig formuliert oder fehlerhaft eingegeben, produziert sie unzureichende Ergebnisse in Form von nicht relevanten Ergebnissen oder Null-Treffer-Seiten. Hier greift die Komponente Nutzer in die Ausgestaltung der anderen Komponenten, insbesondere der Technologie, ein. Daher muss betrachtet werden, wie z. B. Fehlschreibweisen vom System erkannt und welche Ergebnisse dann ausgeliefert werden.
- Die Suchmaschine muss mit der Anordnung der Ergebnisse in den Trefferlisten auf die Wünsche der Nutzer eingehen bzw. reagieren und sollte nicht zu stark durch Werbung innerhalb der Trefferliste von den organischen Ergebnissen ablenken. Die Komponente Unternehmen muss das Ausmaß an Werbung abwägen und für sich einschätzen, inwieweit mittelfristige Folgen, wie z. B. sinkende Nutzungs- und Wiederkehrerraten wegen zu viel Werbung, zu ihren Zielen passen.
- Gerade unerfahrene Nutzer verwenden beispielsweise Suchoperatoren falsch und produzieren dadurch Null-Treffer-Seiten. Dies ist für Nutzer eine frustrierende Erfahrung, da die Suche ohne Erfolg war. Es müssen dementsprechend in der Technologie Routinen vorgesehen werden, wie solche fehlerhaft verwendeten Operatoren schon bei der Verarbeitung der Suchanfrage sinnvoll abgefangen und umgewandelt werden können.

3.3 Schnittstelle Sucheingabe und Suchausgabe

Die Sucheingabe und Suchausgabe bilden die Schnittstelle in der Mensch-Maschine-Kommunikation. An dieser Stelle sind vor dem Nutzer alle Defizite seitens Suchtechnologie, Indexen, Design und Unternehmensstrategie sichtbar. Daneben fließen hier auch die Eigenschaften des Computers des Nutzers ein bezüglich verwendeter Browser, Bildschirmauflösung und Geschwindigkeit des Endgerätes sowie der Internetverbindung. Die Eigenschaften des Computers wirken sich somit insgesamt mit auf die UX aus. Dem Nutzer sollte die Möglichkeit gegeben werden, die Ansicht auf die Ergebnisse zu ändern, wenn er mit der Standardeinstellung nicht zufrieden ist. Beispielsweise kann hierfür eine Auswahl zur Änderung der Reihenfolge der ausgegebenen Ergebnisse nach Relevanz oder Aktualität angeboten werden. Hier ist explizit zu betonen, dass das grafische Design für eine Suchergebnisseite andere Anforderungen hat als das Design für eine Artikelseite. Bei einer SERP muss es beispielsweise klare visuelle Hierarchien und stärkere Abgrenzungen zu den einzelnen Ergebnissen geben als bei einer Artikelseite. Zudem sollte die Ergebnisseite für die Nutzer schnell zu scannen sein, damit diese die Darstellung mit den Informationen zu den Ergebnissen schnell erfassen können.

Einflüsse auf andere Komponenten

- Das Suchinterface muss bestimmte Aspekte des Indexes abbilden, wie nicht vorhandene Inhalte oder Fehlermeldungen. Das heißt, wurden bei einer Sucheingabe Tippfehler gemacht, sollte die Suche dahingehend reagieren, dass sie zumindest einen freundlichen Hinweis an die Nutzer ausgibt. Hierfür muss es definierte Prozesse seitens der Komponente Technologie geben, die dem Nutzer sinnvolle Rückmeldungen geben bei fehlerhafter Sucheingabe oder auch nicht richtig angewendeten Funktionen.
- Funktionen zur Einschränkung der Suche müssen im Interface mit abgebildet werden. Werden diese in der Konzeption seitens der Komponenten Technologie und auch der Betreiber nicht optimal von der Funktionsweise und den dahinterliegenden technischen Möglichkeiten durchdacht und fehlerhaft implementiert, werden dies die Nutzer bei der Verwendung der Suche merken.
- Im Suchinterface spiegeln sich zudem sowohl das Corporate Design (CD) als auch die Informationsarchitektur (IA) wider. Hier ist darauf zu achten, dass die Komponente Betreiber, hier insbesondere Designer und Informationsarchitekten, schon bei der Planung der Benutzerschnittstelle der Suche mit am Tisch sitzt und ihre Spezifikationen zugunsten der Nutzer mit einbringt.

3.4   Technologie

Die verwendete Technologie ist der Motor einer Suche, der die Leistungsfähigkeit und die Funktionen bestimmt. Hier spielen auch die Algorithmen eine wichtige Rolle, mit denen die Ergebnisse sortiert und ausgegeben werden. Die Ergebnisse sollten nach dem Kontext ausgeliefert werden, in dem sich eine Suche befindet. Das heißt, die Rankingfaktoren werden im Einzelnen definiert, z. B. die Anordnung der Ergebnisse nach Aktualität, Beliebtheit oder Abverkaufszahlen. Wobei in der Praxis meist Mischformen eingesetzt werden, da die Nutzungskontexte der Produkte sehr individuell sind (Bennett et al. 2010).

Einflüsse auf andere Komponenten

- Funktionen der Suchmaschine, wie die Verfeinerung der Suche oder Drucken und Teilen, werden durch die Technologie festgelegt. Kann die Technologie dies nicht bieten oder gibt es seitens der Komponente Unternehmen keine Ressourcen zur Implementierung, muss das entweder anders im Interface abgebildet oder aber komplett auf diese Funktion verzichtet werden.
- Die Antwortzeit einer Suchmaschine beim Abarbeiten der Suchanfrage und beim Ausliefern der Ergebnisliste nimmt eine sehr wichtige Rolle innerhalb der Mensch-Maschine-Kommunikation ein. Eine schnelle Antwortzeit wird von Nutzern inzwischen erwartet. Die Komponente Technologie muss dementsprechend auf die Performance hin geprüft werden.
- Die Herausforderung, auf welche Unternehmen in der Produktentwicklung stoßen, ist, dass meist verschiedene Suchapplikationen in einem Interface integriert werden sollen, beispielsweise im Intranet oder bei Produktsuchen. Dabei haben die verschiedenen Applikationen auch verschiedene Technologien als Grundlagen, inklusive ihrer individuellen Spezifikationen. Hier beeinflussen sich gleich mehrere Komponenten gegenseitig.

3.5 Indexe

Die Indexe bilden die Inhalte einer dazugehörigen Site in der Suche ab und enthalten Informationen wie Texte, Bilder, Preise oder Bewertungen. Umfang und Größe eines Indexes sind elementar für die Benutzung der Suche, genauso wie die Aktualität. Die Qualität des Indexes, z. B. bei einer Produkt- oder Nachrichtensuche, wird auch durch die Vollständigkeit der Metadaten geprägt und ist abhängig von den vorhandenen Feldern wie Autor, Sprache, Format, Kategorie, Quelle oder Datum. Dateitypen wie Videos, Musik oder Bilder sollten dementsprechend auch in der Suchergebnisseite darstellbar sein und z. B. mit einer Abbildung passend zum Format angezeigt werden können (Bennett et al. 2010).

Einflüsse auf andere Komponenten

- Die schlechte Qualität der gelieferten Daten ist meist ein größeres Problem, da diese zuerst bearbeitet werden müssen, damit eine hohe Qualität für eine Suche vorliegt. Bereinigung, Zusammenführung oder Anreicherung der Daten sind nur einige Beispiele, die sich auf die Search Experience[1] und letztlich auf die Qualität des Indexes auswirken. Hier müssen die Betreiber letztlich eine Qualitätssicherung und Prüfung vornehmen und entsprechende Qualitätskriterien definieren (Ferber 2003).
- Abhängigkeiten bestehen auch zum angelieferten Index und der späteren Abbildung der Ergebnisse, wie sie von den Nutzern erfahren werden. Wie in der Kontextanalyse erwähnt, sollen hier alle Felder mit angegeben werden, die

---

[1] Search Experience meint die User Experience speziell für Suchmaschinen.

künftig im Interface mit angezeigt werden. In dieser Komponente wird entschieden, welche Informationen ein Ergebnis enthält, wie Titel, Datum, Bewertungen oder Bilder.

3.6 Unternehmen und Betreiber

Wie bei dem Kontext der Suche stellt auch hier das Unternehmen mit seinen Entscheidungsträgern bzw. der Suchmaschinenbetreiber eine der Komponenten dar, die den Suchprozess am stärksten beeinflusst. Unter Suchmaschinenbetreiber sind hier die Programmierer genauso wie die Designer und die Produktmanager zu verstehen.

Einflüsse auf andere Komponenten

- Die an der Suche beteiligten Personen beeinflussen mit ihrem Wissen und ihren Entscheidungen die Ausgestaltung der Inhalte, die Sortierung der Ergebnisse sowie das Design der Suche. Wenn sich schon bei der Konzeption einer Suche keine Person um die User-Experience-Ziele der Suche kümmern kann, wird sich dieses Defizit sehr wahrscheinlich auch auf das Interface und die Darstellung der Prozesse negativ auswirken.
- Die Platzierung und die Darstellung der Suchfunktion in einem Portal werden von dem Unternehmen, seinen einzelnen Entscheidungsträgern und Anforderern beeinflusst. Das heißt, Länge, Höhe und Design der Sucheingabe mit ihren Funktionen sind Entscheidungen von einzelnen Bereichen, die nicht immer zugunsten der Nutzer getroffen werden, sondern eher zum Vorteil des Unternehmens und der dafür zuständigen Personen. Das Design wird zudem von dem Corporate Design des Unternehmens vorgegeben und es existiert demnach ein zugrunde liegender Styleguide, nach dem sich die Suche zu richten hat. Dieser ist jedoch meist ein Konfliktpunkt, da sich die Änderung im Styleguide fast immer als zu unflexibel erweist, um individuell auf die Bedürfnisse einer Suche einzugehen.
- Das Unternehmen entscheidet über das Ausmaß an Werbeeinblendungen, d. h. über die Art und Weise, wie Werbung innerhalb der SERP angezeigt wird und wie Nutzer diese erfahren sollen. Dabei kann Werbung sowohl für die eigenen Produkte, Services und Dienstleistungen als auch für fremde Unternehmen eingebunden werden. Als Beispiel sei hier die Integration kontextsensitiver Werbemittel oberhalb der organischen Ergebnisse genannt, wie z. B. Google-Anzeigen oder Positionierung von Werbebannern zusätzlich rechts neben den Ergebnissen (Abb. 3.2). Dies ist insofern für die UX wichtig zu erwähnen, da Werbung von den Nutzern unterschiedlich akzeptiert und wahrgenommen wird. Zu viel oder nicht kontextuell ausgelieferte Werbung in der SERP verärgert die Nutzer (Quirmbach 2011).

Abb. 3.2 Onlineangebot welt.de: Oberhalb der Ergebnisse kontextsensitive Google-Anzeigen
(Adwords)[2]; rechts der Ergebnisse nichtkontextsensitiver Werbebanner (Screenshot vom
12. Oktober 2011)

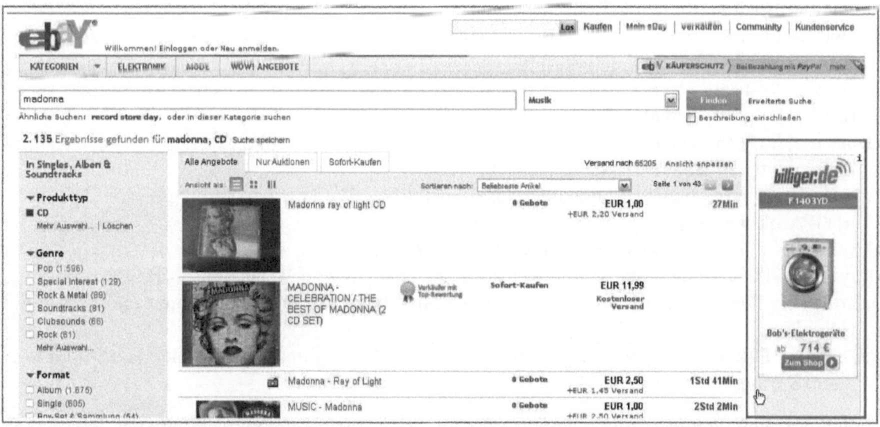

Abb. 3.3 Ebay.de: Platzierung von nichtkontextsensitiver Werbeanzeige rechts der
Suchergebnisseite. Suchwort „Madonna" in Kategorie „Musik" (Screenshot vom 30. August
2011)

---

[2] Google-Anzeigen gibt es auch speziell für die Suche, adsense for search. Die Art der integrierten Werbung ist dabei in unterschiedlichen Formaten möglich, wie Text oder Werbebanner.
(Google 2012)

Fazit

> Die gegenseitigen Einflüsse und Abhängigkeiten der Komponenten unter-
> einander innerhalb des Suchprozesses sollten mit ihrer Auswirkung auf die
> Wahrnehmung und das Empfinden der Nutzer und das Nutzungserlebnis nicht
> unterschätzt werden.

Unabhängig von dem Datenbestand und Informationsraum wird durch die Darstellung der Komponenten innerhalb des Suchprozesses gezeigt, dass es viele Faktoren innerhalb der einzelnen Komponenten der Suche gibt, die zusammenhängend betrachtet werden müssen. Diese haben einen Einfluss auf die User Experience, welcher detailliert benannt werden kann.

Dabei sind die Einflussfaktoren und Abhängigkeiten vielschichtig und weitreichend. Sie liegen sowohl bei der Suchmaschine, den Anbietern als auch bei jedem einzelnen Nutzer. Das Wissen darum hilft zudem, die einzelnen Komponenten im Detail analysieren zu können, um darauf aufbauend die Nutzungsszenarien und zu einem späteren Zeitpunkt auch die Testfälle für eine regelmäßige Qualitätssicherung der Suche erstellen zu können.

Literatur

Bahrs J (2008) Enterprise Search – Suchmaschinen für Inhalte im Unternehmen. In: Handbuch Internet-Suchmaschinen. AKA, Heidelberg

Bennett M, Fried J et al (2010) Professional Microsoft search, FAST search, sharepoint search, and search server. Wiley, Indianapolis

Enquiro (2005) Google eye-tracking report – How searchers see and click on Google search results. Enquiro, Canada

Ferber R (2003) Information Retrieval. Suchmodelle und Data-Mining-Verfahren für Textsammlungen und das Web. Dpunkt, Heidelberg

Google (2012) https://www.google.com/adsense/static/de/WsOverview.html?gsessionid=Zu5efIS lrlTIPAIqktw8Sw. Zugegriffen: 2. Januar 2012

Morville P, Callender J (2010) Search patterns. O'Reilly, Canada

Morville P (2005) Ambient findability. What we find changes who we become. O'Reilly, Cambridge

Quirmbach S (2011) Usability in Suchmaschinen. In: Handbuch Internet-Suchmaschinen 2. AKA, Heidelberg

Stapelkamp T (2007) Screen- und Interfacedesign, Gestaltung und Usability für Hard- und Software. Springer, Berlin

Der Suchprozess innerhalb der Mensch-Maschine-Kommunikation

4

Zusammenfassung

In diesem Kapitel wird der Suchprozess in der Mensch-Maschine-Kommunikation in den einzelnen Schritten des Nutzungsszenarios dargestellt und kurz erläutert. Dabei werden elementare Anforderungen an die User Experience jedes einzelnen Schrittes anhand typischer Beispiele aufgezeigt, die sich in der Suche als hilfreich erwiesen haben. Zudem erfolgt eine Beschreibung der einzelnen Schritte im Suchprozess und der sich dahinter verbergenden Komplexität im Zusammenspiel mit den einzelnen Komponenten und den individuellen Merkmalen der Suche. Wobei die Nutzer immer im Fokus dieser Betrachtung liegen. Ergänzt wird dieses Kapitel durch Beispiele aus der Praxis.

Wir befassen uns nicht damit, wie etwas funktioniert, sondern wir wursteln uns durch. Die wenigsten Menschen nehmen sich Zeit, Bedienungsanleitungen zu lesen, wobei die Art der Technologie keine Rolle spielt. Stattdessen machen wir weiter und wursteln uns durch, wobei wir unsere eigenen vagen, plausiblen Storys dafür erfinden, was wir machen und warum es funktioniert. Steve Krug (Krug 2002)

Wie in den vorherigen Kapiteln beschrieben, ist eine Suchmaschine von der Ausgestaltung als Produkt immer abhängig von ihrem Kontext. Zwar ist die Zusammensetzung der Komponenten im Suchprozess gleich, aber als Summe daraus ist jede Suche als einzigartig im Sinne von individuell zu verstehen. Aus diesem Verständnis heraus wird in diesem Kapitel der Suchprozess in der Mensch-Maschine-Kommunikation in Schritten dargestellt und kurz erläutert (Abb. 4.1).

S. M. Quirmbach, *Suchmaschinen*, X.media.press, DOI 10.1007/978-3-642-20778-5_4

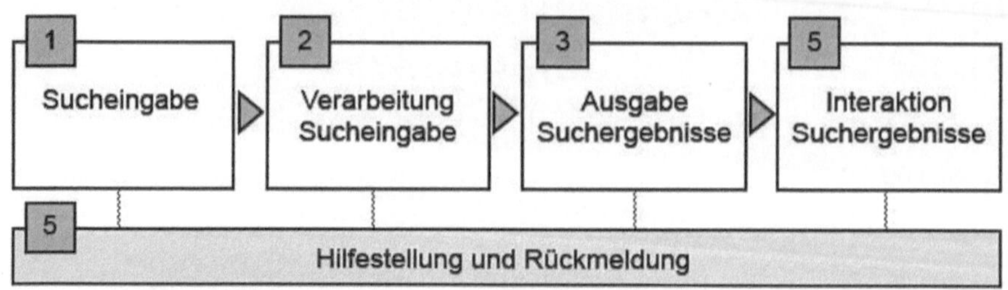

Abb. 4.1 Schema Suchprozess

4.1   Der Suchprozess teilt sich in vier aufeinanderfolgende Aktionen auf

Das Schema in Abb. 4.1 zeigt eine Detailbetrachtung der Mensch-Maschine Kommunikation des Suchprozesses. Folglich wie die Nutzer mit der Suche interagieren und was sie erwarten. Diese Darstellung in Schritten hat sich in der Praxis als hilfreich erwiesen, um:

- Use Cases und Nutzerszenarien zu definieren bei späteren Tests,
- Funktionen und Darstellungsformen vorab zu analysieren,
- Worst-Case-Szenarien rechtzeitig zu identifizieren und zu implementieren, wie Null-Treffer-Seite oder Systemausfälle,
- die beteiligten Komponenten der Suche pro Schritt schneller zu identifizieren.

4.2   Sucheingabe

1. Die Aktion
   Die Nutzer geben ihre Suchanfragen, welche aus einem oder mehreren Suchtermen oder Phrasen bestehen können, in das dafür vorgesehene Sucheingabefeld ein. Durch Anklicken des Suche-Buttons mit der Maus oder Betätigen der Eingabetaste wird die Anfrage an das System weitergeleitet.
2. Die Komplexität hinter der Aktion
   Bei der Integration der Suche in eine Website entsteht der erste Konflikt in der Planung, da z. B. die Startseiten von Websites nach anderen Gesichtspunkten gestaltet werden und der Suchfunktion eher eine geringere Priorität zugeordnet wird, zugunsten der Platzierung von Werbeanzeigen. Die Sucheingabe wird deshalb oft eher reduziert und unauffällig dargestellt, obwohl sie bei der Nutzung von Websites als gleichberechtigter Einstieg in die Inhalte und Themen einer Site dient. Die Sucheingabe sollte immer als solche schnell erkennbar sein und sich als Funktion von der restlichen Site sichtbar abheben, d. h. zusammenfassend, das Eingabefeld und auch der Suche-Button muss für die Nutzer der

Site eindeutig sein. Bei der Sucheingabe geht es somit um die Gestaltung und Position des Sucheingabefeldes und des Suche-Buttons. Zu beachten ist:

– Die Länge und die Höhe des Sucheingabefeldes wirken sich auf das Interface aus. Eine zu klein gestaltete Sucheingabe ist von Nachteil, da bei längeren Eingaben das Wort aus dem sichtbaren Bereich verschwindet und das Korrigieren, z. B. bei Rechtschreibfehlern, dadurch erschwert wird.
– Eine eindeutige und für die Nutzer verständliche Bezeichnung des Suche-Buttons sollte gewählt werden, beispielsweise *OK* oder *Suchen*.
– Schon kleinere Änderungen an dem Design, z. B. der Farbkontraste, können die Usability der Suche erheblich verbessern.
– Die Funktionen zur Sucheingabe sollten eindeutig voneinander unterschieden werden können, wie Suche absenden oder die getätigte Texteingabe im Suchfeld löschen. Insbesondere in Applikationen in mobilen Endgeräten ist diese Darstellung häufig zu sehen.

3. Beispiele
– *Sucheingabe:* Ein Vergleich zwischen den Darstellungsweisen der Sucheingaben auf den Websites verschiedener Fernsehsender zeigt die Vielfalt der Interpretationsmöglichkeiten im Einsatz (Abb. 4.2, 4.3 und 4.4). Hierbei variieren die:
    – Längen der Sucheingabefelder,
    – Darstellungen des Suche-Buttons,
    – Positionen der Suche,
    – Beschriftungen der Suche,
    – Optionen zur Einschränkung der Suche.
– *Suchvorschläge:* Die meisten Nutzer verwenden bei ihrer Sucheingabe keine Suchoperatoren. Dementsprechend hoch ist ihre Erwartungshaltung, dass die Suche auch ohne Verwendung solcher Operatoren funktioniert und relevante Treffer liefert, z. B. bei Produktnamen wie *Hotel Berlin* oder *Digitalkamera Nikon*. Das heißt, die Anfrage muss intelligent vom System interpretiert werden. Die Unterstützung der Nutzer bei der Formulierung der Suchanfrage durch Einblenden von Suchvorschlägen bei der Eingabe des Suchwortes ist inzwischen Standard. Dieses einfache Mittel reduziert zudem Fehleingaben und lenkt die Nutzer gezielt auf die Ergebnisse. Suchvorschläge sind deshalb nicht nur für die Nutzer da, sondern werden verstärkt für die Unternehmensstrategie verwendet dahingehend, dass die Anzeige der Vorschläge und die Reihenfolge manipuliert werden können. Eine Manipulation ist deshalb für Unternehmen möglich, da die Nutzer nicht das Wissen um die Herkunftsweise und Zusammenstellung der Suchvorschläge haben und diese somit nicht nachvollziehbar sind. Im Folgenden zwei Beispiele zur Darstellung von Suchvorschlägen (Abb. 4.5 und 4.6). Auch hier ist wieder eine Variation bei der Darstellung verwendeter Farben, farblicher Kontraste und der Produktkategorien zu erkennen.
– Die Suchvorschläge bei ebay.de (Abb. 4.5) liefern am Ende der Liste beliebte Produkte passend zur Suchanfrage aus. Dabei ist für die Nutzer nicht ersichtlich, nach welchen Kriterien die Beliebtheit der Produkte bemessen wird.

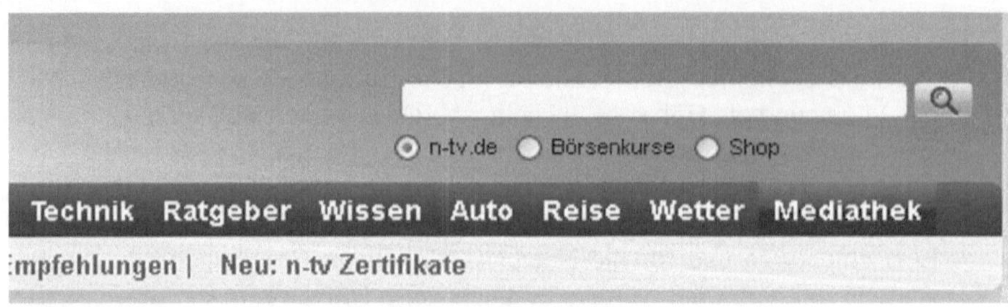

Abb. 4.2 Ard.de: Sucheingabe (Screenshot vom 17. September 2011)

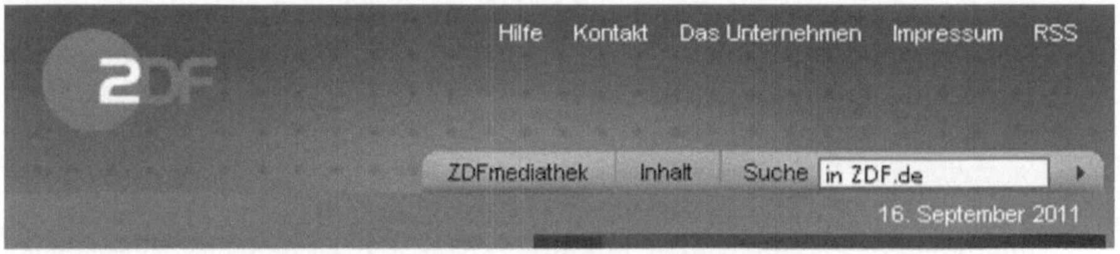

Abb. 4.3 Zdf.de: Sucheingabe (Screenshot vom 16. September 2011)

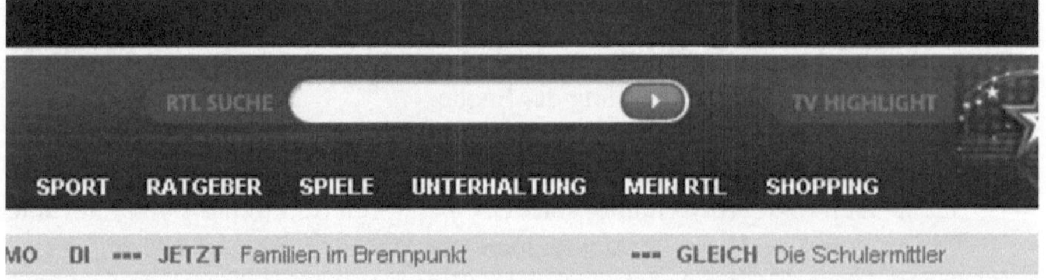

Abb. 4.4 Rtl.de: Sucheingabe (Screenshot vom 17. September 2011)

Das Gleiche lässt sich auch bei der Darstellung von amazon.de (Abb. 4.6) feststellen. Hier ist für den Nutzer nicht ersichtlich, nach welcher Sortierung sie angezeigt werden. Bei diesem Beispiel werden die Druckerpatronen von HP vor Canon in der Liste angezeigt, somit liegt keine alphabetische Sortierung vor. Die Nutzer müssen sich zuerst die Darstellung der Suchvorschläge logisch herleiten und für sich erlernen.

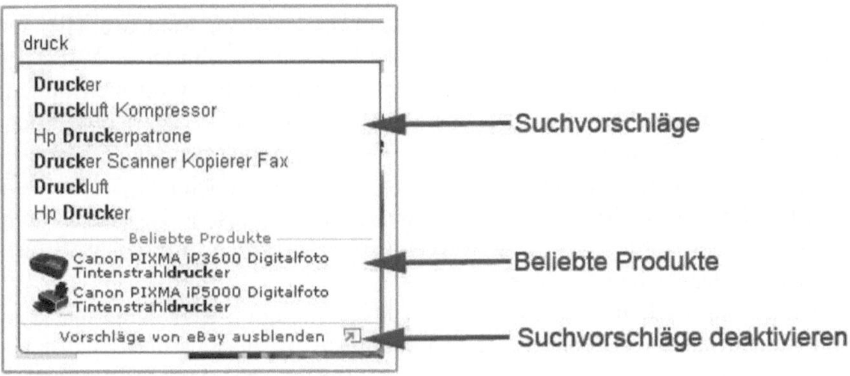

Abb. 4.5 Ebay.de: Suchvorschläge während der Eingabe von „druck" (Screenshot vom 16. September 2011)

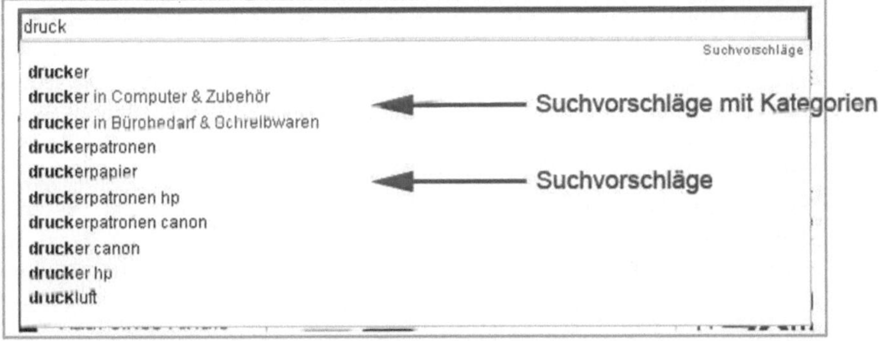

Abb. 4.6 Amazon.de: Suchvorschläge während der Eingabe von „druck" (Screenshot vom 16. September 2011)

4.3   Verarbeitung der Sucheingabe

1. Die Aktion
   Die Suchmaschine verarbeitet die von den Nutzern gestellten Suchanfragen, indem sie nach passenden Treffern in den Indexen sucht und die Inhalte mit den Suchanfragen abgleicht.
2. Die Komplexität hinter der Aktion
   Bei der Verarbeitung der Suche erkennen die Nutzer nicht, was im Detail passiert. Es ist eine Black Box für sie. Ob ihre Suche erfolgreich war, erfahren sie erst bei der Ausgabe der Ergebnisse.
   Mehr denn je gilt es, eine schnelle Antwortzeit der Suche zu erreichen. Antwortzeiten der Suche und kompletter Aufbau der Ergebnisseite von unter

einer Sekunde bzw. wenigen Millisekunden sind inzwischen Standard. Hier setzen insbesondere große Shoppingportale oder Websuchmaschinen die Maßstäbe. Das heißt, die technische Performance der Suchmaschine wirkt sich auf die Antwortzeiten und Erreichbarkeit des Suchservices aus. Reagiert eine Suche langsam, ist die Gefahr groß, dass Nutzer die Suche abbrechen und die Website verlassen, um zu einem anderen Anbieter zu gehen. Hier noch mal der Hinweis, dass bei der Konzeption einer Suche ausreichend technische Ressourcen eingeplant werden sollten, wie z. B. Server und Prozessoren, die der erwarteten Auslastung der Suche gerecht werden.

Weiterhin sollten keine Beschränkungen bei der Länge des Suchterms gegeben werden, z. B. dass eine Sucheingabe nur aus mindestens drei Buchstaben oder Zeichen bestehen darf. Es gibt insbesondere bei Produkten oder Künstlern Namen, die nur aus zwei bis drei Zeichen bestehen, z. B. H&M, U2, VW.

3. Beispiele

   – *Zeichenkonvertierung:* Sonderzeichen und Umlaute in der Sucheingabe müssen von dem System bei der Bearbeitung der Suchanfrage richtig verarbeitet werden und dürfen weder Fehler produzieren in Form einer Null-Treffer-Seite noch die Inhalte falsch ausliefern. Hier erweisen sich die in Kap. 2 und 3 beschriebenen Methoden der Kontext- und Komponentenanalyse als hilfreich. Sie helfen dabei, die Anfragetypen, die Nutzungsszenarien der Suche und die Qualität des Indexes zu bestimmen. Zudem sollten nach einer Suche die eingegebenen Suchterme vollständig und ohne Zeichenkonvertierungsfehler in der Sucheingabe ausgegeben werden (Abb. 4.7).

   – *Systemrückmeldung:* Insbesondere Metasuchmaschinen sollten eine passende Statusmeldung bei der Bearbeitung der Suchanfrage darstellen, da sie mit einer Suchanfrage gleichzeitig mehrere Websites bzw. Quellen abfragen, wie z. B. Preisvergleichssuchen. Die verschiedenen abzufragenden Quellen antworten oftmals in unterschiedlichen Zeiten, sodass eine schnelle und gleichzeitige Ausgabe der Treffer kaum möglich ist. Bei Metasuchen ist es deshalb inzwischen Standard, den Nutzern eine Rückmeldung auszugeben (Abb. 4.8).

4.4   Ausgabe der Suchergebnisse

1. Die Aktion
   Die Suchmaschine liefert die gefundenen Treffer im Frontend aus, welche gemäß den von dem Suchmaschinenanbieter definierten Relevanz- und Rankingkriterien in der Suchergebnisseite angezeigt werden.

2. Die Komplexität hinter der Aktion
   Grundlegend für eine Suchmaschine ist, dass die gefundenen Ergebnisse auch relevant sind. Die Relevanz der Ergebnisse zur Suchanfrage sollte immer gegeben sein. Wurden keine Treffer gefunden, ist dies für die Nutzer deutlich zu kennzeichnen, z. B. in Form eines kurzen Hinweises auf der ausgegebenen Site: *Zu der eingegebenen Suchanfrage konnten keine Treffer gefunden werden* (Nudelman 2011, S. 5 ff).

Abb. 4.7 Saturn.de: Konvertierungsfehler bei der Darstellung und Abarbeitung des Umlauts „ö" zur Suche nach einer CD von Herbert Grönemeyer, Suchwort „Grönemeyer". Die Suche lieferte dementsprechend auch keine Suchergebnisse (Screenshot vom 17. September 2011)

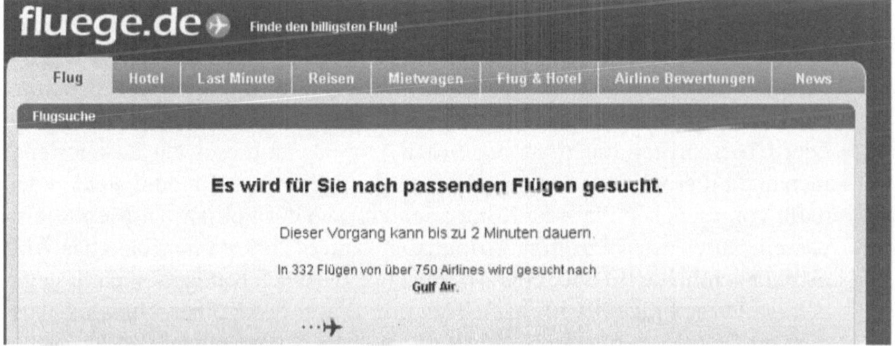

Abb. 4.8 Metasuchmaschine mit sichtbarer und deutlicher Statusrückmeldung der Suchabfrage für den Nutzer, Beispiel fluege.de (Screenshot vom 12. November 2011)

Werden statt einer Null-Treffer-Seite von den Suchmaschinenbetreibern alternative Ergebnisse eingefügt, sollte dies auch deutlich hervorgehoben werden. Dies wird oftmals gemacht, um den Nutzer in der Suche bzw. der angegliederten Website zu halten und auf weitere Inhalte aufmerksam zu machen. Alternative Ergebnisse können z. B. die neuesten Produkte oder beliebtesten Artikel sein. Idealerweise werden dadurch die Abverkäufe gesteigert.

Mehr als in einem Portal sind in der Suche die Scanability der Site bzw. der Lesefluss und die Leserlichkeit wichtige Faktoren für die User Experience. Eine übersichtliche und strukturierte Darstellung der Ergebnisse unterstützt das schnelle Scannen der Site für die Nutzer. Der Konflikt in der Praxis entsteht meist dann, wenn der Designer einen Style definiert, der nicht hinreichend die Nutzerbedürfnisse abbildet. Das heißt, die Darstellung der Ergebnisse und der Funktionen ist somit maßgeblich von dem Design abhängig. Dies sollte aber nicht zum Nachteil der Suche erfolgen, nur um einem übergreifenden Corporate Design gerecht zu werden.

3. Beispiele

- *Seitenelemente positionieren:* Bei der Positionierung der Seitenelemente der Suche wird oftmals nicht auf die inhaltlichen und formalen Aufmerksamkeits- und Gestaltungsgesetze eingegangen (s. auch Kap. 7). So muss beispielsweise die Subnavigation einer Website, die in der linken Spalte der Site positioniert ist, nicht auch noch in der SERP mit angezeigt werden. Für die Suche stellt der linke Seitenbereich jedoch einen wichtigen Platz für die Positionierung der Kategorien und Filter dar. Dadurch sind sie stärker im Blickfeld der Nutzer. Das ist jedoch eine grundsätzliche Frage dahingehend, wie in einem dazugehörigen Portal die Navigation gestaltet wird (Abb. 4.9). Bei der Darstellung dieser SERP wird die Subnavigation auch mit in der Ergebnisseite angezeigt und die Kategorien müssen dadurch auf die rechte Seite der Website ausweichen.

- *Auspunkten versus Ausschreiben:* Dieser Konflikt tritt beispielsweise bei langen Titeln und Texten in der Ergebnisanzeige auf und ist ein Thema, welches insbesondere Designer gern diskutieren. Es geht dabei um Kleinigkeiten in der Darstellung, die jedoch für die Nutzer eine große Wirkung haben. Es betrifft die Darstellung der Texte und Bezeichnungen von Funktionen, Kategorien oder Überschriften innerhalb der SERP. Oftmals ist dieses bei Kategorienamen und Filteroptionen der Fall, da es sehr lange Namen gibt, die nicht in den dafür vorgesehenen Platz der Kategorienbox oder des Pull-Down-Menüs reinpassen. Durch das frühzeitige Auspunkten kann es vorkommen, dass das Wort nicht ersichtlich wird oder eine Abgrenzung zwischen Kategorien nicht gegeben ist. Diese Frage betrifft auch Titel und Teaser des Suchergebnisses. Auspunkten von Wörtern oder Sätzen sollte nur dann angewendet werden, wenn sichergestellt werden kann, dass dadurch der Information Scent (s. a. Abschn. 5.2) für den Nutzer nicht verloren geht. Alternativ kann ein Zeilenumbruch eingefügt oder die Schriftgröße etwas verringert werden. Designer verwenden ungern einen Zeilenumbruch, da er nicht schön aussieht. Jedoch zeigt die Praxis, dass die Aussagekraft des Designs oder das Gesamtbild dadurch nicht vermindert wird. Gut funktioniert auch ein Mouse-over, das den vollständigen Titel anzeigt (Abb. 4.10).

4.5   Interaktion mit den Suchergebnissen

1. Die Aktion
Die Nutzer lesen die von der Suchmaschine ausgegebenen Ergebnisse mehr oder weniger intensiv durch und wählen das für sie relevanteste Ergebnis aus. Hierbei kann je nach implementiertem Funktionsumfang die Ergebnisliste unterschiedlich manipuliert werden, wie z. B. durch die Auswahl einer Kategorie, um die Ergebnisse einzuschränken, oder durch die Sortierung der Ergebnisliste nach

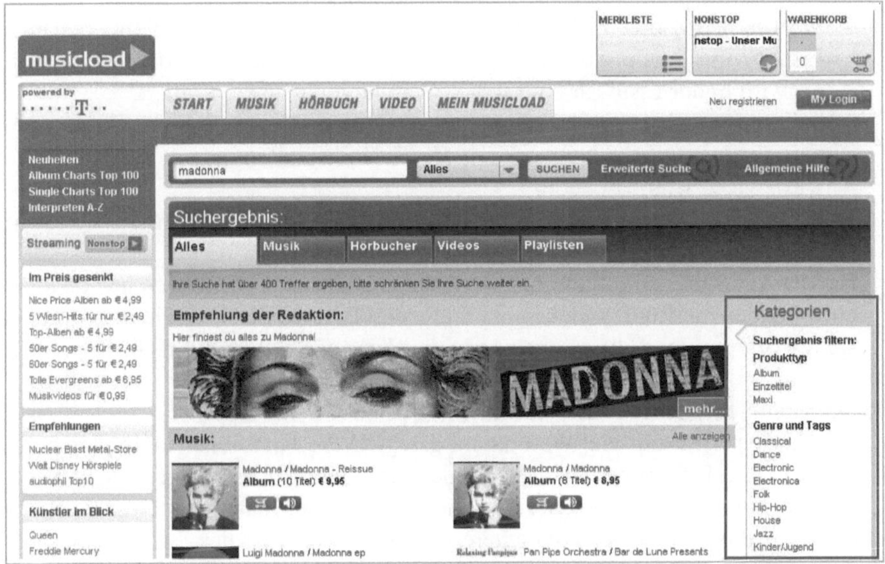

Abb. 4.9 Musicload.de: Darstellung der SERP, linker Bereich Subnavigation auf weiterführenden Angeboten und Empfehlungen, rechter Bereich Kategorien (Screenshot vom 17. September 2011).

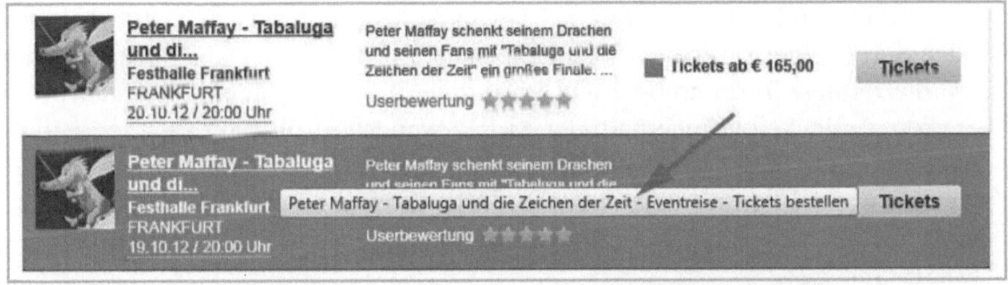

Abb. 4.10 Darstellungsvarianten des Titels bei eventime.de bei Mouse-over (Screenshot vom 12. Dezember 2011)

Aktualität oder Relevanz. Die Funktionen dienen innerhalb der Suchergebnisseite auch zur Interaktion mit den einzelnen Ergebnissen. Zu den Funktionen zählen z. B.:

- *Bewerten:* Die Nutzer können hierbei die Ergebnisse aus der SERP heraus bewerten. Dabei werden die Bewertungsmöglichkeiten meist als Icon dargestellt, wie z. B. als Sterne oder als Zahlenskala.
- *Kaufen:* Das Ergebnis kann direkt gekauft werden, d. h., der Kaufprozess wird aus der Ergebnisliste heraus gestartet.

- *Merken:* Das Ergebnis kann auf einen Merkzettel oder eine beliebig benannte Liste (Wunschliste) aus der Ergebnisliste heraus gesetzt werden. Das Ergebnis wird in der Liste für eine spätere Verwendung abgespeichert.
- *Teilen:* Das Ergebnis kann mit ausgewählten Personen getauscht werden, z. B. in einem Social Network mit den Freunden teilen indem es dort gepostet wird, wie z. B. in Facebook.
- *Versenden:* Das Ergebnis kann z. B. per E-Mail an einen Freund versendet werden.

Bei der Auswahl von Funktionen muss dabei beachtet werden, welche von ihnen eingebunden und auf welche innerhalb der Ergebnisliste verzichtet wird, da sie die Site zu überfüllt erscheinen lassen oder die Nutzer sie nicht verwenden würden.

2. Die Komplexität hinter der Aktion

Inzwischen wird sehr viel Wert darauf gelegt, diese Funktionen zu implementieren, weil die Erfahrung gemacht wurde, dass viele Nutzer die erweiterte Suche nicht benutzen. Deswegen werden viele Funktionen der erweiterten Suche in einer für die Nutzer verständlicheren Form im Kontext der Suchergebnisseite ausgegeben. Aufgrund dieser Entwicklung ist die intelligente Nutzerführung durch große Ergebnismengen mittels Kategorien oder Navigatoren ein wichtiger Part.

Einige Funktionen auf der SERP verhindern, dass die Nutzer auf die dahinterliegende Detailseite gelangen, indem das Bedürfnis schon einen Schritt vorher befriedigt wurde. Die verschiedenen Funktionen können mittels Befragung von Probanden in einem Labor, bei einem Benchmark zwischen Mitbewerbern oder durch eine Onlineumfrage herausgefiltert werden. Dabei geht es auch um die richtige Terminologie und Positionierung von Kategorien, Filtern oder Sortiermöglichkeiten innerhalb der SERP. Weiterhin sollte Information Hiding angewandt werden, d. h., die technische Komplexität der Kategorien und Filter wird nicht im Interface abgebildet, sondern es wird eine für Nutzer einfach zu verstehende Darstellung gewählt, wie die Darstellung als Link oder Schieberegler (s. Abschn. 7.2).

Bei der Interaktion mit den Ergebnissen und beim Durchlesen der Liste wechseln die Nutzer häufig zwischen der Liste und der Zielseite mehrmals hin und her. Oftmals wird hierfür der Zurück-Button des Browsers verwendet. Erwartet wird hierbei seitens der Nutzer, dass die vorherige SERP beim Klick auf den Zurück-Button wieder komplett dargestellt wird, inklusive der vorab ausgewählten Filterfunktionen und der eingegebenen Suchwörter in der Sucheingabe. Hier treten teilweise noch technische Konflikte auf, weil z. B. durch umfassendes JavaScript ein Zurück über den Browser Button nicht gegeben werden kann.

3. Beispiele

- *Auswahl der Funktionen:* Welche Aktionen und Funktionen das sind, entscheidet auch oftmals das Geschäftskonzept. Beispielsweise sorgt ein Kaufen-Button schon in der SERP dafür, dass die Produktdetailseiten weniger aufgerufen werden. Die Produktdetailseiten sind jedoch wichtig, da sie meist noch Werbebanner, Produktinformationen und weitere Informationen

enthalten. Das heißt, die eigentliche Produktseite verliert dadurch an Klicks
und Seitenaufrufen. Integrierte Werbung auf dieser Detailseite und weiterfüh-
rende Produktangebote werden dadurch weniger von den Nutzern gesehen
und deshalb auch weniger angeklickt.

– *Funktionen intuitiv implementieren:* Neuere Funktionen in Suchen, z. B. Pub-
  lizieren in Social-Media-Plattformen, Video ansehen, Bewertungen oder auch
  Suchergebnis in einem Merkzettel abspeichern, werden zunehmend imple-
  mentiert (Abb. 4.11, 4.12 und 4.13). Des Weiteren ist die Vorschau auf die
  Inhalte der dahinterliegenden Site zu einem Ergebnis immer öfter zu sehen.
  Dadurch ist es für den Nutzer möglich, sehr schnell über die Ergebnisseite
  die einzelnen Treffer in ihren Details miteinander zu vergleichen, ohne diese
  Site verlassen zu müssen. Funktionen und Aktionen sollen die Nutzer in ihrer
  Suche unterstützen, dabei ist darauf zu achten, dass sie selbsterklärend für
  die Nutzer sind. Dabei gibt es verschiedene Wege, wie diese Funktionen und
  ergänzenden Informationen zu einem einzelnen Suchergebnis dargestellt wer-
  den können:
  – Bei Klick wird ein Overlay angezeigt. Das heißt, ein Element mit weiteren
    Informationen legt sich über das Ergebnis.
  – Bei Klick wird ein Inlay angezeigt. Das heißt, das Ergebnis wird in seiner
    Darstellung vergrößert und kann auch wieder verkleinert werden (Engl.:
    „expand" und „collapse"). Die Informationen werden an gleicher Stelle
    innerhalb der Site ein- und ausgeblendet.
  – Bei Roll-over mit dem Mauszeiger über ein Ergebnis oder Element
    innerhalb des Ergebnisses werden zusätzliche Informationen angezeigt
    (Abb. 4.13).
  – Bei Klick wird ein modifiziertes Fenster geöffnet, das sich über die Ergeb-
    nisse legt. Dabei wird meist der Hintergrund als passiv angezeigt bzw. aus-
    gegraut dargestellt.

4.6   Hilfestellung und Rückmeldung innerhalb des Suchprozesses

1. Die Aktion
   Die Nutzer bekommen von der Suche begleitend über den Suchprozess in
   jedem Schritt eine sichtbare Rückmeldung, z. B. wenn keine Treffer vorhanden
   sind oder ob ein Rechtschreibfehler in der formulierten Sucheingabe vorliegt.
   Idealerweise werden die Nutzer schon bei der Sucheingabe geführt, z. B. durch
   die Anzeige von Suchvorschlägen, um Fehleingaben zu vermeiden.
2. Die Komplexität hinter der Aktion
   Bestenfalls gibt es ein Systemfeedback im kompletten Suchprozess – vom
   Stellen der Suchanfrage bis zur Ausgabe der Ergebnisse. Dies bietet eine wichtige Unterstützung für die Nutzer. Hierzu gehören:

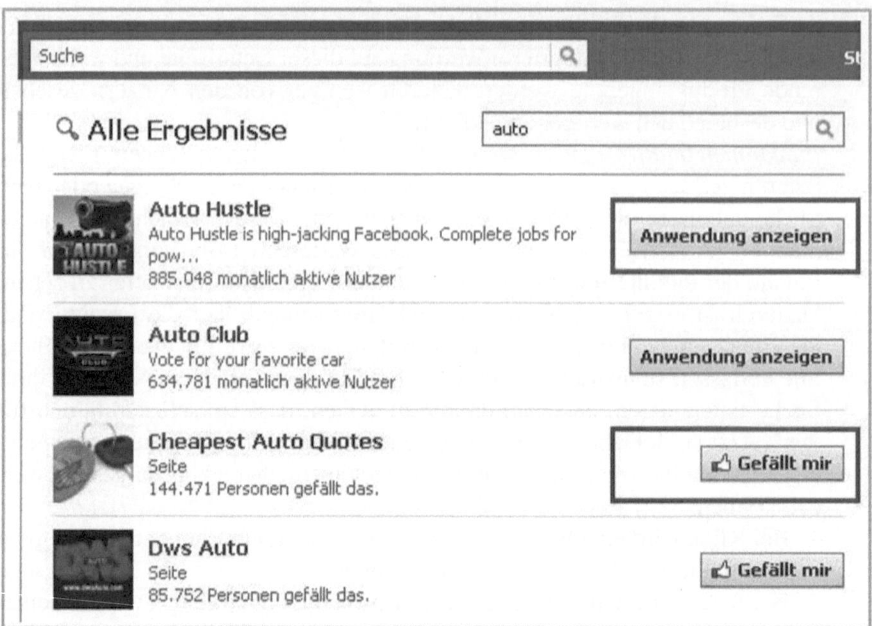

Abb. 4.11 Facebook.de: Suche nach „Auto“. Abbildung zeigt Aktionen „Anwendung anzeigen“ und „Gefällt mir“(Screenshot vom 17. September 2011)

Abb. 4.12 Jobstairs.de: Ausschnitt der Suchergebnisseite. Zu dem Ergebnis werden weitere Funktionen angeboten wie Weiterleiten, Jobmerker, Twitter und Facebook (Screenshot vom 20. September 2011)

– Die eingegebenen Suchterme in dem Sucheingabefeld sollten als Rückmeldung für den Nutzer immer stehenbleiben und nach durchgeführter Suche nicht gelöscht werden.
– Die Fehlermeldungen innerhalb des Suchprozesses sollten für die Nutzer verständlich formuliert sein mit einem Hinweise der Ursache.

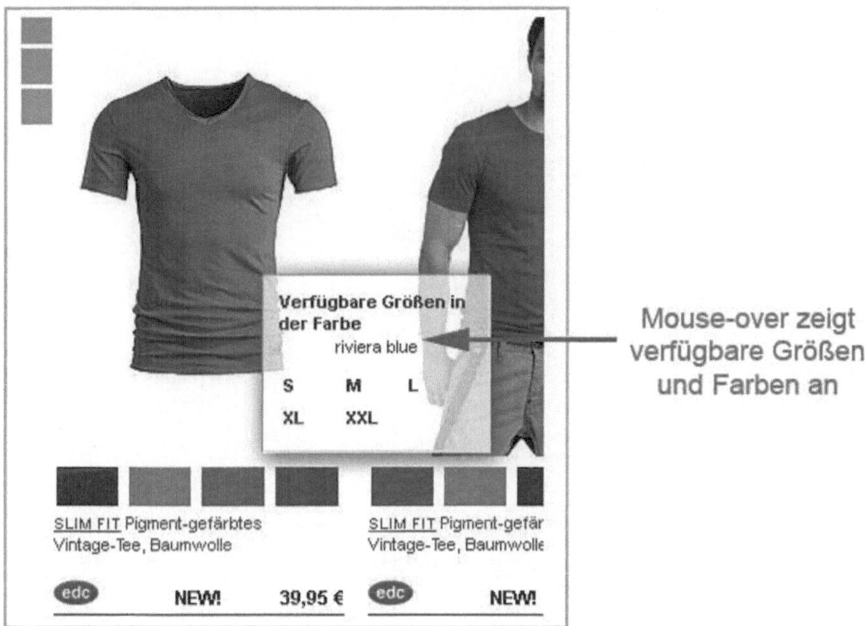

Abb. 4.13 Produktdarstellung in der Suchergebnisseite bei esprit.de, Auswahl der Farbe sowie Anzeige der vorhandenen Größen sind schon im Ergebnis möglich (Screenshot vom 20. September 2011)

- Erklärungen zu den Funktionen geben, z. B. in Form von Tooltipps implementieren oder deren Anwendung ausführlich innerhalb von Hilfeseiten beschreiben.
- Eine eindeutige und höfliche Rückmeldung bei keinen gefundenen Treffern für Nutzer auszuliefern, sollte inzwischen in jeder Suche umgesetzt sein, z. B.: *Ihre Suche nach „Suchwort" ergab leider keine Treffer. Bitte überprüfen Sie die eingegebene Suchanfrage auf Tippfehler und die richtige Verwendung von Suchoperatoren.*

Gründe für Fehlermeldungen, die an die Nutzer weitergegeben werden, können sein:

- Technische Fehlermeldungen seitens der Suchmaschine.
- Fehlermeldungen seitens des Computers/Browsers des Nutzers.

Wie diese Meldungen und Hilfetexte für die Nutzer dargestellt werden sollen, ist individuell zu klären. Diese Szenarien sollten rechtzeitig durchdacht und dafür eine Routine im System hinterlegt sein. Systemrückmeldungen sind sinnvoll, da sie den Nutzern durch eine eindeutige Antwort Sicherheit geben und sie bei ihrer Suche unterstützen.

Abb. 4.14 Esprit.de: Meldung nach Sucheingabe (Screenshot vom 17. September 2011)

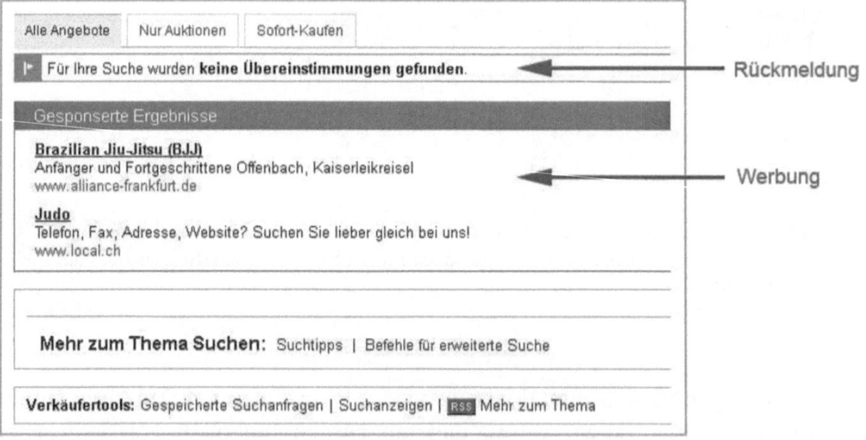

Abb. 4.15 Ebay.de: Null-Treffer-Seite nach Sucheingabe mit integrierter Werbung (Screenshot vom 17. September 2011)

3. Beispiele
- *Freundlicher Hinweis:* Die Verwendung von freundlichen Formulierungen in den Fehlermeldungen kommuniziert Respekt für die Nutzer. Beispielsweise zeigt die Suche von esprit.de den Nutzern einen freundlichen Hinweis an, wenn die Abfrage etwas länger dauert (Abb. 4.14).
- *Werbung auf der Null-Treffer-Seite*: Fraglich ist der Erfolg von Werbung auf der Null-Treffer-Seite, die nicht kontextuell zur gestellten Suchanfrage passt (Abb. 4.15). Hier liegt die Vermutung nahe, dass mit der prominenten Platzierung von Google-Anzeigen Geld verdient werden soll. Zum Nachteil der Eindeutigkeit der Fehlermeldung für den Nutzer, da sie optisch in den Hintergrund gestellt wird.

Fazit

> Ziel ist es, die Nutzer von Beginn an in ihren Suchverhalten zu unterstützen. Dies wird möglich, wenn durchgehend im Suchprozess passend zur Prozessstufe eine Rückmeldung an die Nutzer ausgegeben wird und wenn die Benutzerschnittstelle der Suche von den Nutzern intuitiv bedient werden kann, weil die Darstellungen der Funktionen und der Elemente eindeutig sind.

In diesem Kapitel wurde anhand des Suchprozesses aufgezeigt, wie die Nutzer in ihrer Suche optimal unterstützt werden können, z. B. durch die Anzeige passender Hilfsmittel und eine optimale Gestaltung der Interaktionselemente. Hierbei ist die Individualität der Suche zu beachten, die von den zu erwarteten Nutzungsszenarios, den zu integrierenden Quellen oder der technischen Ausstattung vorgegeben wird. Für eine Qualitätssicherung entlang des Suchprozesses gibt es am Ende des Buches in Kap. 15 eine Checkliste als Hilfsmittel.

Literatur

Hearst M (2009) Search user interfaces. Cambridge University Press, Cambridge
Krug S (2002) Don't make me think! Web Usability – Das intuitive Web. mitp, Bonn
Morville P, Callender J (2010), Search patterns. O'Reilly, Canada
Nielsen J, Loranger H (2006) Web Usability. Addison-Wesley, München
Nudelman G (2011) Designing search, UX strategies for eCommerce success. UX matters, Wiley, Indianapolis
Quirmbach S (2011), Usability in Suchmaschinen. In: Handbuch Internet-Suchmaschinen 2. AKA, Heidelberg
Schmidt-Mänz N (2007) Untersuchung des Nutzerverhaltens im Web: Interaktion von Internet-Nutzern mit Suchmaschinen. Verlag Kovac J
Schulz U (8. Mai 2001) Search Engine Usability – Über die Nutzungsqualität von Suchmaschinen. Session 2: Metadaten & Usability. Fachhochschule Hamburg, Fachbereich Bibliothek und Information
Schulz U (2001) Usability-Kriterien für Suchmaschinen. nfd 52. S 467–469
Stapelkamp T (2007) Screen- und Interfacedesign, Gestaltung und Usability für Hard- und Software. Springer, Berlin
Thurow S, Musica N (2091), When search meets web usability. New Riders, Berkeley

Zusammenfassung

Nutzer selektieren abhängig von der Motivation ihrer Suche die Ergebnisse und gestalten ihren Suchprozess immer individuell und auf ihre Situation angepasst. Deshalb befasst sich dieses Kapitel mit den unterschiedlichen Arten der Suchanfragen, aus denen sich die Motivation und die Suchintentionen der Nutzer ableiten lassen. Es wird gezeigt, wie sich die Art der Suchanfragen auf die Darstellung der Suchergebnisse auswirken soll, damit die Nutzer in der Informationsfindung unterstützt werden. Dabei nimmt die Abbildung der Relevanz in Form des Information Scents eine tragende Rolle ein, die zusätzlich in diesem Kapitel dargestellt wird.

Eine zu geringe Auswahl und Implementierung an Nutzungsszenarien, die eine Suche bedienen muss auf Basis der verschiedenen Suchanfragetypen, sollte vermieden werden. Eine Abbildung zu weniger Nutzungsszenarien bedeutet letztlich eine Einschränkung der Suchfunktion für die Nutzer und wirkt sich dahingehend auch negativ auf das Nutzungserlebnis aus.

Für Unternehmen gibt es sehr viele Möglichkeiten, die Suchmaschine für ihre Nutzer einfach und intuitiv zu gestalten. Es gibt aber weiterhin auch eine Komponente innerhalb des Suchprozesses, deren Einflussnahme eine Suche nicht zu 100 % ausgleichen oder bedienen kann: die Nutzer. Viele Probleme bei der Suche entstehen vor der eigentlichen Nutzung, nämlich auf Seiten der Nutzer. Diese Tatsache beeinflusst den Erfolg der Suche und wirkt sich auf die Zufriedenheit des Nutzers aus. Der Erfolg einer Suche ist maßgeblich abhängig davon, wie ein Nutzer:

- zu suchen anfängt,
- seine Frage, die er im Kopf hat, in einer Suchanfrage formuliert,
- seine Suche bzw. das ihn interessierende Thema im Laufe des Suchprozesses eingrenzt und ausgestaltet,
- die Relevanz der einzelnen Ergebnisse bewertet.

Nutzer wissen nicht, wie eine Suchmaschine im Detail funktioniert. Hinzu kommt, dass die Aktion Suchen oftmals auch ein spontaner, iterativer, interaktiver

S. M. Quirmbach, *Suchmaschinen*, X.media.press, DOI 10.1007/978-3-642-20778-5_5

Prozess ist, welcher aus einer bestimmten Situation heraus entsteht (White und Roth 2009). Oftmals lernen Nutzer erst im Laufe der Suche kennen, nach was sie eigentlich genau suchen und wie umfangreich das gesuchte Thema ist. Suchmaschinen zeigen also dem Nutzer nicht nur, was er sucht, sondern was es noch alles zu einem Thema gibt und weisen auf Facetten und Zusammenhänge hin.

Suchmaschinenbetreiber stehen nun vor der Herausforderung, die richtigen Ergebnisse zu liefern, obwohl die Nutzer falsche, nicht passende oder fehlerhafte Suchwörter eingegeben haben. Hierfür stehen den Unternehmen verschiedene Hilfsmittel zur Verfügung wie Wörterbücher, Lexika oder Synonymlisten, um die Ergebnisse trotz der fehlerhaften und ungenauen Eingabe zu prozessieren (Ferber 2003). Die Nutzer erwarten grundsätzlich eine Antwort von der Suchmaschine – und zwar die richtigen Treffer oder zumindest Hinweise, wo sie diese finden können. Das weitere Vorgehen der Nutzer wird durch ihre Relevanzbeurteilung der angezeigten Ergebnisse bestimmt.

Folgeaktionen der Nutzer können sein (Marchionini 1995):
- Anklicken von Ergebnissen und Ansehen der Zielseiten zu den Ergebnissen.
- Beenden der Suche, da die Aufgabe schon an dieser Stelle gelöst werden konnte. Hierbei muss nicht zwingend die Zielseite hinter dem Ergebnis angesehen werden.
- Beenden der Suche, ohne das Ziel erreicht zu haben. Zum Beispiel weil die Nutzer zur Erkenntnis gelangt sind, ihr Informationsbedürfnis nicht über diese Suche befriedigt zu bekommen und die gewünschte Information nicht an dieser Stelle bzw. über diese Website zu finden ist. Sie wechseln dann beispielsweise zu einer anderen Informationsquelle.
- Die Nutzer starten eine neue Suchanfrage an gleicher Stelle und verändern ihre vorherige Suchanfrage, bleiben jedoch im gleichen Thema, z. B. durch Verwendung eines weiteren Suchterms ergänzend zum vorher verwendeten.
- Der Nutzer startet eine neue Suchanfrage an gleicher Stelle und formuliert seine Suchanfragen komplett neu. Gleichbedeutend mit einem neuen Informationsbedürfnis formulieren.

Es kann dementsprechend nicht davon ausgegangen werden, dass die Nutzer suchen und sofort das für sie relevante Ergebnis auf der Liste an erster Position finden und die Suche beenden. Der Suchprozess gestaltet sich seitens der Nutzer sehr vielfältig und kann durchaus auch etwas zeitintensiver sein. Diese kurze Feststellung über das Nutzerverhalten in Suchen ist zur Definition der Nutzungsszenarien wichtig. Die Fragestellungen für Unternehmen hierbei sind:
- Wie kann die Lücke überbrückt werden zwischen den verwendeten Suchtermen der Nutzer und dem verwendeten Vokabular der Inhalte und der Indexe, sodass beide Seiten über die Suche zusammenfinden?
- Wie können sinnvolle Resultate zur Suchanfrage geliefert werden, obwohl aufgrund der Art der Suchanfrage oftmals noch gar nicht entschieden werden kann, was genau die Nutzer suchen?

Eine detaillierte Analyse sowohl der Quellen als auch der Nutzer ist somit für die Ausgestaltung der Suche wichtig (s. Kap. 2) und beantwortet die Fragen danach:

- welche Arten von Suchanfragen vorliegen bzw. vermutlich vorliegen werden,
- wie sie sich auf die Ergebnisdarstellung auswirken bzw. auswirken sollen.

Infolgedessen kann dadurch die Ergebnisdarstellung geplant und auf die Nutzerbedürfnisse ausgerichtet werden. Das Potential der Analyse der Suchanfragen auf die Produktentwicklung eines dazugehörigen Portals, einer Applikation oder generell der Suche sollte nicht unterschätzt werden (s. Abschn. 13.1).

Es gibt inzwischen verschiedene Ansätze zur Auswertung von Suchlogs, bei denen Suchanfragen nach Typen, Aspekten und Klassen eingeteilt werden. Um diese Thematik kurz mit ihrer Auswirkung auf die UX einer Suche zu verdeutlichen, wird hier beispielhaft die Studie von Andrei Broder verwendet (Broder 2002). Zum Veranschaulichen der Suchmuster und zur Ableitung der Auswirkungen auf das Suchinterface wird diese Definition herangezogen. Er hat aufgezeigt, dass abgeleitet aus dem zugrunde liegenden Informationsbedürfnis der Nutzer sich die Suchanfragen in verschiedene Typen aufteilen.

Die drei Suchanfragetypen im Web

- *Transaktionsorientiert:* Die grundlegende Motivation hierbei ist eine Suche nach Produkten und diese auch über die Website zu erwerben. Die Nutzer haben folglich meist eine konkrete Kaufabsicht.
- *Informationsorientiert:* Die grundlegende Motivation hierbei ist die Suche nach bestimmten Informationen, die auf einer oder mehreren Websites vermutet werden, wie beispielsweise aktuelle Nachrichten oder Bilder eines Prominenten u. v. m.
- *Navigationsorientiert:* Die grundlegende Motivation hierbei ist, auf eine bestimmte Website zu gelangen und folglich eine Suche nach einer konkreten URL. Hier wird das Internet sozusagen als Verzeichnis verwendet.

Dabei lässt sich dieser Ansatz auch auf andere Suchmaschinen dahingehend übertragen, dass sich die Typisierung noch weiter verfeinern und entsprechend ihrer Nutzung erweitern lässt (Lewandowski 2012).

Erweiterungen der Suchanfragetypen

- Lokale Suchen (Was , Wo oder Was und Wo in Kombination),
- Personensuchen (Vorname und Nachname, Nachname, Spitzname, aber auch Personen sowie Aktionen und Dokumente, die mit der eigentlich gesuchten Person in Verbindung stehen),
- Fragen des Alltags, die den Nutzern bewegen,
- situative Suche (z. B. wie eine Umweltkatastrophe oder Tod eines Schauspielers),
- zeitliche Suchen.

Anzumerken ist, dass sich die Suchanfragetypen dahingehend auf die Ergebnisdarstellung auswirken, dass die Nutzer bestimmte Informationen schon auf der SERP erwarten und zur Bewertung der Treffer heranziehen. Diesem Thema wurde in diesem Buch deshalb Platz eingeräumt, da das Wissen um die Suchanfragetypen es erleichtert, die für die Tests verwendeten Suchanfragen zu formulieren (s. Abschn. 11.3). Bei den Tests sollen insbesondere auch die verschiedenen Ansichten einer SERP in Aktion von den Nutzern bewertet werden können. Das heißt auch, dass eine Identifizierung der Suchanfragetypen und Nutzungsmotivationen die Formulierung der Testfragen vereinfacht und unterstützt. Wenn bekannt ist, welche Formulierungen und Motivationen vorliegen, können diese Szenarien bei den Nutzern gezielt nachgefragt werden.

Als Beispiel sei hier amazon.de, Suchterm *Rücksendung* genannt (Abb. 5.1). Eigentlich liegt bei amazon.de eine Suche nur nach Produkten vor. Jedoch werden auch weitere Fragestellungen rund um die Bezahlung und Versendung von Produkten gestellt. Zu sehen ist dies bei der Eingabe des Wortes *Rücksendung*. Hier werden schon während der Eingabe die passenden Suchvorschläge zum Thema Rücksendung gegeben. Die SERP zeigt jedoch nur einen relativ kleinen Hinweis in Form eines Links zu den gewünschten Informationen (Abb. 5.2). Allein dieses Beispiel demonstriert sehr gut, dass Nutzer sich oftmals nicht überlegen und sich nicht bewusst machen, ob eine Produktsuche nur für Produkte da ist oder für alle auf einem Shoppingportal befindlichen Informationen. Für diese Nutzer muss es also die Möglichkeit geben, über eine Produktsuche auch zu diesen gewünschten Informationen zu gelangen. Es gibt Websites, die eine Produktsuche und eine Site Search haben und zusammen anbieten, was wiederum auch zu Verständnisproblemen führen kann (Abb. 5.3). Hier sind zwei Sucheingabefelder eingebunden, die jedes für sich ihre eigenen Quellen durchsuchen.

Dieser Aspekt wird oftmals auch von den Möglichkeiten der verwendeten Technologie gesteuert, wie und welche Daten sie verarbeiten und integrieren kann. Meist müssen spezielle Schnittstellen geschaffen werden, die sich in der Umsetzung als sehr kosten- und zeitaufwändig herausstellen können.

5.1   Wie Nutzer die Ergebnisse selektieren

> Wir lesen keine Seiten, wir überfliegen sie. Steve Krug (Krug 2002)

Die Darstellung der Ergebnisse in Suchmaschinen beeinflusst maßgeblich, wie Nutzer die Ergebnisse lesen und für sich auf die Relevanz hin überprüfen. Innerhalb von Studien wurde durch Eye-Tracking der Blickverlauf der Nutzer im Detail analysiert und ausgewertet (Enquiro 2005). Die Ergebnisse zeigen, dass nicht einzig die Anzeige des exakten Keywords im Titel oder im Beschreibungstext der Ergebnisse entscheidend ist für einen Klick. Vielmehr ziehen Nutzer bei der Trefferevaluierung mehrere Kriterien zur Relevanzbeurteilung heran.

Es kann gesagt werden, dass Nutzer sich nicht wirklich den Teasertext des Ergebnisses vollständig durchlesen. Vielmehr scannen sie die Ergebnisse im Sinne von schnellem Überfliegen des Textes. Die Folge dessen ist, dass nur die ersten Wörter von Titel oder Text angelesen werden. Auf dieser Basis wird sehr schnell von den Nutzern entschieden, ob das Ergebnis für sie relevant ist oder nicht.

Für eine visuelle Nutzerführung durch die Ergebnisse ist es deshalb wichtig, die Texte in einer angemessenen Länge zu gestalten. Die Länge ist dabei von der

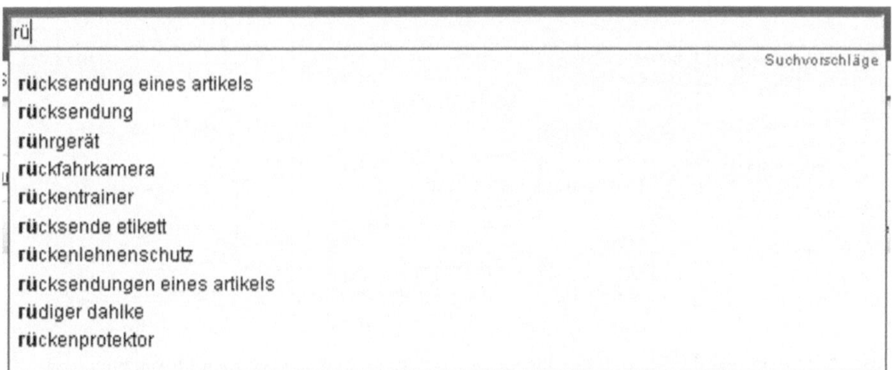

Abb. 5.1 Amazon.de: Suchvorschläge (Screenshot vom 4. April 2011). Das Thema Rücksendung ist so oft von den Nutzern gefragt, dass es in den Suchvorschlägen mit angezeigt wird.

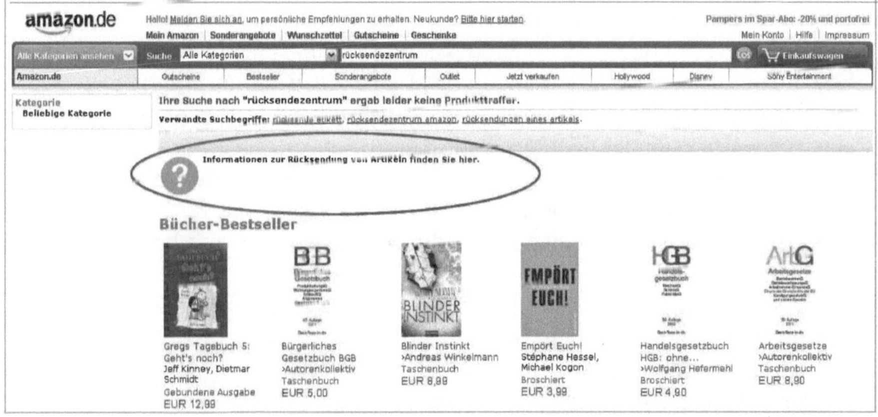

Abb. 5.2 Amazon.de: Ergebnisliste zum Suchwort „Rücksendezentrum" zeigt die Integration eines Textlinks zum Thema Rücksendung (Screenshot vom 4. April 2011)

Art des Suchmaschine und der darzustellenden Information abhängig. Beispielsweise verlangen Ergebnisse in Nachrichtensuchen eine längere Textauflänge als Ergebnisse in Produktsuchen oder Videosuchen. Positiv ist auch eine Kombination von Text und passendem Bild zu einem Ergebnis, da die Nutzer die Aussage eines Bildes schneller erfassen (Schneider 2011).

Dieses Verhalten ist jedoch abhängig von der zugrunde liegenden Suchmotivation der Nutzer. Verschiedene Suchmotivationen produzieren unterschiedliche Herangehensweisen bei der Ergebnisselektion, weil jeder Nutzer dabei seinen eigenen individuellen Weg hat. Meist wird innerhalb eines Suchvorganges auch iterativ

Abb. 5.3 Medimax.de: Darstellung der Site Search im rechten oberen Seitenbereich und der Produktsuche (Screenshot vom 17. September 2011)

vorgegangen und mehrere verschiedene Suchanfragen zum gleichen Thema gestellt (White und Roth 2009).

Beispiele für Suchmotivationen:

- *Offene Suche:* Bei dieser Motivation wissen die Nutzer noch nicht genau, wie ihr Ergebnis aussehen soll. Sie möchten erst eine Auswahl an Ergebnissen haben, um sich einen Überblick zu verschaffen. Hierbei kann es vorkommen, dass sich beispielsweise auch der thematische Fokus etwas verschiebt.
- *Geschlossene Suche:* Bei dieser Motivation liegt den Nutzern der Gedanke zugrunde, dass sie schon vor der Suche genau wissen, was für ein Ergebnis sie haben möchten und in welchem thematischen Fokus sie sich befinden. Diesen möchten sie auch beibehalten.
- *Eine Auswahl an Ergebnissen:* Die Nutzer wissen genau, was sie für ein Ergebnis haben möchten. Trotzdem bevorzugen sie zuerst eine Auswahl an Ergebnissen, um diese miteinander zu vergleichen.
- *Wiederauffinden:* Hier geht es den Nutzern einzig darum, ein ganz spezielles Ergebnis wiederzufinden, z. B. einen Artikel oder ein bestimmtes Produkt. Es kann jedoch sein, dass sie nicht mehr den genauen Wortlaut der Suchanfrage kennen, die sie verwendet haben. Dadurch kann es passieren, dass sie mehrere Suchen durchführen müssen, bis sie die gewünschte Information wiederfinden.

5.2   Information Scent

Der Information Scent (Deutsch: Informationsduftmarke) beschreibt einen wichtigen Aspekt aus der Information-Foraging-Theorie, der in der Praxis oftmals unterschätzt wird (Pirolli 2007). Die Theorie besagt, dass sich Menschen als Informationsjäger im Netz genauso verhalten wie Tiere auf der Nahrungssuche und dabei Kosten-Nutzen-Rechnungen zur Entscheidungsfindung verwenden. Das heißt, die Menschen nehmen eine Witterung nach den gesuchten Informationen auf. Um den Nutzen der Informationssuche zu maximieren, werden kontinuierlich strategische Entscheidungen dahingehend getroffen, wie ökonomisch die Aktion im Hinblick auf die Faktoren Zeit und Energie ist. Wichtig zu wissen ist also, wie die Nutzer die Inhalte von Websites im Suchprozess wahrnehmen und verarbeiten. Auf Basis des Informationsbedürfnisses gleicht das Gehirn des Nutzers stetig die damit verbundenen Konzepte und Vorstellungen ab. Es erfolgt demnach also eine semantische Kontrolle der gefundenen Informationen mit denen, die in seiner Vorstellung vorliegen. Auf Basis des Information Scents schätzen die Nutzer die möglichen Erfolge bei der Suche auf einer Website ab. Die Umsetzung dieser Theorie der Informationssuche in die Praxis erfolgt durch eine semantische Anreicherung und visuelle Kennzeichnung der Inhalte einer Website. Dadurch haben die Nutzer bei ihrer Entscheidungsfindung die Möglichkeit, für sich festzustellen, ob es eine erfolgversprechende Information auf der Website gibt, die zu ihrem Informationsbedürfnis passt.

Bedeutung für die Darstellung der Suchergebnisse
Eine Suchergebnisseite besteht aus vielen verschiedenen grafischen und textlichen Elementen und Informationen, die den Nutzern nicht nur die gesuchten Informationen geben, sondern auch Orientierung und Navigation durch die Inhalte der dazugehörigen Website. Wie aber finden die Nutzer das für sie relevante Ergebnis bzw. woran erkennen die Nutzer, dass die Ergebnisse relevant zu ihrer Suchanfrage sind?

Zum einen gibt es die Darstellung der Suchwörter im Titel und Beschreibungstext eines Ergebnisses. Hierbei wird oftmals das Suchwort in gefetteter oder andersfarbiger Schrift dargestellt. Dabei wird zwischen zwei Formaten unterschieden:

- das Suchwort wird im Kontext angezeigt (KWIC: Keyword in Context) (Abb. 5.4),
- das Suchwort wird außerhalb des Kontextes angezeigt (KWOC: Keyword out of Context), z. B. oft im Umfeld von Nachrichtensuchen eingesetzt (Abb. 5.5).

Bei der Relevanzdarstellung der Ergebnisse zur Suchanfrage geht es nicht nur darum, das Suchwort in den Ergebnissen anzuzeigen, sondern einen Maßstab für die Relevanz eines Ergebnisses zu der Suchanfrage mit anzuzeigen. Die Anzeige einer Prozentzahl als Ausdruck der Relevanz war insbesondere in den Anfängen des WWW eine beliebte Darstellung in Suchmaschinen. In der Praxis ist dies jedoch für Nutzer eher verwirrend, da die Relevanz auch ein Stück weit subjektiv und vom Auge des Betrachters abhängig ist. Es liegt dieser Zahl meist eine technische Berechnung zugrunde, wie die Häufigkeit des Suchwortes im Text und das Vorkommen des Suchwortes im Dokument. Die Ergebnisanzeige kann auf ihre Vollständigkeit der anzuzeigenden Informationen hin geprüft werden (Thurow und Musica 2009, S. 17 ff). Bei diesem Punkt geht es darum, alle für den Nutzer wichtigen Informationen zu einem Ergebnis mit in der Ergebnisseite zu integrieren, wie Bilder, Preise, Größenangaben, Downloadzeiten, Verfügbarkeit, Datum etc. Beispielsweise ist bei Shoppingsuchen oftmals die Anzeige von reduzierten Preisangaben innerhalb der SERP zu sehen, um die Produkte noch attraktiver für die Nutzer zu machen. Hierbei muss gewährleistet werden, dass auch immer der aktuelle Preis bzw. der reduzierte Preis angezeigt wird. Das heißt, der Index muss aktuell gehalten

Dinosaurier
Die **Dinosaurier** (Dinosauria, von altgriechisch grc | δεινός deinós ‚schrecklich … Die erfolgreiche Gewinnung von **Dinosaurier**- DNA wurde zwar …
88 KB (10.590 Wörter) - 15:41, 19. Sep. 2011

Theropoda
Umgekehrt gehörten nahezu alle fleischfressenden **Dinosaurier** dieser Gruppe an, darunter die nach heutiger Kenntnis größten … Viele …
58 KB (7.014 Wörter) - 19:09, 31. Jul. 2011

Abb. 5.4 KWIC bei Wikipedia-Suchergebnissen, Suchwort „Dinosaurier" (Screenshot vom 23. September 2011)

Abb. 5.5 Zeit.de: Suchergebnis mit fehlendem inhaltlichem Zusammenhang zwischen Bild und Text zum Suchwort „Studentenstreiks" (Screenshot vom 23. September 2011)

werden. Als negatives Nutzungserlebnis kann passieren, dass die Nutzer das Produkt für den angezeigten Preis kaufen möchten und bei Klick auf die Detailseite sie jedoch einen höheren Preis sehen. Die Synchronizität der Daten muss auch bei Anzeige des Lieferdatums beachtet werden (Abb. 5.6).

In die Darstellungsart des Information Scents fließen die Gesetze des Informationsdesigns und der Informationsvisualisierung mit ein (s. Kap. 7). Das schließt Aspekte ein wie die Auswahl der Farben oder die optimale Platzierung der Seitenelemente. Es gibt Darstellungsarten und Informationen, die den Information Scent blockieren und solche, die ihn fördern. Dies trifft nicht nur für die Darstellung von Text zu. Auch bei Bildern gibt es einen Information Scent. Dabei ist die Semantik des Bildes wichtig, die in verschiedenen Kategorien vorliegen kann.

Semantische Kategorien der Text-Bild-Beziehung (Eibl et al. 2005, S. 222 ff):
* *Diskrepanz/Kontradiktion:* Die Aussagen von Bild und Text sind nicht vereinbar. Dies kann so weit gehen, dass sogar ein inhaltlicher Widerspruch zwischen beiden Aussagen vorliegt.

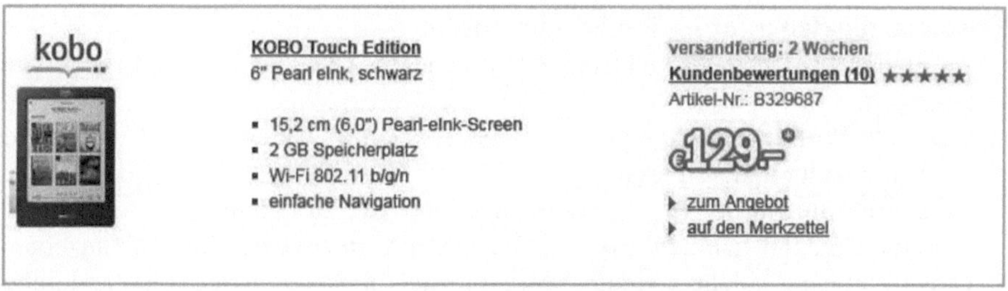

Abb. 5.6 Darstellung des Lieferdatums in der SERP bei redcoon.de (Screenshot vom 1. Dezember 2011)

- *Dominanz:* Es liegt eine Überwertigkeit des Bildes zum Text vor. Das heißt, das Bild enthält mehr Informationen als der dazugehörige Text.
- *Komplementarität:* Bild und Text sind gleichermaßen notwendig, um den Gesamtzusammenhang zu verstehen.
- *Redundanz:* Ein Bild wird ergänzend zum Text verwendet und enthält die gleiche Aussage wie der Text.

Liegt eine Diskrepanz zwischen angezeigtem Text und Bild vor, ist zu empfehlen, ergänzende Informationen für die Nutzer anzubieten. Dies kann z. B. durch die Anzeige von Kategorien oder Rubriken erfolgen, die dem Suchergebnis eindeutig zugeordnet sind. Dieser Aspekt ist oftmals bei Nachrichten oder im redaktionellen Umfeld der Fall und schwierig zu gestalten, da sehr viele potentielle Suchwörter und Wortkombinationen auf einen Artikel passen, die nicht hauptsächlich im Dokument inhaltlich behandelt werden (Abb. 5.5).

Beispiele, die den Information Scent schwächen:
- Banner zwischen den Ergebnissen, die inhaltlich nicht zur Suchanfrage passen oder grafisch sehr dominant dargestellt sind. Sie lenken von den eigentlichen Ergebnissen zu stark ab.
- Gleiche Farben und Schriftgrößen bei der Darstellung der Informationen zu einem Ergebnis. Das gesuchte Wort kann von den Nutzern nur schwer gefunden werden und als Folge daraus können sie den logischen Zusammenhang nicht sofort herstellen.
- Fehlende oder zur Suchanfrage inhaltlich nicht passende Produktabbildungen.
- Zu wenig Platz zwischen den einzelnen Ergebnissen, sodass für die Nutzer schwer zu unterscheiden ist, wo ein Ergebnis aufhört und ein anderes anfängt. Zudem erschwert es den Nutzern, eine in dieser Art gestaltete Site zu scannen.
- Zu frühzeitig ausgepunktete Überschriften oder Informationstexte, deren Bedeutung somit nicht mehr sofort erschließbar ist.
- Die eigentlichen Ergebnisse sind nicht mehr im sichtbaren Bereich des Browserfensters zu sehen.

Beispiele, die den Information Scent fördern:

- Zu einem gesuchten Produkt das entsprechende Bild mit zu den Ergebnissen anzeigen.
- Gesuchte Wörter im Text optisch in anderer Schrift darstellen, z. B. gefetteter Schriftzug oder andere Farbe.
- Kategorien mit in der Ergebnisseite anzeigen, die zu einem Suchwort passen, z. B. die Branche zu einem Ergebnis bei einem Firmenverzeichnis mit anzeigen.
- Links sollten als solche erkennbar sein und sich optisch von dem Fließtext abheben, z. B. durch eine andere Farbe oder die Darstellung als Hyperlink durch den Unterstrich.
- Videos sollten einen beschreibenden Titel mit anzeigen, der zur Suchanfrage passt.
- Die ersten Ergebnisse immer im sichtbaren Bereich des Browserfensters anzeigen. Hierbei ist auch die meist genutzte Auflösung der Computer bzw. der Endgeräte der Zielgruppen zu beachten.

Fazit

> Die Relevanzanzeige der Ergebnisse sollte bei der Umsetzung der Suchmaschine nicht vernachlässigt werden und immer visuell mit ausgestaltet sein, um den Information Scent für die Nutzer zu stärken. Das ist wichtig, damit die Nutzer die Relevanz der Ergebnisse zur Suchanfrage für sich einordnen können.

Die Relevanzdarstellung der Ergebnisse zur gestellten Suchanfrage benötigt also eine hinreichend grafische und/oder textuelle Visualisierung für die Nutzer. Je nach Art der Suchmaschine und der vorliegenden Daten lassen sich individuelle Charaktereigenschaften der Suche erkennen, die mit in die Ergebnisdarstellung eingearbeitet werden müssen. Je größer der Information Scent für die Nutzer ist, desto effektiver und effizienter gestaltet sich der Suchprozess, da sie schneller die Relevanz der Ergebnisse beurteilen können. Letztlich unterstützt die Relevanzanzeige auch die Suchanfragetypen dahingehend, dass sie für die Nutzer wichtige Aspekte der Ergebnisse visuell hervorhebt.

Literatur

Broder A (2002) A taxonomy of web search. ACM SIGIR Forum, Volume 36 Issue 2. New York

Eibl M, Reiterer H et al (2005) Knowledge Media Design – Theorie, Methoden, Praxis. Eibl, Oldenbourg

Enquiro (2005) Google eye tracking report – How searchers see and click on Google search results. Enquio, Canada

Ferber R (2003) Information Retrieval. Suchmodelle und Data-Mining-Verfahren für Textsammlungen und das Web. Dpunkt, Heidelberg

Krug S (2002) Don't make me think! Web Usability – Das intuitive Web. mitp, Bonn

Lewandowski D, Drechsler J (2011) Deriving query intents from web search engine queries. J AM SOC INFORM SCI Mach S

Machill M, Welp C (Hrsg) (2003) Wegweiser im Netz – Qualität und Nutzung von Suchmaschinen. Bertelsmann, Gütersloh

Marchionini G (1995) Information seeking in electronic environments. Cambridge University Press, Cambridge

Morville P (2005) Ambient findability. What we find changes who we become. O'Reilly, Cambridge

Nudelman G (2011) Designing search. UX strategies for eCommerce success. UX matters, Wiley, Indianapolis

Pirolli P (2007) Information foraging theory: Adaptive interaction with information. In: Series in Human-Technology Interaction. Oxford University Press, New York

Quirmbach S (2011) Usability in Suchmaschinen. In: Handbuch Internet-Suchmaschinen 2. AKA, Heidelberg

Quirmbach S (2009) Universal Search – Kontextuelle Einbindung von Ergebnissen unterschiedlicher Quellen und Auswirkungen auf das User Interface. In: Handbuch Internet-Suchmaschinen 1. AKA, Heidelberg

Rivers H (2010) Browse versus search in application navigation. Two Rivers Consulting. http://www.uie.com/articles/browse_vs_search. Zugriff: Januar 2012

Schneider F (2011) Vier Tipps für visuelle und intuitive Nutzerführung. In: Zukunftsthemen 2011. netz 98, new media gmbh

Spool J, Perfetti C et al (2007) Designing fort the scent of information – The essentials every designer needs to know about how users navigate through large web sites. User Interface Engineering, Canada

Thurow S, Musica N (2009) When search meets web usability. New Riders, Berkeley

White R, Roth R (2009) Exploratory search. Beyond the query-response paradigm. Morgan & Claypool

Weinschenk S (2009) Neuro web design. What makes them click? New Riders, Canada

Wirschum N (2006) Informationssuche im Internet – Der Suchprozess aus psychologischer und informationstechnologischer Sicht. VDM, Berlin

User Experience und Usability in Suchmaschinen

6

Zusammenfassung

Dieses Kapitel befasst sich mit den Grundlagen zur Gestaltung der User Experience und Usability, die speziell für Suchmaschinen in Websites als auch für Applikationen mit Suchfunktion gelten. Über Usability gibt es viele Bücher und Studien (z. B. Nielsen 2006). Literatur über eine gute Usability in Suchmaschinen ist hingegen bis dato nur sehr bedingt verfügbar und wird meist im Zusammenhang mit Suchmaschinenoptimierung (Engl.: „Search Engine Optimization = SEO) für die Websuche erwähnt. Jedoch beschäftigt sich SEO nicht mit den grundlegenden Designaspekten und benötigten Prozessabläufen wie z. B. solchen innerhalb einer Intranetsuche oder Applikation. Für eine bessere Abgrenzung der Begriffe erfolgt in diesem Kapitel eine kurze Einführung in die relevanten Definitionen sowie die Zusammensetzung der UX im Detail. Auch hier wieder mit dem Ziel, die Einflussfaktoren und die Zusammenhänge im Rahmen der Produktentwicklung besser bewerten und effizienter optimieren zu können.

Vor der eigentlichen Definition ist für ein besseres Verständnis anzumerken, dass die User Experience den gesamten Prozess der Produktnutzung betrachtet und sowohl vor, während als auch nach der Nutzung der Suche die Erfahrungen und Erlebnisse der Nutzer mit einbezieht. Dabei werden auch die Nutzer im Detail beachtet. Das heißt, dass ihr Wissen, ihre technischen Voraussetzungen, die verwendete Hard- und Software und ihre Suchmotivationen mit in die Betrachtung einfließen. Erst durch die Verbindung der beiden Definitionen für die User Experience und die Usability ist es möglich, die User Experience von Suchprodukten auf Gebrauchstauglichkeit und Zufriedenstellung nach festgelegten Werten zu messen und gezielt auszugestalten.

1. *Vor der Nutzung* bezeichnet den von den Nutzern antizipierten künftigen Nutzen von der Suchmaschine, welchen sie vor der eigentlichen Beschäftigung mit der Suchmaschine erwarten.
2. *Während der Nutzung* bezeichnet die von den Nutzern während der Nutzung gemachten Erfahrungen und Erlebnisse mit der Suchmaschine.
3. *Nach der Nutzung* bezeichnet die Reflexion der Nutzer über die während der Nutzung gemachten Erfahrungen und Erlebnisse mit der Suchmaschine.

S. M. Quirmbach, *Suchmaschinen*, X.media.press, DOI 10.1007/978-3-642-20778-5_6
© Springer-Verlag Berlin Heidelberg 2012

Der zweite Punkt beschreibt die effektive, effiziente und zufriedenstellende Nutzung der Suchmaschine und ist innerhalb der Kap. 2, 3 und 4 ausführlich beschrieben worden.

6.1   Definition User Experience

Oftmals wird in der Praxis und in der Umgangssprache die User Experience mit dem visuellen Design der Website verwechselt und inhaltlich mit Farben, Schriftarten und weiteren Designaspekten assoziiert. Die User Experience beinhaltet aber weit mehr als nur diese genannten Aspekte, wie die folgende Definition zeigt.

Eine standardisierte Definition der User Experience liefert die ISO 9241-210. Dabei wird die User Experience, das Benutzererlebnis, wie folgt beschrieben: Wahrnehmung und Reaktionen einer Person, die aus der tatsächlichen und/oder erwarteten Benutzung eines Produktes, eines Systems oder einer Dienstleistung resultieren.

Anmerkung 1: User Experience umfasst sämtliche Emotionen, Vorstellungen, Vorlieben, Wahrnehmungen, physiologischen und psychologischen Reaktionen, Verhaltensweisen und Leistungen, die sich vor, während und nach der Nutzung ergeben.

Anmerkung 2: User Experience ist eine Folge des Markenbildes, der Darstellung, Funktionalität, Systemleistung, des interaktiven Verhaltens und der Unterstützungsmöglichkeit des interaktiven Systems, des psychischen und physischen Zustands des Benutzers aufgrund seiner Erfahrungen, Einstellungen, Fähigkeiten und seiner Persönlichkeit sowie des Nutzungskontextes.

Anmerkung 3: Die Gebrauchstauglichkeit kann, sofern sie unter dem Blickwinkel der persönlichen Ziele des Benutzers interpretiert wird, die Art der typischerweise mit der User Experience verbundenen Wahrnehmungen und emotionalen Aspekte umfassen.

Aus der Definition wird ersichtlich, dass die User Experience auf das Entstehen und Formen eines Nutzererlebnisses verweist und zugleich die Dauer des Moments (die Erfahrung) mit der Intensität des Moments (das Erlebnis) vereint. Damit wird die zuvor erläuterte zeitliche Komponente von antizipierten, momentanen und reflektierten Erlebnissen deutlich. Die User Experience legt zudem fest, wie die Funktionalitäten, Interaktionen und Prozesse einer Website im Hinblick auf die Mensch-Maschine-Kommunikation beschrieben werden können.

Der Begriff der User Experience ist grundsätzlich neutral und besagt nichts über die Qualität des Erlebnisses. Sprich, ob ein Nutzungserlebnis positiv oder negativ und erfolgreich oder nicht erfolgreich war. Die Ermittlung und Aussagekraft der

Qualität des Nutzungserlebnisses erfolgen erst durch die Verwendung verschiedener Evaluationsmethoden. Das heißt, erst durch die Anwendung dieser Evaluationsmethoden bekommt die User Experience eine Bewertung zugeordnet. Die UX beinhaltet dabei verschiedene Dimensionen, die nach objektiven Kriterien sowohl mittels qualitativer als auch quantitativer Werte gemessen und benannt werden können, wie z. B.:

- Attraktivität des Produktes,
- Einfachheit des Produktes,
- Emotionen, die ein Produkt bei der Nutzung auslöst,
- Innovation bzw. Neuartigkeit des Produktes,
- Spaß an der Nutzung,
- Usability des Produktes,
- Utility der Funktionalitäten.

Was bedeutet User Experience im Kontext von Suchmaschinen?

Die Einstiegspunkte in eine Suche sind, wie in Kap. 1 beschrieben, vielfältig. Ein wichtiger Aspekt hierbei ist, dass die Erfahrung, die ein Nutzer vor der eigentlichen Benutzung der Suchmaschine gemacht hat, z. B. während der Nutzung einer Website, auch mit auf die Suche übertragen wird (Abb. 6.1).

Bei diesem Nutzungsszenario sollte geklärt werden, wie ein Nutzer von Punkt 1, der Nutzung der Website, zu Punkt 2, der Nutzung der Ergebnisseite, kommt und welche Erfahrungen und Erwartungen er dadurch an eine Suchmaschine überträgt. Beispiele:

- Hat sich ein Nutzer z. B. nicht mit der Portalnavigation zurechtgefunden, überträgt er dieses für ihn unbefriedigende Erlebnis auf das antizipierte Erlebnis der Suche, also inwieweit die Suche ihm diese Orientierung bieten kann.
- Haben sich die Seiten eines Portals langsam aufgebaut bzw. haben eine längere Ladezeit als der Durchschnitt der Seiten im WWW, wird sich das auch bei einer Bewertung der UX in einem Test auf die Bewertung der Suche niederschlagen. Daher ist es wichtig, auch die verschiedenen Einstiegspunkte in eine Suche mit in ein Testkonzept zu übernehmen und zu planen.
- Zudem sollten die Ausstiegspunkte und Zielseiten (Landingpages[1]) mit in die Betrachtung einbezogen werden, wie beispielsweise eine Produktdetail- oder Nachrichtenseite. Die Zielseiten sollten dahingehend untersucht werden, ob sie die Informationen liefern, die sie in dem Suchergebnis angezeigt haben und die von den Nutzern vermutet werden. Oftmals ist zu sehen, dass sich die Informationen zwischen den Suchergebnissen und den Detailseiten nicht wesentlich

---

[1] Eine Landing Page ist eine speziell eingerichtete Website, die nach einem Mausklick auf ein Werbemittel oder nach einem Klick auf einen Eintrag in einer Suchmaschine (Google, Bing, u. a.) erscheint. Diese Landing Page ist auf den Werbeträger und dessen Zielgruppe optimiert. Bei einer Landing Page steht ein bestimmtes Angebot im Mittelpunkt, welches ohne Ablenkung vorgestellt wird. Ein wesentliches Element ist die Integration eines Response-Elements (z. B. Anfrageformular, Link zum Webshop oder Call-Back-Button), das die einfache Interaktion mit dem Besucher sicherstellt. (Wikipedia, http://de.wikipedia.org/wiki/Landing_Page. Zugegriffen: 2. Januar 2012)

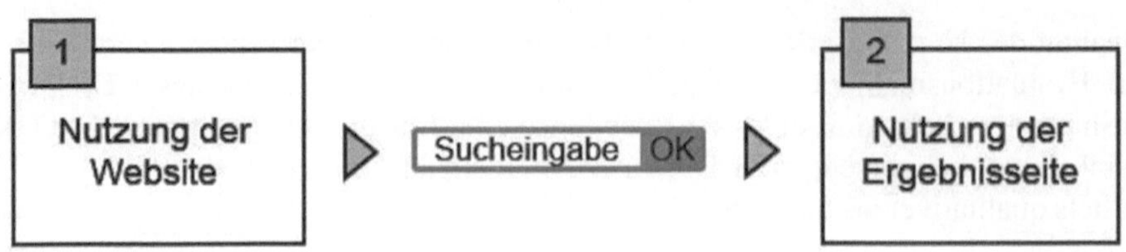

Abb. 6.1 Einstiegspunkte in die Suche

unterscheiden. Dies ist enttäuschend für die Nutzer, da sie immer mehr und ausführlichere Informationen auf der Detailseite erwarten, unabhängig von der Art der Zielseite (Abb. 6.2).

Die Fragen zur User Experience in Suchmaschinen, die immer mit betrachtet werden müssen, sind:

- Aufgrund welcher Motivation verwenden die Nutzer die Suche?
- Welchen Nutzen erwarten sie von der Suche?
- Wie kommen Nutzer von der Ergebnisseite auf die Detailseiten und welche Erwartungen haben sie an diese beiden unterschiedlichen Sites und die Nutzerführung?
- Wie bleibt das Erlebnis mit der Suche und den Ergebnissen in der Reflexion der Nutzer nach der Verwendung der Suche in ihrem Gedächtnis?

6.2   Definition Usability

Zur Definition der Usability (Deutsch: Benutzerfreundlichkeit bzw. Gebrauchstauglichkeit) wird hier wie bei der User Experience auf die etablierten ISO-Standards verwiesen. Diese gelten auch für die Suche – sei es als eigenständiges Produkt, als Funktion innerhalb eines Portals oder innerhalb einer Applikation.

> Usability ist im Standard ISO 9241-11 definiert als: das Ausmaß, in dem ein Produkt von einem Benutzer verwendet werden kann, um bestimmte Ziele in einem bestimmten Kontext effektiv, effizient und zufriedenstellend zu erreichen.

Was bedeutet Usability im Kontext von Suchmaschinen?

Aus der Definition der Usability können die drei Leitkriterien wie folgt auf die Suchmaschine adaptiert werden:

- *Effektivität,* die zur Lösung einer Aufgabe im Nutzungskontext der Suche vorliegt. Das heißt: Wie einfach finden die Nutzer ihre gewünschten Informationen über die Suche? Darüber hinaus bezeichnet dieser Aspekt, ob die Nutzer genau

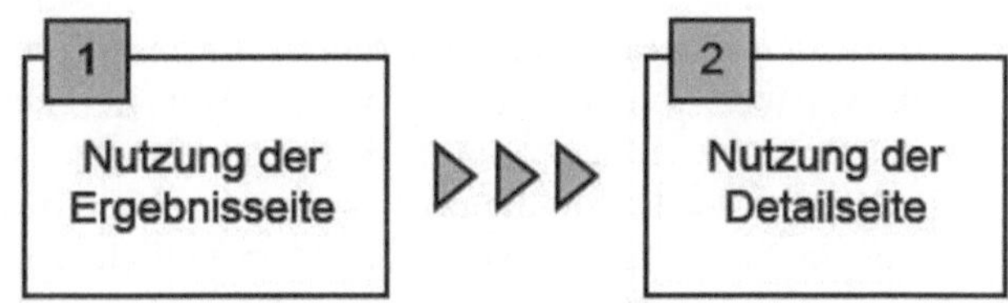

Abb. 6.2 Ausstiegs-punkte aus der Suche, z. B. über die Detailseiten

die für ihre Suchanfragen relevanten Informationen geliefert bekommen, die sie suchen.

- *Effizienz* in der Handhabung der Suche. Das heißt: Wie schnell finden die Nutzer ihre gewünschten Informationen über die Suche in Kombination mit der Anzahl der einzelnen Schritte, die sie hierfür benötigen?
- *Zufriedenheit* der Nutzer mit der Suche und den gelieferten Suchergebnissen. Das Ausmaß eines positiven oder negativen Nutzungserlebnisses spiegelt sich u. a. in der Nutzungshäufigkeit der Suche wider.

Einen weiteren Bauteil stellt die *ISO 9241-10* dar, in der die Richtlinien zur Dialoggestaltung von Benutzerschnittstellen und von interaktiven Systemen definiert sind. Die Norm beschreibt die für die Usability der Suche wichtigen Kernaussagen, die durch qualitative und quantitative Tests abgefragt, gemessen und optimiert werden können (Quirmbach 2011):

- *Aufgabenangemessenheit* beschreibt, in welchem Ausmaß die Funktionen einer Website den Nutzer bei seiner Zielerreichung unterstützen. Für die Suche bedeutet dieser Aspekt: Unterstützen die angebotenen Suchfunktionen die Nutzer dabei, relevante Ergebnisse schnell zu finden?
- *Erwartungskonformität* beschreibt die Konsistenz und die Voraussehbarkeit eines Prozesses oder Systems. Für die Suche heißt dies: Die Konsistenz in der Darstellung von Prozessen und Funktionen sollte vorliegen und zugleich mit den Erwartungen der Nutzer abgestimmt sein.
- *Fehlertoleranz* beschreibt die möglichst einfache Dialoggestaltung für die Nutzer zur Fehlervermeidung bei der Nutzung der Website. So gestalten sich die Suchvorschläge als eine sehr gute Unterstützung zur Fehlervermeidung, da sie schon beim Eintippen der Suchanfrage unterhalb des Eingabefeldes angezeigt werden und die Nutzer führen.
- *Individualisierbarkeit* eines Systems wird durch seine Anpassungsfähigkeit an die Nutzer und an den Arbeitskontext definiert. Beispielsweise können im Kontext der Suche Möglichkeiten implementiert werden, um die Suchergebnisseite nach individuellen Vorlieben flexibel anzupassen. Dazu zählen Funktionen wie die Anzahl der Ergebnisse pro Site einstellen oder die Darstellungsart der Ergebnisse als Liste oder als Galerieformat auszuwählen.
- *Lernförderlichkeit* beschreibt die Art und Weise der Anleitung der Nutzer durch das System. Auch hier sind geeignete Metaphern für die Anleitung zu verwenden, mit dem Ziel, die Erlernzeit des Systems für die Nutzer zu minimieren.

- *Selbstbeschreibungsfähigkeit* definiert, inwieweit für die Nutzer jederzeit deutlich erkennbar ist, wo sie sich auf der Website befinden. Die Selbstbeschreibungsfähigkeit gilt auch für die Suchmaschine und ihre Suchfunktionen, insbesondere bei der Darstellungsart von Suchmasken, Kategorien und Filtern. Ihre Bedienung muss für die Nutzer sofort ersichtlich sein.
- *Steuerbarkeit* bezeichnet das Ausmaß der Möglichkeiten zur Steuerung eines Dialogs durch die Nutzer. Die Steuerbarkeit betrifft auch Funktionen wie das Aktivieren und das Deaktivieren durch die Nutzer bei einer automatischen Lokalisation in Suchdiensten, um den aktuellen Ort des Nutzers als Teil der Suche zu verwenden.

Weitere Maße für die Suchmaschine:
- *Erfolgsrate* bezeichnet, ob die Suche für die Nutzer erfolgreich war. Als Erfolg zählen hierbei die Klicks auf die Ergebnisse, hierbei wird davon ausgegangen, dass sie für die Nutzer als relevant eingestuft wurden. Wobei je nach Art der Suchmotivation der Nutzer nicht immer nur der einzelne Klick als Erfolgskriterium gesetzt werden kann (s. Abschn. 5.1 Suchmotivationen).
- *Time to Task (Deutsch: Dauer zur Aufgabenlösung)* ist als Erweiterung der Erfolgsrate und als Effektivitätskriterium zu sehen. Hier wird die zeitliche Komponente noch mit in die Erfolgsbetrachtung einbezogen. Für die Suche sind die Schnelligkeit der Ergebnisauslieferung und auch die Optimierung der Nutzerschnittstelle auf schnelles Scannen der Ergebnisse wichtige Punkte, die sich auf die Dauer auswirken.

6.3 Aufbau der User Experience in Suchmaschinen

Die Elemente, mit deren Hilfe die User Experience in Suchmaschinen gestaltet werden kann und die den Kontext prägen, lassen sich wie in Abb. 6.3 benennen und darstellen.

Die Elemente der User Experience sind dabei in fünf verschiedene Ebenen unterteilt. Die Darstellung zeigt, wie die Ebenen sich untereinander abgrenzen und zugleich aufeinander aufbauen.
- *Unternehmensziele:* Bezeichnet die strategischen und die finanzwirtschaftlichen Ziele des Unternehmens resp. des Suchmaschinenbetreibers. Hierzu gehören z. B. eine schnellere Rückführung der Nutzer in die Unterseiten einer Website, Förderung der Umsatzsteigerung der Produkte oder der Abverkauf von Restposten. Diese Aspekte fließen insbesondere mit in die Anforderungen der Inhalte ein, d. h. in die Ausgestaltung der Rankingprofile der Suchergebnisse und die Darstellung von Werbung innerhalb der Suche.
- *Nutzerbedürfnisse:* Hierbei fließen die Erfahrungswerte, das Wissen und die Motivation der Nutzer mit in die Ausgestaltung ein, z. B., wie erfahren die Nutzer im Umgang mit Suchmaschinen sind, wie sie ihre Suchanfragen formulieren und wie sie suchen. Diese Aspekte werden in die Anforderungen mit einbezogen.

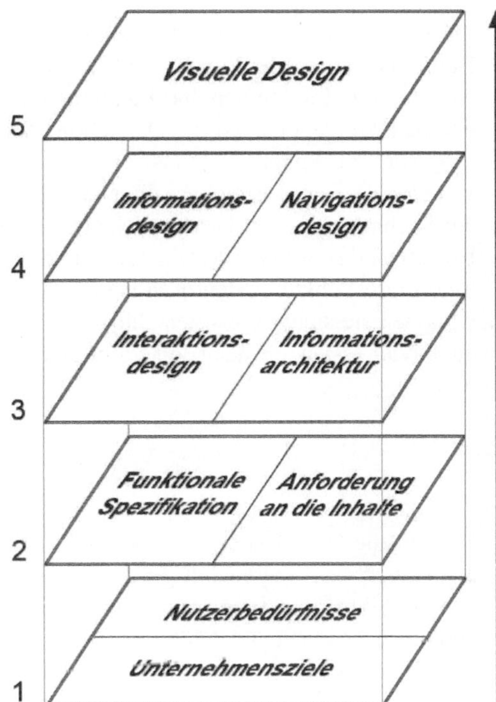

Abb. 6.3 Elemente der User Experience in Suchmaschinen (in Anlehnung an Garret (2000))

- *Anforderungen an die Inhalte:* Definiert die Qualität der Ergebnisse einer Suchmaschine. Inhaltliche Qualitätskriterien des Indexes sind für Suchmaschinen ein wichtiger Bestandteil der User Experience, denn hierbei wird festgelegt, wie die Nutzer die Inhalte einer dazugehörigen Website oder Applikation erfahren.
- *Funktionale Spezifikation:* Legt die Beschreibung der verschiedenen Use Cases und Anforderungen fest, die eine Suche abbilden muss. Hierzu gehört auch die Festlegung der Funktionalitäten, der Rankingprofile und der Abbildung von spezifischen Unternehmensstrategien im Detail.
- *Informationsarchitektur:* Bezeichnet die Platzierung und Anordnung der einzelnen Elemente auf der Suchergebnisseite und des einzelnen Ergebnisses. Hierzu gehört auch die Platzierung von Funktionen zur Ergebnismenge und zu jedem einzelnen Ergebnis.
- *Interaktionsdesign:* Definiert, wie die Nutzer mit der Suche, ihren Funktionen und Prozessen interagieren und kommunizieren. Es ist die Darstellung der Prozesse zur Interaktion mit der Suchmaschine im Sinne der Mensch-Maschine-Kommunikation.
- *Navigationsdesign:* Umfasst die Darstellungsart und -weise von Kategorien, Filtern und weiteren Optionen und Funktionen zur zielgerichteten Navigation und Führung durch die Ergebnismenge. Sie dienen den Nutzern dazu, durch Ergebnisse zu stöbern oder eine spezifische Ansicht über die Inhalte einer Suche zu bekommen.

- *Informationsdesign:* Beschäftigt sich mit der Darstellung der Informationen und Daten speziell bei der Suche, also der Informationen in den Ergebnissen, Filtern, Navigatoren, Funktionen und Elementen der Site, die im Detail dargestellt werden. Hierzu zählen auch die Darstellung von Produktbildern sowie die Platzierung von Elementen wie Icons.
- *Visuelles Design:* Bezeichnet die visuelle Ausgestaltung der Benutzeroberfläche der Suchmaschine mit Farben, Schriften und grafischen Elementen. Das visuelle Design ist das, was die Nutzer sehen und womit sie interagieren.

Sind diese Punkte eindeutig voneinander getrennt und in ihren Aussagen definiert, lassen sie sich mittels verschiedener qualitativer und quantitativer Evaluationsmethoden testen, die nach den definierten Werten der User Experience gemessen werden.

Fazit

> Sowohl die User Experience als auch die Usability können für die Nutzer einer Suchmaschine gezielt gestaltet werden und sollten schon frühzeitig in die Produktentwicklung implementiert werden. Die einzelnen Aspekte des Produktes lassen sich dabei qualitativ und quantitativ bewerten und messen.

Dieses Kapitel hat einen Einblick in die Grundlagen zum Aufbau der User Experience der Suche gegeben. Dabei ist der Erfolg einer Suchmaschine durch festgelegte Effizienz- und Effektivitätskriterien messbar. Ergänzt werden diese durch das Ausmaß der Bedürfnisbefriedigung und der Zufriedenheit der Nutzer mit der Suche. Die Messwerte für die Suche werden im Detail nochmals in Abschn. 9.1 aufgezeigt. Im Kontext der Suche umfasst die User Experience den Aufruf der Website über den Browser, das Eintippen der Suchanfrage in die ausgewählte Suche und das Beenden der Suche durch Anklicken des gewünschten Ergebnisses. Teilweise werden Nutzer im Laufe des Suchprozesses mit mehreren Suchinterfaces von verschiedenen Websites konfrontiert. Wenn die Suche in einem Gesamtkontext des dazugehörigen Portals oder einer Applikation zu sehen ist, wird die von den Nutzern innerhalb der Gesamtnutzung erlebte User Experience immer mit auf die Suche übertragen. Abschließend ist festzuhalten: Je gebrauchstauglicher, erlebnisorientierter und nützlicher ein Suchprodukt ist, desto häufiger wird es von den Nutzern verwendet.

Literatur

DIN Europäische Norm ISO 9241-11, CEN, März 1998
DIN Europäische Norm ISO 9241-10, CEN, März 1998
Garrett J (2000) The Elements of User Experience, http://www.jjg.net/elements/pdf/elements.pdf (aufgerufen am 2.01.2012)
Morville P (2005) Ambient findability. What we find changes who we become. O'Reilly, Cambridge
Nielsen J, Loranger H (2006) Web Usability. Addison-Wesley, München

Nudelman G (2011) Designing search, UX strategies for eCommerce success. UX matters, Wiley, Indianapolis

Quirmbach S (2011) User Experience und Usability in Suchmaschinen. In: Handbuch Internet-Suchmaschinen 2. AKA, Heidelberg

Quirmbach S (2009) Universal Search. In: Handbuch Internet-Suchmaschinen. AKA, Heidelberg

Schulz U (8. Mai 2001) Search Engine Usability – Über die Nutzungsqualität von Suchmaschinen. Session 2: Metadaten & Usability. Fachhochschule Hamburg, Fachbereich Bibliothek und Information

Schulz U (2001) Usability-Kriterien für Suchmaschinen. In: nfd 52. S 467–469

Stapelkamp T (2007) Screen- und Interfacedesign, Gestaltung und Usability für Hard- und Software. Springer, Berlin

Interaktionsdesign und Informationsvisualisierung in Suchmaschinen 7

Zusammenfassung

Obwohl die Aussagekraft und Sinnhaftigkeit von Informationen, Prozessen und Interaktionen für die Nutzer durch das Design strukturiert und kontextualisiert werden, wird dieser Aspekt sowohl in der Literatur als auch in der Praxis der Entwicklung von Suchmaschinen oftmals nicht oder nur sehr gering beachtet. Dem Thema Informationsdesign und Informationsvisualisierung speziell in Suchmaschinen wird deshalb ein separates Kapitel eingeräumt. Denn die Informationsvisualisierung und das Interaktionsdesign geben die Semantik der Inhalte und der Aussagen für die Nutzer vor und stellen somit einen weiteren Baustein zur User Experience dar. Das Thema betrifft die UX aus diesem Grunde, da der Komplexitätsgrad in der Nutzerschnittstelle so gestaltet werden muss, dass die Funktionen in ihrer Bedienung für die Nutzer leicht zu erlernen und in ihrer Anwendung im Kontext des Suchprozesses einfach zu verstehen sind.

Gleichwohl es inzwischen Normen und Richtlinien zur User Experience und Usability gibt (s. Kap. 6), beschäftigen sich die Anbieter und Betreiber von Suchmaschinen mit dem Einfluss des Informationsdesigns und der -visualisierung auf den Erfolg ihrer Suche oftmals nicht detailliert genug. Beide Aspekte sind als Instrumente zu sehen, die den Betreibern bzw. dem Produktmanagement dabei helfen, benutzerfreundliche und erfolgreiche Suchprodukte herzustellen. Aus diesem Verständnis heraus stellen auch sie wesentliche Einflussfaktoren dar, um den Anforderungen des Unternehmens im Bereich Kundenbindung gerecht zu werden. Dieser Aspekt ist durch die Evaluationsmethoden zur User Experience messbar und somit manipulierbar.

Das visuelle Design bildet mit seinen Farben, Schriften und Elementen eine Grundlage der Nutzerschnittstelle. Farben, Schriften und Elemente beeinflussen dabei nicht nur das Informations- und Navigationsdesign, sondern bilden zugleich auch die Interaktionsmechanismen für die Nutzer ab (Abb. 6.3). Das Design von Interaktionen und Informationen bezeichnet die Art und Weise der Darstellung und Prozessführung von Interaktionsmöglichkeiten für die Nutzer mit den Inhalten und Ergebnissen der Website (Shneidermann und Plaisant 2004). Für den Kontext der Suche heißt dies beispielsweise die Darstellung von Funktionen zu einem Ergebnis und von Prozessen, die aus der SERP heraus

S. M. Quirmbach, *Suchmaschinen*, X.media.press, DOI 10.1007/978-3-642-20778-5_7
© Springer-Verlag Berlin Heidelberg 2012

angestoßen werden können. Zur Gestaltung dieser Aspekte werden die Methoden der visuellen Gesetze zur Organisation und die Aufmerksamkeitsgesetze aus dem Informationsdesign angewendet (Weber 2008).

Für die Suche ergeben sich folgende Aspekte zur Ausgestaltung:

- *Kommunikation und Interaktion zwischen Mensch und Maschine:* Definiert die Möglichkeiten, mit einer Suche bzw. den Daten einer Suchmaschine über die Benutzeroberfläche zu interagieren. Die Interaktionen können dabei vielfältig sein, wie z. B. Funktionen zu einem Ergebnis, Transaktionen oder Interaktionen zwischen den beteiligten Komponenten. Letzterer Punkt ist oftmals bei lokalen Suchen zu sehen, hier passen sich beim Verändern des Kartenausschnitts die Ergebnisse dynamisch zum gezeigten Kartenausschnitt an.
- *Abbildung von Prozessen:* Beschreibt die Abläufe innerhalb einer Anwendung, wie den Suchprozess mit seinen Systemrückmeldungen für die Nutzer. Das klassische Beispiel für einen Prozess ist die Null-Treffer-Seite, die den Nutzern wiedergibt, dass zur formulierten Suchanfrage keine Treffer gefunden wurden. Hierbei werden auch Abläufe innerhalb von Funktionen festgelegt, wie das Aus- und Abwählen von Kategorien.
- *Gestaltung der Nutzerführung:* Legt fest, wie die Nutzerführung durch große Ergebnismengen dargestellt wird. Dies fängt bei der Gestaltung der Sucheingabe an, da es Datenbestände gibt, die eine komplexere Suchmaske erfordern. Diese sind nicht nur in wissenschaftlichen Bereichen und bei professionellen Informationsanbietern anzutreffen, wie z. B. in Bibliotheken oder bei Datenbankanbietern. Inzwischen zeigen auch Suchen in Shopping- oder Immobilienportalen eine steigende Komplexität in ihren Funktionen und der Nutzerführung.
- *Benutzeroberfläche:* Bezeichnet die Art und Weise, wie Befehle und Daten in den Computer bzw. die Suchmaschine eingegeben werden können. Die Benutzeroberfläche stellt dabei die Schnittstelle zwischen Computer und Mensch dar. Eine optimal gestaltete Benutzeroberfläche hat einen positiven Einfluss auf die weitere Informationsverarbeitung und trägt dazu bei, dass die Nutzer die Suche wieder verwenden möchten.
- *Informationsvermittlung:* Behandelt den Prozess der Umwandlung von unstrukturierten Daten (Rohdaten) in für die Nutzer verständliche Informationen. Bei der Gestaltung von Suchen lassen sich die Form der Darstellung und die Relevanz der Inhalte zur Suchanfrage nicht voneinander trennen. Die Art der Informationsvermittlung und Relevanzdarstellung ist eines der wesentlichsten Qualitätskriterien von Suchmaschinen (s. Abschn. 5.1).

Die aufgezählten Punkte haben gemeinsam das Ziel, für die Nutzer verständliche und einfache Informations- und Interaktionsprozesse zu erschaffen. Das Informationsdesign verwandelt unstrukturierte Rohdaten nicht nur in für Nutzer brauchbare Informationen, sondern beschreibt zugleich die Form der dargestellten Informationen. Diese Punkte haben einen großen Einfluss darauf, wie die Nutzer die Informationen im Detail verarbeiten und auf Relevanz prüfen. Die Benutzeroberfläche und die möglichen Interaktionen sind somit nicht nur Teile einer funktionalen, sondern auch Teile einer formalen und inhaltlichen Gestaltung.

Das visuelle Design kann sich somit bei der Gestaltung einer Suche nicht auf die rein formale Oberflächengestaltung beschränken, sondern muss immer mit ihrem semantischen Gehalt verknüpft werden (Abb. 6.3). Das heißt, eine Veränderung der Gestaltung von Zeichen und Elementen bezieht immer auch eine Veränderung der Aussage bzw. Bedeutungsdimension mit ein. Die Herleitung dieser Aussage wird durch angeborene und gelernte Ordnungsprinzipien sowie psychologische Gesetze möglich (Eibl et al. 2005).

Die Gehaltsgebung wird durch das Design von Informationen, Prozessen und Interaktionen strukturiert, kontextualisiert und bestimmt semantisch ihren Inhalt und ihre Aussage. Geht es um den Transfer von Informationen, bekommt dieser Aspekt in Bezug auf das Informationsdesign eine besondere Bedeutung. Es wird ein kognitiver Prozess der Gestaltung beschrieben, der seinen Gegenstand transformiert. Diese Transformation findet durch das Informationsdesign eine formale Sprache, die flexibel auf das Objekt angewendet werden kann. Bezugspunkt sind immer die Zielgruppen der Suche, für die nach den Kriterien der User Experience der Inhalt entsprechend aufbereitet werden muss (s. Abschn. 5.1 und 5.2).

Ein einfaches Beispiel ist die Darstellung von Informationen und Funktionen, die innerhalb der Suche mit umgesetzt werden sollen. Dieser Punkt ist meist ein Konfliktpunkt zwischen Design und Informationsdesign. Hierbei geht es beispielsweise darum, dass die Darstellung der Funktionen nicht in den gleichen Farben wie die Informationen erfolgen soll, damit für die Nutzer eine optische und schnelle Unterscheidung dieser beiden verschiedenen Bereiche möglich ist. Es bedarf auch einer unterschiedlichen Schriftgröße, damit die Nutzer visuelle Hierarchien besser erkennen können. Visuelle Hierarchien helfen den Nutzern bei der Einordnung von wichtigen und weniger wichtigen Inhalten.

Innerhalb des Informationsdesigns gibt es die Bereiche der visuellen Organisation, sowie der formalen und inhaltlichen Aufmerksamkeitsgesetze und Stilhöhe, die bei der Ausgestaltung von Suchmaschinen eine tragende Rolle einnehmen.

7.1 Visuelle Organisation

Zu den wichtigsten Gestaltungsprinzipien der visuellen Organisation gehören die Gesetze der Nähe, der Ähnlichkeit, der Geschlossenheit, der guten Fortsetzung, des gemeinsamen Bereichs und des Zusammenhangs. Sie sorgen für eine visuelle Strukturierung und für die Gruppierung und Abgrenzung innerhalb der Websites und Suche. Das Figur-Grund-Prinzip sorgt für einen Hintergrund und ca. 30 Gestaltungsprinzipien für davorstehende und voneinander getrennte Objekte. Beispielsweise sorgen unsere angeborenen Wahrnehmungsprinzipien dafür, dass wir keine pointilistische Fläche sehen, sondern ein gegliedertes visuelles Feld (Eibl et al. 2005, S. 121).

Formale und inhaltliche Aufmerksamkeitsgesetze

Im Umfeld von Suchmaschinen sind genauso wie bei Websites bestimmte Prinzipien der inhaltlichen und formalen Ausgestaltung zu beachten. Dabei können folgende verwendet werden (Eibl et al. 2005, S. 122):

- *Ausnahme:* Hierbei zieht jeder Reiz, der sich von seiner Umgebung in eine Dimension unterscheidet, die Aufmerksamkeit der Nutzer auf sich, z. B. ein animierter Werbebanner auf der SERP.
- *Dissonanz:* Durch das Unerwartete und Ungewöhnliche wird die Aufmerksamkeit der Nutzer auf sich gezogen, dazu zählen auch optische Verzerrungen oder ungewöhnliche Perspektiven.
- *Eyecatcher:* Bezeichnet einen Reiz, welcher die unwillkürliche Aufmerksamkeit der Nutzer reflektorisch auf sich zieht. Dabei wird meist unser biologisches Erbe angesprochen, das die Reize bezüglich Sexualität, Aggression und Brutpflege aktiviert.
- *Farbe:* Farbige Reize werden von den Nutzern eher beachtet als eine graue Vorlage bzw. farbreduzierte Reize. Reine Farben, gesättigte Farben und warme Farben werden im Gegensatz dazu eher beachtet als Mischfarben, Farben mit geringer Sättigung oder kalte Farben.
- *Gewöhnung:* Auch Reize, die einmal die Aufmerksamkeit der Nutzer bekommen haben, verlieren bei Wiederholung schnell ihre Wirkung, weil der Reiz abstumpft und letztlich von den Nutzern als langweilig und als weniger interessant empfunden wird.
- *Intensität:* Das visuelle Merkmal mit der größten Intensität zieht die Aufmerksamkeit der Nutzer auf sich wie z. B. das Große, das Bunte, das Grelle, das Dunkle usw.
- *Position:* Es gibt Orte, die ausgezeichnet sind für die Aufmerksamkeit der Nutzer und die diese zuerst ansehen. Sie werden abgeleitet von der in dem jeweiligen Kulturkreis vorliegenden Leserichtung. In unserem Kulturkreis also von links nach rechts und von oben nach unten. Aber auch die Diagonalen, vor allem jene von links oben nach rechts unten. Zudem gibt es visuelle Hierarchien, d. h., was oben auf der Site steht, ist wichtiger als das, was unten steht. Was größer abgebildet wird, ist auffälliger als das Kleinere.

Stilhöhe und Art der Darstellung

Der nächste zu beachtende Punkt in der Ausgestaltung sind die Stilart und die Stilhöhe, welche die grundlegende Richtung des Designs vorgeben. Sie haben auch Einfluss darauf, wie stark die Glaubwürdigkeit des Interfaces für die Nutzer ist und wie sie die Inhalte wahrnehmen. Es sollte deshalb immer ein adäquater Stil für die Darstellung der Inhalte gefunden werden, der auch zu dem Suchprodukt passt. Bei Suchen liegt ein großer Fokus auf der Darstellung des Informationsgehalts, der bewusst unterstrichen werden soll. Der Informationsgehalt kann dabei zur Gestaltung der Relevanzanzeige der Ergebnisse verwendet werden. Unterschieden werden folgende Stilarten (Eibl et al. 2005, S. 129 ff):

- *Der einfach Stil:* Er entspricht einem informativen Zweck und bedingt Schärfe und Treffsicherheit des gewählten Ausdrucks. Hierbei werden die Nutzer

möglichst nicht durch die Stilelemente abgelenkt bzw. nicht in ihrer Nutzungsmotivation beeinflusst.

- *Der mittlere Stil:* Er steht für die leichte Unterhaltung der Nutzer. Hier werden
  vorwiegend sanfte Effekte, differenzierte Farben und verschiedene Formen eingesetzt, um deie Nutzer dezent zu lenken.
- *Der hohe Stil:* Er ruft bewusst gestaltete, intensive Emotionen bei den Nutzern
  hervor und nutzt dafür auch eine starke affektische Lenkung. Dies wird provoziert z. B. durch das Anzeigen vieler Bilder und die Verwendung von starken,
  kontrastreichen Farben oder animierten Elementen.

7.2 Komplexitätsgrad

Der abzubildende Komplexitätsgrad des Interfaces ist ein weiterer Einflussfaktor
des visuellen Designs. Dieser Aspekt ist insbesondere für Suchmaschinen wichtig,
die mehrere Funktionen abbilden möchten, um ihren umfangreichen Datenbestand
für die Nutzer einfacher zugänglich machen zu können. Das Interaktions- und Informationsdesign ergeben in Summe das Ausmaß der Komplexität auf inhaltlicher und
funktionaler Ebene, die letztlich in der Suche abgebildet und im visuellen Design
vereint werden. Einen Kompromiss zu finden zwischen anspruchslosem Suchinterface und herausfordernd interessant für die Nutzer, ist eine Gratwanderung zwischen den Anforderungen seitens Unternehmen, Nutzer und Technik. Komplexe
Prozesse einfach und verständlich für die Nutzer in dem Interface mit einer Technologie abzubilden, die nicht oder nicht optimal auf die Anforderungen der Suche
optimiert werden kann, ist dabei ein komplexes Thema. Der Komplexitätsgrad
in Suchen steigt sehr schnell, z. B. durch große Ergebnismengen oder komplexe
Datenbestände.

Folgende Beispiele verdeutlichen den Komplexitätsgrad in Suchmaschinen:
1. Beispiele zur Darstellung von Farbfiltern
   Sehr beliebt bei Produkt- oder Bildersuchen ist die Möglichkeit, die Ergebnisse
   nach der Farbe zu filtern. Für solche Funktionen gibt es inzwischen verschiedene Darstellungsarten, die sich etabliert haben. Traditionell ist die Darstellung
   der Farbe als Textlink zu sehen (Abb. 7.1). Um einen intuitiven Zugang zu den
   Ergebnissen zu bekommen, wird oftmals auch die Darstellung der realen Farben
   verwendet (Abb. 7.2). Beide Darstellungsarten verbergen dabei für die Nutzer
   den eigentlichen technischen Aufwand zur Programmierung der Filter. Beachtet
   werden sollte, dass sich Vorteile bei der einen Darstellungsart gegebenenfalls
   nachteilig bei der anderen auswirken und vice versa.
   Zur Erläuterung: Sehen die Nutzer bei der Darstellungsart der Farbfilter bei
   ebay.de, wie viele Ergebnisse zu den einzelnen Farben vorhanden sind, wird
   dies bei zalando.de nicht mit angezeigt, da die Anzahl nicht mehr sinnvoll in
   dem gewählten Design und Raster abzubilden ist. Der Vorteil der Darstellungsart bei zalando.de ist, die Farbtöne werden für die Nutzer eindeutiger, die keine
   Vorstellung davon haben was sich hinter einem Farbton mit der Bezeichnung

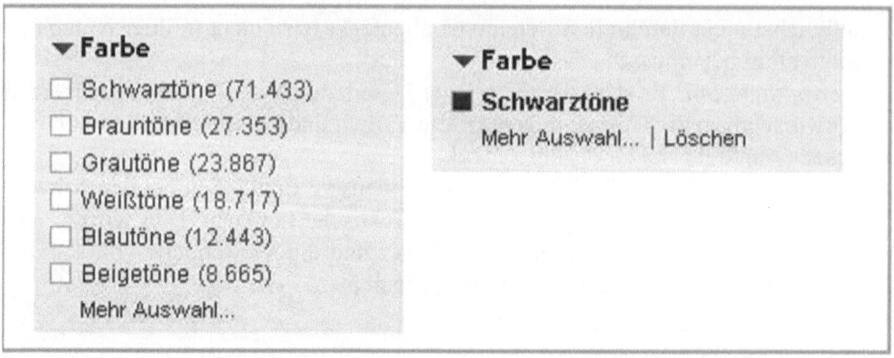

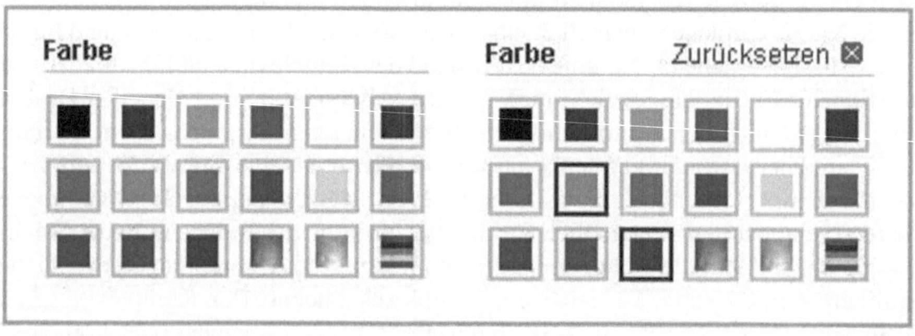

Abb. 7.1 Ebay.de: Farbfilter. Links Ansicht nach Suche ohne Selektion, rechts mit Selektion (Screenshot vom August 2011)

Abb. 7.2 Zalando.de: Farbfilter. Links Ansicht nach Suche ohne Selektion, rechts mit Selektion (Screenshot vom August 2011)

Lapislazuli verbergen könnte. Zu beachten ist, dass das Abwählen der Farben mit nur einem Schritt oder einem Klick möglich sein sollte.

2. Beispiele zur Darstellung von Preisfiltern
   Wie bei den Farbfiltern gibt es inzwischen auch verschiedene Darstellungsarten bei Preisfiltern. Sowohl die traditionelle Art als Textlink (Abb. 7.3) als auch die modernere Form der Schieberegler (Engl.: „Slider") (Abb. 7.4) lassen sich verwenden. Zu beachten bei der Umsetzung ist, dass die gewählten Einstellungen von den Nutzern wieder einfach und schnell rückgängig gemacht werden können.

3. Beispiele zur Darstellung von Suchvorschlägen
   Suchvorschläge sind eine beliebte Hilfe zur Unterstützung der Sucheingabe, und inzwischen haben sich verschiedene Darstellungsarten im Web etabliert. Die unterschiedlichen Darstellungsarten beschränken sich dabei nicht nur auf das Design wie Schriftfarben und Darstellung bei Mouse-over über ein Wort, sondern auch auf die verwendete Systematik zur Anzeige der Textvorschläge und

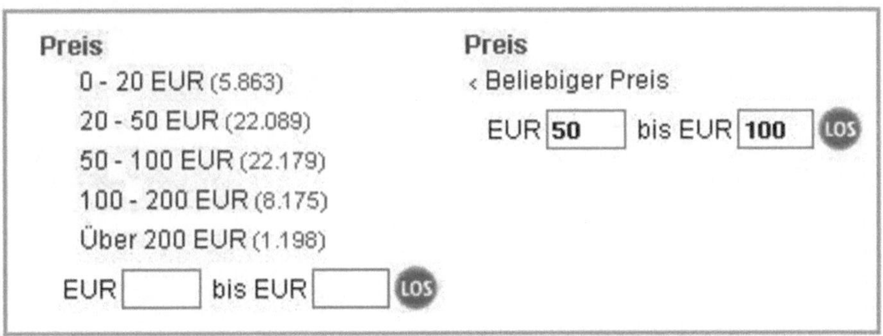

Abb. 7.3 Amazon.de: Preisfilter. Links Ansicht nach Suche ohne Selektion, rechts mit Selektion (Screenshot vom August 2011)

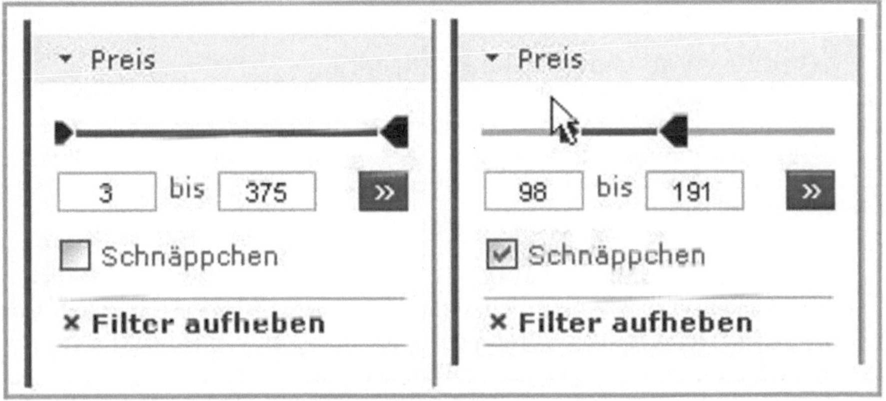

Abb. 7.4 Neckermann.de: Preisfilter. Links nach Suche ohne Selektion, rechts mit Selektion (Screenshot vom August 2011)

die Art der Information. Als Beispiele seien hier guenstiger.de (Abb. 7.5) und billiger.de (Abb. 7.6) genannt, deren Ansätze kurz erläutert werden:

- Guenstiger.de beschränkt seine Suchvorschläge nur auf die Anzeige der Vorschläge als Text. Wobei der Suchterm jeweils um eine Links- oder Rechtstrunkierung erweitert wird.
- Billiger.de erweitert die einfachen textlichen Vorschläge um Kategorien und Produktdarstellungen mit einem Produktbild.
- Während beim Ansatz von guenstiger.de eine verschieden große Auswahl an Vorschlägen angezeigt wird, beschränkt sich billiger.de auf die Anzeige von jeweils drei Vorschlägen pro Art, die jeweils in einem Cluster zusammengefasst werden.

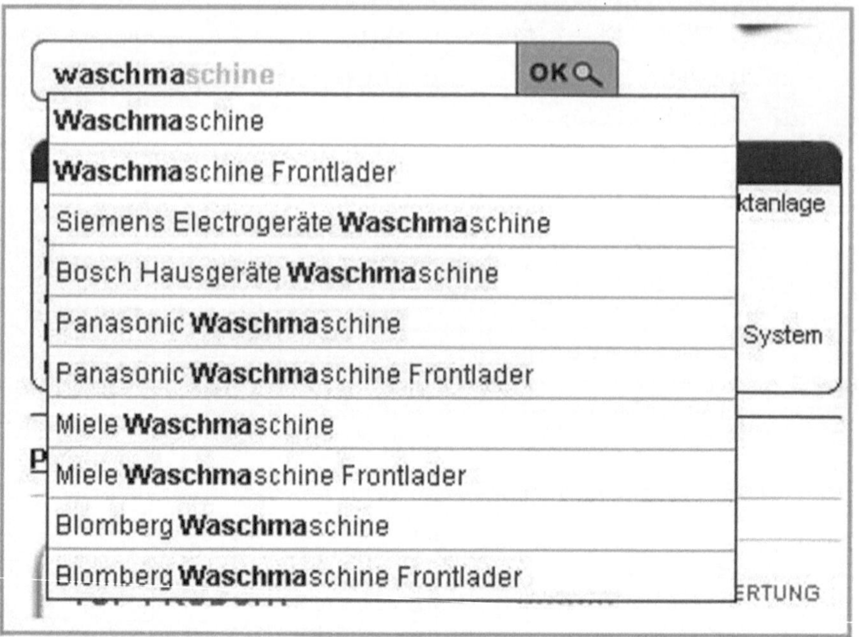

Abb. 7.5 Darstellung der Suchvorschläge bei guenstiger.de, Suchwort „waschma" (Screenshot vom 12. Oktober 2011)

Dieses kleine Beispiel zeigt, wie vielfältig die Suchvorschläge dargestellt werden können. Der Ansatzpunkt für die Ausgestaltung ist, wie die Nutzer am besten mit den Suchvorschlägen zurechtkommen. Ein Zuviel an Vorschlägen kann genauso verwirrend sein wie zu wenig angezeigte Vorschläge.[1] Geben sie dem Nutzer an dieser Stelle bei Suchmaschinen für Produktvergleichsseiten einen guten Hinweis auf die angebotene Produkt- und Markenwelt. Darüber hinaus muss verständlich sein, was für eine Aktion das Anklicken der Suchvorschläge auslöst. Aktionen sind:

– Eine Suche wird abgesendet, und die Nutzer bekommen als Ergebnis die zum Suchvorschlag passenden Treffer ausgegeben.
– Eine Suche wird abgesendet, und die Nutzer bekommen aus einer vorgeschlagenen und gewählten Kategorie die passenden Treffer angezeigt.
– Die Nutzer werden direkt auf eine Detailseite geführt.

Auch sollte eindeutig aus der Anzeige unterhalb des Sucheingabefeldes hervorgehen, ob es sich um Suchvorschläge oder eine Suchhistorie handelt. Eine

---

[1] Innerhalb der Studie über Suchvorschläge wurde von den Probanden eine Anzahl zwischen 5 und 8 Vorschlägen pro Suchwort als ausreichend und angenehm empfunden (N = 54). (Studentisches Projekt zum Thema Verbesserung der Suchvorschläge auf der Suche von T-Online für das WS 2011/20012 an der HAW Hamburg, Bibliotheks- und Informationsmanagement, Prof. Dr. Dirk Lewandowski)

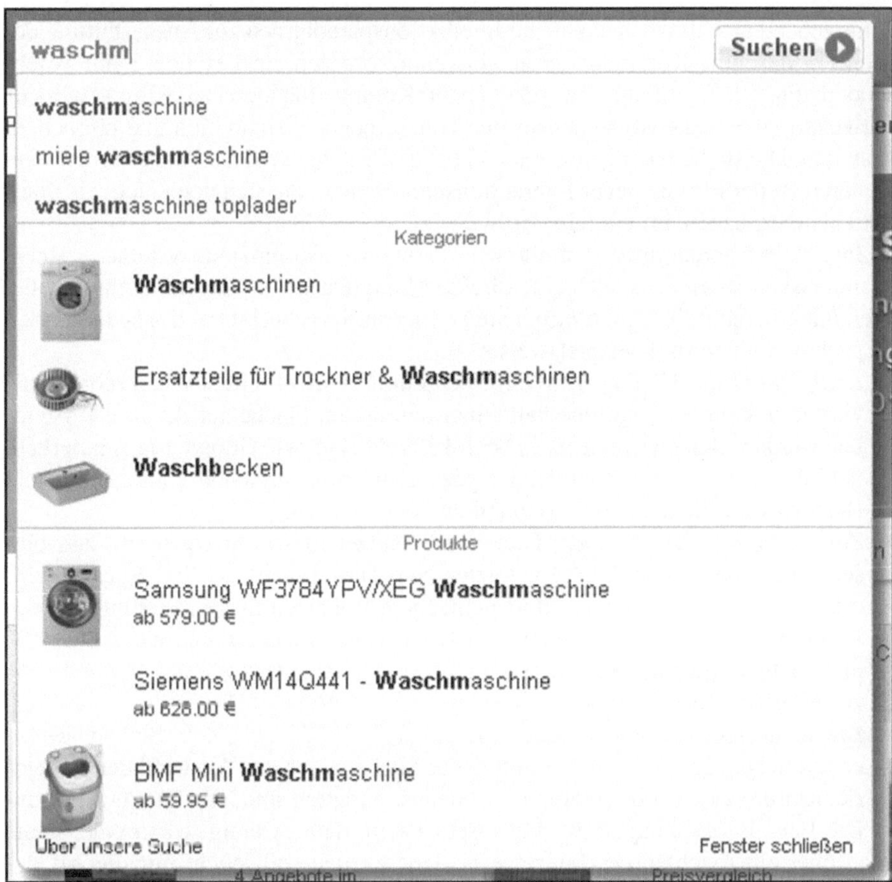

Abb. 7.6 Darstellung der Suchvorschläge bei billiger.de, Suchwort „waschm" (Screenshot vom 12. Oktober 2011)

Option zum Ab- und Anstellen der Suchvorschläge und Suchhistorie sollte passend zu implementieren sein.

7.3   Interaktionsparadigmen

Wie bereits in den vorherigen Kapiteln erläutert, beschäftigen sich die Informationsvisualisierung und das Interaktionsdesign mit der detaillierten Ausgestaltung des Verhaltens und der Art und Weise von Systemen, Produkten und Diensten in ihrer Wechselbeziehung zum Benutzer. Eine Auswirkung auf die User Experience hat die Art der Eingabe- und Ausgabegeräte, über die die Nutzer ihre Suche ansteuern und bedienen sollen, die hier kurz benannt wird (Dorau 2011). Der Einfluss wirkt sich auf die Art der Interaktionsmöglichkeiten der Nutzer mit der Nutzungsschnittstelle dahingehend aus, dass verschiedene Interaktionsparadigmen zur Ausgestaltung der Mensch-Maschine-Kommunikation verwendet werden. Insbesondere mit wachsendem Funktionsumfang und gestiegener Komplexität der Darstellung wird es notwendig, die Bedienkonzepte für den Nutzer benutzerfreundlich und einfach zu gestalten. Die Bedienelemente sollten dabei einfach zu verstehen und erlernen sein. Generell ist der Einsatz neuer Interaktionsparadigmen, die sich noch nicht als Standard etabliert haben, im Umfeld der Suche zu überdenken.

Interaktionsparadigmen umfassen sowohl Kommandosysteme sowie Menümaskensysteme als auch eine direkte Manipulation der Benutzerschnittstelle. Trends hierbei sind die Steuerung der Suche über die Sprache. Interaktionsparadigmen in Suchmaschinen sind beispielsweise:

- *Drag and Drop:* Hierbei kann ein Interaktionselement mittels Mauszeiger aktiviert und dann beliebig innerhalb einer definierten Fläche auf der Site verschoben werden. Beispielweise ist es bei lokalen Suchen wie Google Maps innerhalb der interaktiven Karte möglich, den gezeigten Kartenausschnitt mittels Drag and Drop zu verschieben und individuell zu positionieren.
- *Zurück-Button des Browser:* Hier haben Nutzer inzwischen gelernt, dass dieser Button dafür steht, um zur letzten Site zurückzukehren. Bei Suchen wird oftmals erwartet, die letzten dort gemachten Eingaben und Einstellungen auch wiederzufinden. Hier gibt es aber aufgrund neuer Technologien wie AJAX oftmals Schwierigkeiten, so eine vom Nutzer erwartete Historie des Verlaufs darzustellen (Garrett 2005).
- *Die Steuerung der Suche über verschiedene Eingabemedien:* Beispielsweise erwarten Nutzer, dass eine Steuerung der Sucheingabe und Auswahl der Kategorie über die Tastatur des Computers genauso möglich sind, wie über eine Maus.

Die Interaktionsparadigmen sind insbesondere dann wichtig, wenn eine Suche auch über ein touchfähiges Interface bedient werden soll. Nicht nur die Art der Bedienung unterscheidet sich hierbei, sondern auch die Platzverhältnisse und die Auflösung. Bei einer kleinen Auflösung oder einem kleinen Ausgabegerät, wie einem Smartphone, ist viel weniger Platz, um Funktionen genauso zu gestalten wie bei einer Website über einen Browser mit einer hoher Auflösung des Bildschirms. Sollte die Suche auch über mobile Endgeräte erreichbar sein, gehören das Bedienkonzept und die zu implementierenden Interaktionsparadigmen mit in die Planung des Interfaces.

Folgendes Beispiel zeigt im Vergleich die Unterschiede zwischen der Darstellung der Suche auf einer Website und der Darstellung der Suche des gleichen Anbieters innerhalb einer iPhone-Applikation (Abb. 7.7 und 7.8).

Bei den genannten Beispielen ist jeweils eine Lösung dafür gefunden worden, wie die abzubildenden Funktionen für die Nutzer sowohl bei der Suche über einen Computer als auch über ein iPhone auf gleiche Art zu bedienen sind, wie eine Komplexität der Benutzerführung vermieden werden kann und man der Erwartungshaltung der Nutzer trotzdem gerecht wird. Es sollte vermieden werden, dass sich die Nutzer in die Bedienung und Funktionen der Suche der gleichen Website bzw. des gleichen Anbieters immer wieder neu eindenken sowie neu orientieren müssen.

Abb. 7.7 Immobilienscout: Suche über die iPhone-Applikation. Deutliche Reduktion der Darstellung von Filter und Ergebnissen (Screenshot vom 17. September 2011)

In mobilen Suchen ist verstärkt zu sehen, dass es keinen ausgewiesenen Suche-Button neben der Sucheingabe gibt, sondern eine Funktion, die den Text in dem Sucheingabefeld löscht. Diese Art der Darstellung der Sucheingabe ist zum einen nur in Kombination mit Suchvorschlägen möglich und zum anderen mit der Aktion, dass die Sucheingabe aus dem Tastaturfeld gestartet werden kann. Zu überdenken ist, ob diese Art der Nutzerführung auch schon für die Zielgruppe der vorhandenen oder geplanten Suche über andere Endgeräte, wie Web-Browser des Computers, übernommen werden kann (Abb. 7.7).

Diese beiden Funktionen sind auch für erfahrene Nutzer nicht immer sofort verständlich und diese verwechseln die Funktion *Text löschen* mit *Suche absenden*. Insbesondere, wenn in einem vorherigen Nutzungskontext eine Suche mit dem Suche-Button rechts neben der Sucheingabe dargestellt wurde. Nutzer übersehen oftmals im Kontext einer Websitenutzung die Unterschiede dieser beiden Funktionen.

Abb. 7.8 Immobilienscout.de: Suche über die Homepage. Ausführliche Darstellung der Ergebnisse und Filteroptionen (Screenshot vom 17. September 2011)

Fazit

> Durch das Informationsdesign und die Informationsvisualisierung können Prozesse, Inhalte und Funktionen der Suche gezielt gestaltet werden. Die Reduzierung des Komplexitätsgrades und die Verwendung intuitiver Interaktionsparadigmen sorgen für ein begreifbares und erwartungskonformes Bedienkonzept der Suche, das die Nutzer verstehen.

Dieses Kapitel hat einen Einblick in die Grundlagen des Designs und der Informationsvisualisierung für Suchmaschinen vermittelt. Weiterhin wurde vorgestellt, wie sich der Komplexitätsgrad auf die darzustellenden Funktionen auswirkt. Festzuhalten ist, dass die Art des Ein- und Ausgabemediums sich auf die Darstellung von Funktionen und Prozessen auswirkt. Es ist immer qualitativ zu untersuchen, ob die Nutzergruppen der Suche die umgesetzten Nutzungsszenarien und Darstellungen verstehen. Wie Steve Krug trefflich in seinem Zitat formulierte:

Es gibt keinen Otto Normaluser.

Checklisten als Arbeitshilfe befinden sich in Kap. 15.

Literatur

Dorau R (2011), Emotionales Interaktionsdesign – Gesten und Mimik interaktiver Systeme. Springer, Heidelberg

Eibl M, Reiterer H et al (2005) Knowledge Media Design – Theorie, Methoden, Praxis. Eibl, Oldenbourg

Garrett J (2005) Ajax: A new approach to web applications. Adaptive Path LLC

Lervik J, Riaz A, Olstad B (2006) Book of search. FAST search & transfer ASA, USA

Morville P (2005) Ambient findabilit. What we find changes who we become. O'Reilly, Cambridge

Quirmbach S (2011) User Experience und Usability in Suchmaschinen. In: Handbuch Internet-Suchmaschinen 2. AKA, Heidelberg

Quirmbach S (2009) Universal Search. In: Handbuch Internet-Suchmaschinen. AKA, Heidelberg

Shneidermann B, Plaisant C (2004) Designing the user interface: Strategies for effective human-computer interaction. Addison Wesley, New York

Stapelkamp T (2007) Screen- und Interfacedesign, Gestaltung und Usability für Hard- und Software. Springer, Berlin

Weber W (Hrsg) (2008) Kompendium Informationsdesign. Springer, Berlin

Wirschum N (2006) Informationssuche im Internet – Der Suchprozess aus psychologischer und informationstechnologischer Sicht. VDM, Berlin

Zusammenfassung

In diesem Kapitel werden die Messwerte für User Experience und Usability operationalisiert, damit sie sowohl für die Verwendung innerhalb der unterschiedlichen Evaluationsmethoden als auch zur Messung der strategischen und finanzwirtschaftlichen Ziele der Suche im Kontext eines Unternehmens verwendet werden können. Dabei ist zwischen quantitativen und qualitativen Erhebungsmethoden zu unterscheiden. Das Kapitel gibt zudem eine Einführung, wie die Werte in ihrer Verwendung als User-Experience-Ziele eingesetzt werden können.

Wir befassen uns nicht damit, wie etwas funktioniert, sondern wursteln uns durch. Lebensweisheit Nr. 3, Steve Krug

Die Evaluationsmethoden helfen den Produktentwicklern dabei herauszufinden, wie die Nutzer tatsächlich mit der Suche umgehen, wie sie suchen und welche Schwierigkeiten sie dabei haben. Eine Grundlage für die Durchführung von Tests bilden dabei die Definition der Werte zur Messung der User Experience und ihre Bedeutung im Kontext der Suchmaschine. Die Werte stellen die Basis zur zielgerichteten konsistenten Messung und Optimierung dar und sind nicht aus einer erfolgreichen Produktentwicklung wegzudenken. Die Messwerte zeigen, welche ergonomische Güte der Suche vorliegt, d. h. das Ausmaß,

- wie die verschiedenen Prozesse und die Funktionalitäten innerhalb der Suchmaschine implementiert und umgesetzt wurden,
- wie die Prozesse und die Funktionalitäten von den Nutzern verwendet und verstanden werden.

Für eine gleichbleibende Qualität der User Experience für die Nutzer empfiehlt es sich deshalb, konkrete Werte zu definieren. Diese Werte sollten dabei nicht nur einmalig für einen Test definiert und erfragt werden. Vielmehr sind sie dahingehend zu verwenden, dass sie prozessbegleitend immer wieder evaluiert und verwendet werden können. Es empfiehlt sich deshalb, die Werte entlang des Produktenwicklungsprozesses zu gestalten und abzufragen. Einmal eingerichtet, bieten die Messwerte somit eine zielführende Möglichkeit, um schnell auf Änderungen am Markt

S. M. Quirmbach, *Suchmaschinen*, X.media.press, DOI 10.1007/978-3-642-20778-5_8
© Springer-Verlag Berlin Heidelberg 2012

oder der Nutzbedürfnisse zu reagieren und um die Langzeiteffekte innerhalb einer Suche messen zu können.

1. Abhängigkeiten der Messwerte

   Die einzelnen Messwerte ermitteln Aussagen über Benutzerfreundlichkeit, Attraktivität oder Qualität der Suche. Die Kombination der einzelnen Werte ist dabei möglich. Die für einen Test und die UX-Ziele definierbaren Messwerte sind jedoch abhängig von:

   - dem vorliegenden Testobjekt. Handelt es sich beispielsweise um ein Design-Konzept, einen funktionalen Prototypen oder um eine schon fertige Suchmaschine?
   - dem vorliegenden Stand der Produktenwicklungsphase: Idee, Analyse, Konzeption, Umsetzung und Betrieb. Einige Werte sind erst ab einem bestimmten Stand der Produktentwicklung der Suchmaschine ermittelbar.
   - der gewählten Methode, da die Erhebungsmethoden verschiedene Messwerte generieren. Es können auch nicht mit nur einer Methode alle Werte erschlossen werden, da sie abhängig von dem Testobjekt und der Entwicklungsphase sind.

2. Art der Erhebungsmethode

   Es wird zwischen qualitativen und quantitativen Erhebungsmethoden unterschieden, die auch jeweils verschiedene Aussagen und Daten über die Testobjekte produzieren. Ein Verständnis dieser Datenarten ist dahingehend wichtig, um den Aussagegehalt der Testergebnisse richtig einordnen zu können.

   - *Quantitative Erhebungsmethoden* werden wegen ihrer standardisierten Befragungs- und Beobachtungsform zur Untersuchung größerer Stichproben und zur Anwendung statistischer Prüfverfahren eingesetzt. Aufgrund der Repräsentativität der Stichprobe wird von den Aussagen auf die Grundgesamtheit der Nutzer geschlossen. Dies impliziert, dass immer eine bestimmte und auch repräsentative Stichprobengroße vorhanden sein muss, um gültige Aussagen aus der Erhebung generieren zu können. Sie finden Verwendung, z. B. zur:
     - objektiven Messung und Quantifizierung von Sachverhalten,
     - Überprüfung und zum Testen von Hypothesen,
     - Überprüfung statistischer Zusammenhänge, z. B. von verschiedenen Varianten einer Suchergebnisseite in der Live-Umgebung,
     - Generierung von Zeitreihen, um objektive Daten über einen Zeitraum zu sammeln, zu vergleichen und daraus Veränderungen abzulesen, z. B. durch Onlineumfragen.
   - *Qualitative Erhebungsmethoden* werden für das Beschreiben, das Interpretieren und das Verstehen von Zusammenhängen und Hintergründen eingesetzt, wie z. B. zum Verständnis der Verwendung von Kategorien und Filtern innerhalb der SERP. Die Herangehensweise von qualitativen Methoden ist dabei offen gestaltet. Weiterhin sind sie meist explorativ und reagieren innerhalb der Tests flexibel auf die Probanden. Ziel dieser Herangehensweise ist es, eine hohe Inhaltsvalidität und einen detaillierten Informationsgehalt der Ergebnisse zu erreichen. Aus den gewonnenen Erkenntnissen lassen sich dann die Folgemaßnahmen ableiten. Die Aussagen lassen sich jedoch nicht

auf eine repräsentative Grundgesamtheit übertragen. Das heißt, auf der Basis der qualitativen Studie kann keine Verallgemeinerung auf eine Grundgesamtheit abgeleitet werden, weil nicht gesagt werden kann, wie viele Nutzer in Summe letztlich davon betroffen wären bzw. die gleiche Ansicht zum Thema haben. Die qualitative Befragung bzw. Beobachtung wird dann verwendet, wenn eine subjektive Beschreibung individueller Meinungen und Eindrücke der Nutzer benötigt wird, z. B. zur:

- Sammlung von Verbesserungsvorschlägen bei der Verwendung von Suchvorschlägen,
- Analyse von Ursachen für die Unzufriedenheit oder die Bedarfsveränderungen der Nutzer bei der Benutzung der Suchmaschine,
- Ideengenerierung von neuen Funktionen.

8.1 User-Experience-Ziele für Suchmaschinen definieren

Welche unter den in diesem Abschnitt aufgeführten Messwerten für die eigene Produktentwicklung herangezogen werden, bleibt letztlich individuell zu betrachten und ist abhängig von den Unternehmenszielen, dem Datenbestand und der Suchmaschine. Dabei sollten die Messwerte den finanziellen Aspekt im Sinne einer Kosten-Nutzen-Rechnung nicht als einzige Zielvariable behandeln, sondern die Nutzung der Suche sollte immer mit betrachtet werden (s. Abschn. 14.3). Sinken die Nutzungszahlen trotz gleichbleibender oder steigernder Umsatzzahlen, kann nicht rechtzeitig darauf reagiert werden, da die Gründe hierfür nicht bekannt sind oder nicht vorliegen. Deswegen ist die Kombination von qualitativen und quantitativen Zahlen wichtig, um eine vollständige Betrachtung des Nutzerverhaltens zu erhalten.
1. Beispiele für übergreifende User-Experience-Ziele für Suchmaschinen
   Im Folgenden eine Übersicht möglicher User-Experience-Ziele für Suchmaschinen, die sich je nach Produktenwicklungsphase mittels qualitativer und quantitativer Methoden evaluieren lassen.
   - *Kundenloyalität:* Bezeichnet die Dimension der Nutzer, die immer wieder die Suchmaschine verwenden, um hierüber weitere Aktionen auszuführen. Diese Nutzer sind sehr wichtig, da sie meist auch zu positiven Empfehlern des Angebots werden. Bei einer geringen Loyalität wird die Qualität der Suchmaschine und/oder der dazugehörigen Website von den Nutzern negativ wahrgenommen. Dabei kann die Kundenloyalität beispielsweise aus folgenden Werten in Kombination herausgelesen werden:
     - Zufriedenheit mit der Suche,
     - Wiedernutzung der Suche,
     - Bereitschaft zur Weiterempfehlung der Suche,
     - Ausmaß der Bedürfnisbefriedigung durch die Suche,
     - Zufriedenheit mit der Marke,
     - Vorteil der Suche gegenüber dem Wettbewerb.
   - *Produktloyalität:* Bezeichnet das Ausmaß, wie sich die Suche gegenüber dem Wettbewerb im Einzelnen differenziert und als wie wichtig sie von den

Tab. 8.1 Messwerte zur Usability in Suchmaschinen

Messwert	Beispiele für Fragestellung
Attraktivität	Ist die Suchmaschine attraktiv für die Nutzer?
	Wenn nein, welche Kritikpunkte werden genannt?
Bedienbarkeit	Ist die Suchmaschine einfach zu bedienen?
	Wenn nein, wo gibt es Probleme?
Design	Ist das Design der Suchmaschine attraktiv und unterstützt den Suchprozess?
	Wenn nein, welche Kritikpunkte werden genannt?
Effektivität	Unterstützt das Design ein schnelles Scannen der Suchergebnisseiten?
	Wenn nein, welche Hindernisse werden genannt?
Einfachheit	Ist die Bedienung der Suchmaschine einfach und schnell für die Nutzer zu verstehen?
	Wenn nein, welche Kritikpunkte werden genannt?
Übersichtlichkeit	Sind die Elemente der Suchergebnisseite übersichtlich angeordnet?
	Wenn nein, wo gibt es Probleme?
Verständlichkeit	Sind die Funktionen und Kategorien verständlich für die Nutzer?
	Wenn nein, wo gibt es Probleme?
Vollständigkeit	Enthält die Suchmaschine alle für die Nutzer wichtigen Funktionen, Informationen und Elemente?
	Wenn nein, was vermissen die Nutzer?
Werbung	Ist die angezeigte Werbung für die Nutzer verständlich und hinreichend gekennzeichnet?
	Wenn nein, welche Informationen vermissen die Nutzer?

Nutzern empfunden wird. Der Gedanke dahinter ist, die Einzigartigkeit der Suche herauszustellen, um herauszufinden, wann gleichwertige Produkte verwendet werden, im Sinne von Substitution. Dabei kann die Produktloyalität der Suche aus folgenden Werten in Kombination abgeleitet werden:
- Zufriedenheit der Nutzer mit der Suche,
- Bereitschaft zur Wiedernutzung der Suche und Nutzungshäufigkeit,
- Ausmaß der Weiterempfehlung der Suche,
- Vorteil der Suche gegenüber dem Wettbewerb.
- *Innovationsmaß:* Bezeichnet, wie erfolgreich die Idee des Unternehmens in einer Suchmaschine für die Nutzer umgesetzt wurde und wie die Idee letztlich von den Nutzern verstanden wird. Dabei kann das von den Nutzern wahrgenommene Ausmaß der Innovation von folgenden Werten in Kombination abgeleitet werden:
  - Neuartigkeit der Suche (bzw. der Idee),
  - Benutzerfreundlichkeit der umgesetzten Idee in der Suche,
  - Nützlichkeit der Suche und der Funktionalitäten.

2. Beispiele Usability-Ziele für Suchmaschinen
Tabelle 8.1 gibt eine Übersicht darüber, welche Fragestellungen die Usability der Suchmaschine beschreiben. Diese sind als eine Empfehlung zu sehen und können selbstverständlich individuell um weitere Fragestellungen ergänzt werden.[1] Die Nutzermeinungen hierzu lassen sich mittels verschiedener qualitativer und quantitativer Erhebungsmethoden erfassen, wie z. B. durch einen Onlinefragebogen oder einen Usability-Test.

Da sich diese Fragen noch weiter verfeinern und konkretisieren lassen, erfolgt in Kap. 15 ergänzend hierzu eine detaillierte Liste (Abschn. 15.2).

Fazit

Das Bewusstsein der eigenen User-Experience-Ziele für die zu entwickelnde Suchmaschine erleichtert die Definition der Messwerte und dient als Erfolgskontrolle des Produktes.

User-Experience-Ziele zu definieren und in die Produktentwicklung zu implementieren, ist entscheidend für den Erfolg der Suche, weil hierdurch wichtige Einsichten und Informationen für die Produktentwicklung der Suche geliefert werden. Ohne diese grundlegenden Werte werden Entscheidungen zur Produktausgestaltung immer auf Annahmen der an der Entwicklung beteiligten Personen beruhen, die jedoch nicht mit den künftigen oder bestehenden Nutzern abgeglichen worden sind. Diese Werte zeigen auf, wie sich die User Experience der Suchmaschine

---

[1]   Empfehlungen für Fragestellungen geben verschiedene Erhebungsverfahren, wie z. B. der SUS (System Usability Scale), Q.U.I.S (Questionnaire for User Interface Satisfaction), PSSUQ (Post Study System Usability Questionnaire), KUI (Keevil Usability Index)

zusammensetzt und optimieren lassen kann. Sie bietet einen Weg, um herauszufinden, ob und wie die durchgeführten Verbesserungen bei den Nutzern angenommen werden. Demzufolge wird ohne diese Werte das Ausmaß eines Usability-Problems für die Nutzer nicht nachvollziehbar. Bevor also eine Methode zur Messung der User Experience ausgewählt werden kann, sollten die Messwerte feststehen. Nur so kann die passende Methode zur Fragestellung ausgesucht und letztlich auch ein nutzerzentrierter Ansatz zur Lösung herangezogen werden.

Literatur

Bortz J, Döring N (1995) Forschungsmethoden und Evaluation für Human- und Sozialwissenschaftler. Springer, Berlin.

Brooke J (1996) SUS – A quick and dirty usability scale. In: Jordan B, Thomas B, Weerdmeester B, McClelland A. Usability evaluation in industry. Taylor & Francis, London

Diefenbach S, Hassenzahl M, Kloeckner K, et al (2010) Ein Interaktionsvokabular: Dimensionen zur Beschreibung der Ästhetik von Interaktion. In: Brau K, Diefenbach S, Göring K, Peissner M, Petrovic K (Hrsg) Usability Professionals 2010. Jahresband 2010 der Workshops der German Usability Professionals' Association e. V. Fraunhofer Verlag, Stuttgart. S 27–32

Eberhard-Yom M (2010) Usability als Erfolgsfaktor. Cornelsen, Berlin

Keevil B (1998) Measuring the usability index of your web site. In: CHI '98. Conference proceedings on human factors in computing systems. April 18-23, 1998, Los Angeles, CA. The association for computing machinery, special interest group on computer human interaction. ACM Press, New York, S 271–277. http://www3.sympatico.ca/bkeevil/sigdoc98/index.html. Zugegriffen: 2. Januar 2012

Kirakowski J, Porteous M, Corbett M (1992) How to use the software usability measurement inventory: The user's view of software quality. Proceedings of European Conference on Software Quality, 3-6 November 1992, Madrid

Lewis J (1995) IBM computer usability satisfaction questionnaires: Psychometric evaluation and instructions for use. INT J HUM-COMPUT INT, S 57–78

Richter M, Flückiger M (2010) Usability Engineering Kompakt – Benutzbare Software gezielt entwickeln. Spektrum Akademischer Verlag, Heidelberg

Tullis T, Albert B (2008) Measuring the user experience – Collecting, analyzing, presenting usability metrics. Morgan Kaufmann, Burlington

Zusammenfassung

Dieses Kapitel gibt eine Einführung in den Einsatz von Webanalytics für Suchmaschinen als eine quantitative Methode zur Messung des Nutzerverhaltens und der Produktnutzung. Aus den Statistiken können durch eine umfassende Analyse Muster des Nutzerverhaltens und der Produktnutzung im Betrieb herausgelesen werden. Es wird gezeigt, welche Werte für Suchmaschinen herangezogen werden können und wie sie zu verstehen sind. Die Definition von Schlüsselelementen innerhalb der Suche ist ein weiterer Aspekt, welcher hier mit aufgeführt wird. Denn oftmals werden die Möglichkeiten zu Interaktion, Transaktion oder Kommunikation innerhalb der Suche nicht oder nur unzureichend mit ausgewertet. Somit geht Potential verloren, um herauszufinden, welche Aktionen die Nutzer innerhalb der Suche anwenden.

Mit Webanalytics werden das Messen, das Sammeln, die Analyse und die Auswertung von Nutzerverhalten bezeichnet, die in Form von Internetdateien vorliegen. Ziel dahinter ist es, ein grundlegendes Verständnis über die Nutzung des eigenen Webangebotes über die Zeit zu bekommen und dieses optimieren zu können. (www.webanalyticsassociation.org)

Viele Daten über den tatsächlichen Nutzer der Suchmaschine fallen insbesondere dann an, wenn sich das Produkt im Betrieb befindet und von den Nutzern regelmäßig verwendet wird. Denn die Nutzer hinterlassen bei jeder Benutzung der Suche individuelle Spuren, die u. a. besagen:

- Was haben sie gesucht?
- Wann haben sie gesucht?
- Wo haben sie gesucht?
- Womit haben sie gesucht?
- Woher sind sie gekommen?
- Wohin sind sie gegangen?
- Welche Ergebnisse haben sie angeklickt?
- Welche Ergebnisse haben sie nicht angeklickt?

S. M. Quirmbach, *Suchmaschinen*, X.media.press, DOI 10.1007/978-3-642-20778-5_9
© Springer-Verlag Berlin Heidelberg 2012

Eine gute Webanalytics-Software kann entsprechende Daten zu den Fragestellungen liefern. Sie ist ausschlaggebend dafür, um den Erfolg der Maßnahmen auszuwerten, da die Daten miteinander in Bezug gesetzt werden. Deshalb sollte eine Webanalytics-Software auch in der Suche mit implementiert werden, um wichtige Rückmeldungen zur Nutzung zu bekommen. Auch und gerade im Sinne eines Business-Intelligence-Ansatzes sollte die Bedeutung von regelmäßigen Auswertungen und Interpretationen der Datenerhebung für Unternehmen nicht unterschätzt werden. Webanalytics bildet einen wesentlichen Baustein, um die Prozesse und das Nutzerverhalten quantitativ zu analysieren und zu optimieren. Die aus dem Analytictool gewonnenen Werte messen das reale Verhalten der Nutzer und helfen dem Produktmanagement und dem Unternehmen dabei, die Nutzer ihrer Suche zu verstehen. Eine besondere Stärke der Webanalyse über die grundlegende Messung hinaus ist es, dass verschiedene Ansichten mit in die Betrachtung einbezogen werden können, um die Daten aus verschiedenen Perspektiven zu beleuchten, wie z. B. aus der Sicht der Suche, der Nutzer oder der Geschäftsstrategie. Mit Hilfe von Webanalytics ist es möglich, z. B. die

- Reaktion auf externe Faktoren zu beschleunigen,
- Produktpalette zu präzisieren und weiterzuentwickeln,
- internen Prozesse zu optimieren,
- Conversions[1] zu definieren und zu optimieren.

Conversion in der Suche

Conversion (Deutsch: Konversion) beschreibt, welche Elemente und Wege bei den Nutzern zu einer Aktion, wie z. B. einer Transaktion, beigetragen haben. Die Conversion Rate ist eine Messgröße, die das Verhältnis zwischen Käufern und Besuchern eines Webangebotes darstellt. Dabei sind die Conversions individuell, nicht für alle Webangebote allgemeingültig und müssen demnach speziell für das Objekt definiert werden. Es gibt sehr viele verschiedene Maßnahmen zur Steigerung der Conversionrate innerhalb einer Website. Um zu wissen, an welcher Stelle angesetzt werden kann, ist die Definition von Schlüsselelementen empfehlenswert (Engl.: „call to action"). Schlüsselelemente stellen eine weitere Messgröße zur Interaktion des Nutzers mit den Inhalten einer Site dar (Hassler 2010).

- Innerhalb von Suchen können z. B. folgende Schlüsselelemente definiert werden:
  - Ergebnis auf die Wunschliste setzen,
  - Ergebnis über die Suche kaufen,
  - Ergebnis downloaden,
  - Ergebnis mit einem Freund teilen,
  - Ergebnis bewerten,
  - Ergebnis abspeichern.

---

[1] Conversions (Deutsch: Konversionen). Die Kennzahl bemisst sich wie folgt: Conversionrate = Käufer / Besucher

9.1 Vorteile

Der Einsatz einer Webanalytics-Software stellt ein geeignetes Frühwarnsystem zum schnellen Reagieren dar, wenn die Nutzungszahlen nicht mehr mit den Erwartungen und Erfahrungen des Unternehmens oder dem Produktmanagement übereinstimmen. Anhand von Webanalytics wird herausgefunden, wo sich Schwachstellen auf der Website befinden und wie die Unternehmensziele durch entsprechende Optimierungen besser erreicht werden können. Es können Metriken generiert werden, die das Nutzerverhalten und die Nutzereigenschaften aufzeigen. Eine Erweiterung auf die Nutzung der definierten Schlüsselelemente sollte mit umgesetzt werden. So können die Besonderheiten der Suche auch für andere Unternehmens- und Produktbereiche mit abgebildet werden. Als positive kurz- und langfristig messbare Erfolge sind Transparenz, Kosteneinsparung und Umsatzsteigerung zu benennen. Eine einfache Erstellung von Ergebnisberichten (Engl.: Reportings) für die beteiligten Personen und Führungskräfte ist durch die Software meist mit gegeben. Das Testen von verschiedenen Varianten in der Wirkumgebung wird dadurch erst möglich, da auch hierüber die Tests ausgewertet werden können (s. Abschn. 11.8).

9.2 Nachteile

Webanalytics als alleiniges Kontroll- und Messinstrument gibt keinerlei Aufschluss über die Motivation und das Anliegen der Nutzer. Hierzu bedarf es wieder ergänzend einer qualitativen Untersuchungsmethode, wie z. B. einer Nutzerbefragung im Labor. Alle Werte, die gemessen werden sollen, müssen vorab sauber definiert und aufgesetzt werden, damit die Aussagen valide sind. Die Sites und die einzelnen Elemente der Sites müssen je nach Art mit einem Zähler oder Tag versehen werden, damit eine vollständige Zählung durchgeführt werden kann, beispielsweise einem Zählpixel. Dies kann sich je nach Größe der Suchmaschine und der angegliederten Website als zeit- und kostenaufwändig herausstellen.

Insbesondere bei einer Partnerintegration[2] kann es vorkommen, dass nur die Anzahl der Ergebnisauslieferung gemessen werden kann, jedoch nicht die Klicks auf die Ergebnisse oder weitere Aktivitäten, wie ein Produkt kaufen. Falls die technische Implementierung des Zählers nicht erfolgen kann, sollte der Partner die entsprechenden fehlenden Zahlen nachliefern, um das Gesamtbild zu vervollständigen. Generell kann die Anschaffung einer speziellen Software für die Analyse kostenintensiv werden.

---

[2] Partnerintegration meint hier die Möglichkeit, dass verschiedene Datenbestände unterschiedlicher Quellen und Herkunft über ein Suchinterface für die Nutzer durchsuchbar und zugänglich gemacht werden.

Webanalytics ist für folgende Fragestellungen innerhalb der Suche einsetzbar:

* Die tägliche Statistik dient zur Kontrolle des Nutzungsverhaltens innerhalb der Suche.
* Das simultane Testen verschiedener Hypothesen wird dadurch ermöglicht.
* Zur Erfolgsmessung der verschiedenen Varianten.
* Zur Erkennung von Problemen und Schwachstellen in einer Suche, z. B. können durch eine Funnel-Analyse[3] die Abbruchstellen in der Suche aufgezeigt werden.

9.3   User-Experience-Werte aus Webanalytics

Nachdem in den ersten Abschnitten die Grundlagen und die Herleitung der User Experience sowie die Anwendung von Evaluationsmethoden für den Kontext der Suchmaschinen erklärt wurden, geht dieser Abschnitt speziell auf die Messwerte aus Webanalytics ein. Die in diesem Abschnitt aufgezählten Werte aus Webanalytics unterstützen die Messbarkeit von Optimierungsmaßnahmen der User Experience. Wie in Kap. 9 erläutert wurde, ist es zur Messung von Langzeiteffekten innerhalb eines Produkts notwendig, die Werte nachhaltig zu definieren und regelmäßig Studien durchzuführen. Da sich Einstellungen und Erleben der Nutzer mit der Zeit verändern können, sollten die Messwerte schon vor der Markteinführung einer Suchmaschine feststehen. Nur so bieten sie eine gute Möglichkeit, um schnell auf Änderungen am Markt oder der Nutzer zu reagieren.

1. Usability und User-Experience-Werte für Suchmaschinen definieren
   Weil jeder Bereich in der Produktentwicklung (Nutzer, Unternehmen, Produkt) die Möglichkeit hat, eigene Indikatoren zur Kontrolle und Optimierung zu bekommen, gibt es auch die Möglichkeiten, diese zu messen und im Verlauf der Zeit zu beobachten. Zu unterscheiden sind folgende Bereiche (Hassler 2010, S. 275 ff):
   - *Besuchereigenschaften:* Definiert die individuellen Eigenschaften, Bedürfnisse und Ziele der Nutzer einer Suchmaschine bzw. des angegliederten Portals, der Website, der Applikation oder des Onlineshops.
   - *Besucherverhalten:* Definiert das Verhalten der Nutzer auf der Suchmaschine und misst dabei die Aktionen, die sie durchgeführt haben und die Verwendung von Funktionen und Optionen.
   - *Inhalte und Nutzung:* Definiert, wie die Inhalte der Suchmaschine genutzt wurden und wie die weitere Verwendung aussieht, wie beispielsweise das Ansehen von Nachrichtenvideos innerhalb der SERP. Dieser Wert steht auch für die Qualität der Indexe der Suche.

   Tabelle 9.1 gibt einen Überblick der Messwerte, welche auch für Suchmaschinen eingesetzt werden können. Diese Werte können sowohl einzeln als auch im Gesamtzusammenhang betrachtet werden, um spezielle Aussagen zu bekommen. Die im Folgenden genannten Werte beziehen sich dabei auf Suchen im Allgemeinen. Bei

---

[3] Funnel-Analyse (Deutsch: Trichteranalyse) meint die Analyse des Konvertierungspfades.

Tab. 9.1 Überblick der UX-Messwerte einer Suche (Quirmbach 2011)

Beschreibung	Besuchereigenschaften	Besucherverhalten	Inhalte und Nutzung
Anzahl der Besucher	X		
Anzahl der Wiederkehrer	X		
Anteil neuer Besucher	X		
Besuchsfrequenz der Besucher	X		
Anzahl der Besuche		X	
Anzahl durchgeführte Suchen pro Besucher		X	
Anzahl eingegebener Suchwörter pro Suche		X	
Absprungrate		X	
Anzahl der Klicks pro Besucher		X	
Art der Suchwörter generell pro Besucher		X	
Nutzung von Kategorien		X	
Nutzung von Funktionen		X	
Conversionrate		X	
Anzahl der Null-Treffer-Seiten			X
Klicks pro Suche auf die Ergebnisse und Elemente der SERP			X
Dauer pro Session im Durchschnitt			X
Abspielen von Videos			X
Anhören von Musik			X
Ergebnisse bewerten			X
Ergebnisse auf Merkzettel setzen			X

speziellen Suchen, wie z. B. Produktsuchen, kommen dementsprechend modifizierte Werte hinzu, wie Abverkaufsraten über die Suche, Abbruchraten über die Suche etc.

2. Aussagen für Suchmaschinen generieren

Unterschiedliche Ansichten auf das Datenmaterial sind hilfreich, um Zusammenhänge im realen Nutzungsverhalten zu verstehen und um negative Auswirkungen einer Optimierung schnell zu erkennen und dementsprechend darauf reagieren zu können. Beispielaussagen für Suchmaschinen können sein:

– *Darstellungsformat/Endgerät:* Erfolgt über die Auswertung des User Agents[4] und besagt, woher kommen die Nutzer, welche Endgeräte wurden benutzt,

---

[4] Ein User Agent ist ein Client-Programm, mit dem ein Netzwerkdienst genutzt werden kann. Der User Agent ist die Schnittstelle zum Benutzer, die die Inhalte darstellt und Befehle entgegennimmt. Beispiele für User Agents sind Webbrowser, E-Mail-Programme, Newsreader und

mit welchen Betriebssystemen sind die Endgeräte ausgestattet etc. Das hilft insbesondere dabei, die Darstellung der SERP auf den benutzten Endgeräten zu optimieren.

– *Nutzung definierter Ergebnisbereiche:* Hierbei werden die Häufigkeit der Ergebnisauslieferung, die Anzahl der Klicks auf die Ergebnisse, welche Suchwörter gestellt wurden und die Folgeklicks gemessen. Hierdurch wird erfahren, welche Ergebnissets die Nutzer bei bestimmten Themen und Suchwörtern bevorzugen.

– *Nutzung von Kategorien:* Beziffert die Anzahl, wie oft die Kategorien angezeigt wurden, im Verhältnis dazu, wie oft sie verwendet wurden. Zusätzlich besteht die Möglichkeit zu analysieren, welche Kategorien am meisten ausgeliefert und welche am meisten verwendet wurden, wie viele Ergebnisse die Kategorien im Schnitt geliefert haben und wie oft diese angeklickt worden sind.

– *Fraud Prevention:* Der User Agent in Zusammenhang mit der IP-Adresse zeigt eventuellen Missbrauch von externen Webcrawlern[5], die nur Daten abgreifen wollen. Ein wichtiger Indikator hierfür ist außerdem, dass diese maschinellen Anfragen meist keine Klicks produzieren. Diese haben keine positive Nutzung im Sinne von Umsatzgenerierung, sondern sie produzieren Kosten. Insbesondere bei Websuchen liegt dieser Fall vor, aber auch Adressverzeichnisse müssen hier vorsichtig sein. Beispielsweise werden dabei gern die Adressen extern abgegriffen, um die gesammelten Adressen zu verkaufen.

– *Verteilung zwischen Navigations- und Suchnutzung:* Die Verteilung zwischen Nutzung der Navigation und Nutzung der Suchfunktion bei einer angegliederten Website kann gemessen und beide können in Relation zueinander gesetzt werden. Beispielsweise um herauszufinden, wie stark Nutzer einer Website auf die Suche fokussiert sind oder ob ein direkter Einstieg über die Navigation bevorzugt wird. Hierbei sollten auch Landingpages mit betrachtet werden, da sie zeigen, wie die Folgeaktion der Nutzer aussieht. Durch die Analyse und Interpretation des Besucherverhaltens können nicht nur Ansätze zur Optimierung beispielsweise der Portalnavigation, sondern auch von Detailseiten zu Produkten oder Informationen gefunden werden (Hassler 2010, S. 194).

3. Daten analysieren

Basierend auf einer umfassend aufgebauten Webanalytics-Software können nun die Stimmungen der Nutzer abgelesen werden. Wann jedoch sind Werte

---

IRC-Clients. Viele User Agents übertragen ihren Namen in Header-Zeilen bei Anfragen (Requests) an den Server. Der Begriff User Agent wird dadurch auch als Synonym für diesen Parameter in einem HTTP-Header benutzt. Oft benutzen Webserver diese User-Agent-Header, um zu entscheiden, welche Version einer Website dem Webbrowser zur Verfügung gestellt wird. (Wikipedia, http://de.wikipedia.org/wiki/User_Agent. Zugegriffen: 2. Januar 2012)

[5] Ein Webcrawler (auch Spider oder Searchbot) ist ein Computerprogramm, das automatisch das World Wide Web durchsucht und Websites analysiert. Webcrawler werden vor allem von Suchmaschinen eingesetzt. Weitere Anwendungen sind das Sammeln von RSS-Newsfeeds, E-Mail-Adressen oder von anderen Informationen. Webcrawler sind eine spezielle Art von Bots, d. h. Computerprogrammen, die weitgehend autonom sich wiederholenden Aufgaben nachgehen. (Wikipedia, http://de.wikipedia.org/wiki/Webcrawler, Zugegriffen: 2. Januar 2012)

bedenklich bzw. muss reagiert und nachgesehen werden, ob etwas mit der Suche nicht in Ordnung ist? Nicht jede Schwankung in den Nutzungszahlen weist auf ein Usability-Problem hin (s. Kap. 14). Beispielsweise gibt es Ereignisse und äußere Umwelteinflüsse, die die Nutzungsintensität und Art der Nutzung der Suchmaschine beeinflussen, wie z. B.:

- eine stärkere Nutzung aufgrund schlechten Wetters,
- verstärkte Nutzung aufgrund eines spontanen Ereignisses, wie des Tods einer prominenten Persönlichkeit,
- jährlich wiederkehrende saisonale Ereignisse, wie Weihnachten oder Ferienzeiten,
- spezielle Aktionen des angegliederten Portals.

Zu beachten sind auch systemrelevante Ereignisse, die das Nutzungserlebnis beeinflussen können. Hierzu zählen beispielsweise:

- Nichterreichbarkeit der Startseite oder Fehler auf der Startseite einer dazugehörigen Website,
- Nichterreichbarkeit oder Ladezeitverlängerung des Suchdienstes,
- Nichterreichbarkeit eines angegliederten Indexes von einem Partner,
- nicht korrekt erfolgter Import der neuen Daten im Index,
- Seiten zu den Ergebnissen nicht gefunden.

Diese Indikatoren gilt es zuerst auszuschließen, bevor eine weitere Analyse über die Gründe und die Herkunft der Schwankungen stattfinden kann. Wurden diese Faktoren ausgeschlossen, kann eine Analyse erfolgen. Anzeichen für User-Experience-Probleme können beispielsweise sein:

- Sinkende Nutzungszahlen in der Suche sollten im Zusammenhang mit der Nutzung der dazugehörigen Site gesehen werden. Sinkt die Nutzung der Site an sich, wirkt sich dies in Folge meist auch auf die Anzahl der Suchanfragen aus.
- Sinken die Klicks auf spezielle Ergebnisbereiche bei sonst gleichbleibender Gesamtnutzung, kann das ein Indikator dafür sein, dass dieser Bereich bei den Nutzern nicht mehr akzeptiert und/oder als nicht relevant zur Suchanfrage eingestuft wird.
- Eine geringere Verwendung der Kategorien in der Suche bei insgesamt gleichbleibender oder erhöhter Anzeige der Kategorien kann darauf hinweisen, dass sie für die Nutzer optisch nicht auffällig genug platziert sind und übersehen werden oder dass sie inhaltlich nicht zu den Ergebnissen passen oder dass sie in ihrer Verwendung für den Nutzer nicht eindeutig und verständlich sind.

Dabei ist es wichtig, den Zeitraum der Betrachtung einer Kennzahl richtig zu wählen. Bei einem Vergleichen von Zahlen sollten dabei immer die gleichen Wochentage verwendet, immer nahe zusammenliegende Wochen gewählt oder bei Monaten immer der Vormonat oder der gleiche Monat im Vorjahr gewählt werden. Außerdem ist zu beachten, dass sich die Monate Dezember und Januar insbesondere bei Suchen in Webangeboten meist komplett verschieden verhalten. Bei diesen Monaten gibt es meist einen großen Einfluss wegen externer saisonaler Faktoren: Weihnachten, Ferienzeiten und Silvester (Hassler 2010, S. 286 ff.). Können die Probleme jedoch nicht vollständig hergeleitet werden, empfiehlt es sich, eine qualitative Nutzerbefragung durchzuführen, um die Meinungen der Nutzer über das identifizierte Problem einzuholen.

Fazit

> Eine Webanalytics-Software unterstützt den Produktentwicklungszyklus der Suche: Beobachten, Vergleichen, Nachforschen und Ändern. Hierbei werden Impulse für eine Weiterentwicklung gegeben und das reale Nutzungsverhalten im Jahresverlauf wird aufgezeigt.

Bei Webanayltics geht es nicht um die Betrachtung eines einzelnen Nutzers. Vielmehr geht es darum, Trends, Muster und Verhaltensweisen von Nutzern bei der täglichen Interaktion mit der Suche zu erkennen und herauszufiltern. Es bedarf jedoch immer einer umfassenden Betrachtung der Gründe, um die Veränderungen der Nutzungszahlen herleiten zu können. Deswegen ist eine Kombination von verschiedenen qualitativen und quantitativen Evaluationsmethoden wichtig. Die Analyse objektiver Verhaltensdaten mittels Webanalytics ist nicht in der Lage, meinungsbasierte Evaluationsverfahren zu ersetzen. Mit Webanalytics wird aber ein Kreislauf zur Qualitätskontrolle und Produktoptimierung vorgegeben, in welchem durch die unterschiedlichen Perspektiven auf das Zahlenmaterial neue Ideen zur Weiterentwicklung und Optimierung der Suche gegeben werden.

Literatur

Bennett M, Fried J et al (2010) Professional Microsoft search, FAST search, sharepoint search, and search server. Wiley, Indianapolis

Fischer M (2006) Website Boosting, Suchmaschinen-Optimierung, Usability, Webseiten-Marketing. mitp, Heidelberg

Google (2009) Return on Information: Steigerung Ihres ROI mit Google Enterprise Search. http://static.googleusercontent.com/external_content/untr-usted_dlcp/www.google.de/de/de/intl/de/enterprise/gsa/pdf/internal_search_roi_wp.pdf. Zugegriffen: 2. Januar 2012

Hassler M (2010) Web Analytics, Metriken auswerten, Besucherverhalten verstehen, Website optimieren. mitp, Heidelberg

Lervik J, Riaz A, Olstad B (2006) Book of search. FAST search & transfer ASA, USA

Quirmbach S (2011) User Experience und Usability in Suchmaschinen. In: Handbuch Internet-Suchmaschinen 2. AKA, Heidelberg

Zusammenfassung

Dieses Kapitel gilt als Vorbereitung zur Auswahl der passenden Evaluationsmethode für das zu überprüfende Testobjekt. Es beschäftigt sich mit den grundlegenden Fragestellungen, die vor der Durchführung eines Tests beantwortet
werden müssen. Dabei werden auch die unterschiedlichen Anwendungsfälle
besprochen und welche Arten von Suchanfragen vorkommen können. Das Kapitel gibt weiterhin eine Hilfe zur Aufstellung von Hypothesen, die mittels der
Tests hinterfragt und bewertet werden sollen. Ein weiterer wichtiger Aspekt ist
die Erstellung von Fragebögen für die Tests, die für die qualitativen und quantitativen Methoden benötigt werden. Dabei wird auch speziell auf die verschiedenen Formate der Fragebögen eingegangen.

Testing with one user is 100 % better than testing with none. Steve Krug's
first law of usability testing. (Krug 2002)

Bevor ein Test gestartet werden kann, stellen sich viele Fragen, die es erstmal
zu beantworten gilt, um die verschiedenen Sachverhalte zu klären. Wichtig hierbei
zu nennen ist, dass man in einen Testmodus übergeht und sich nicht in den Vorbe-
reitungen verliert. Selbst wenn kein Budget für einen Test vorhanden sein sollte,
gibt es Möglichkeiten, wie trotzdem und ohne nennenswerten finanziellen Aufwand
getestet werden kann. Es ist oftmals innerhalb der Unternehmen so, dass es keine
dezidierte Abteilung oder Person gibt, die für die Durchführung von UX-Tests verantwortlich ist, oder es eine Person gibt, diese aber kein oder nur ein sehr geringes
Budget dafür zur Verfügung hat. Die Produktentwicklung braucht aber Reflexionen
seitens der Nutzer. Mit welchem Mittel die Reflexion stattfindet, ist erst mal nach-
gelagert. Auf Tests mangels Budget zu verzichten, ist nicht der richtige Weg zur
erfolgreichen Produktentwicklung. Es ist schon in früheren Phasen der Produktentwicklung möglich, Aspekte der Usability zu hinterfragen. Je früher die Nutzer mit
einbezogen werden, desto rechtzeitiger können Probleme identifiziert und korrigiert
werden. Ebenso greift die Aussage nicht, dass noch nicht getestet werden kann, weil
die Objekte noch zu grob und unausgereift sind. Es gibt demnach keinen zu frühen

S. M. Quirmbach, *Suchmaschinen*, X.media.press, DOI 10.1007/978-3-642-20778-5_10
© Springer-Verlag Berlin Heidelberg 2012

Zeitpunkt. Die folgenden Fragen dieses Kapitels dienen dazu, die richtige Methode für die Suchmaschine herauszufiltern unter den Parametern:

- Zeit,
- Geld,
- Testobjekt,
- menschliche Ressourcen.

Als Entscheidungshilfe und zur Vorbereitung des Tests, wann welche Befragungs- und Beobachtungsmethode zur Messung der User Experience oder Usability zum Einsatz kommen soll, dienen diese genannten Faktoren. Erst darauf aufbauend lässt sich die passende Methode wählen. Bei der Vorstellung der einzelnen für die Suchmaschine geeigneten Methoden in Kap. 11 wird auch darauf hingewiesen, welche Maßnahmen intern ohne Budget durchgeführt werden können. Oftmals ist es in der Praxis so, dass schon eine funktionsfähige Suche vorhanden und im Einsatz ist, diese jedoch optimiert werden soll. Dieses Kapitel gibt außerdem eine Hilfestellung für Produktmanager und Agenturen, welche Ansatzpunkte es gibt, um eine bestehende Suche auf die optimale UX zu prüfen und zu optimieren.

10.1   Fragen zur Hilfestellung

1. Was soll gemessen und bewertet werden?
   Ein generelles Verständnis über das Testobjekt und die eigentliche Fragestellung wird hierbei festgelegt:
   - Sollen Meinungen, Stimmungen und das generelle Verständnis der Nutzer abgefragt werden?
   - Sollen Verhaltensweisen, Trends und die funktionalen Begebenheiten des Systems abgefragt werden?
   - Soll es eine qualitative oder quantitative Befragung werden?
   Es ist die Ausgangsbasis des Tests, von der aufbauend die weiteren Fragen geklärt werden.
2. Wie groß muss die Stichprobengröße sein?
   Wie Steve Krug in seinem Zitat trefflich formulierte: Es muss nicht immer eine große Masse an Probanden befragt werden. In der Praxis wird oftmals davon ausgegangen, dass Ergebnisse aus den Tests nur dann valide sind, wenn eine große Masse an Probanden befragt wurde. Das ist so nicht richtig, da die Fallzahl abhängig von der gewählten Methode ist. Viele Probleme werden schon durch einige wenige Probanden identifiziert. Beispiele hierfür sind:
   - Um herauszufinden, ob eine Suche den funktionalen Gegebenheiten entspricht und funktioniert, reicht schon eine sehr kleine Menge an Probanden aus, um die Nutzungsszenarien durchzugehen.
   - Möchte man erfahren, wie mehrere Varianten einer SERP im Vergleich in der Wirkumgebung abschneiden, sind größere Mengen an Daten notwendig, also auch eine größere Anzahl an Probanden (Nutzern).

    – Soziodemografische Angaben und Daten über das Nutzungsverhalten, die durch die Repräsentativität der Stichprobe auf die Grundgesamtheit der Nutzerschaft schließen lassen, verlangen eine große Fallzahl.

3. Wie sollen die Probanden rekrutiert werden?

Im Anschluss zu Frage 2, wie viele Probanden benötigt werden bzw. wie groß die Stichprobe sein muss, erfolgt die Frage danach, wie die Probanden und Teilnehmer akquiriert werden können. Dies ist eine wichtige Frage, denn je nach Methode müssen die Probanden, also die potentielle Nutzergruppe, gezielt mittels Screener gesucht werden. Ein Screener beschreibt die grundlegenden Eigenschaften, nach denen die Probanden ausgesucht werden, wie Alter, Nutzungsverhalten im Internet, Wissensstand etc. und wird immer individuell zum Testobjekt erstellt. Die Suche nach den richtigen Probanden kann unter Umständen auch etwas länger dauern und dementsprechend muss diese Zeit mit eingeplant werden. Die Probanden haben einen wichtigen Einfluss auf die Ergebnisse der Tests. Sie sollten repräsentativ für das Produkt sein. Dabei können sie sowohl Nutzer und Kunden des eigenen Produktes sein als auch Nichtnutzer und Nichtkunden. Gerade im Benchmark mit Mitbewerbern ist letzterer Aspekt ein guter Ideengeber und beantwortet die Frage danach, was die Nutzer an den anderen Produkten bzw. Suchen besser finden.

4. Wie viel Budget steht für den Test zur Verfügung?

Die Höhe des Budgets wirkt sich dahingehend aus, welche Methode verwendet und ob z. B. eine externe Agentur zur Umsetzung und Durchführung eingebunden wird. Ist nur sehr geringes Budget vorhanden, muss geprüft werden, inwieweit Tests auch im Unternehmen durchgeführt werden können. Teilweise werden auch nur Experten für einen Teilaspekt eingebunden, z. B. als neutraler Interviewer für die Dauer der Tests. Abhängig vom Budget ist auch die Anzahl der Probanden. Bei einem Test im Labor sind 20 Probanden teurer als nur 5. Bei einer Onlineumfrage wirkt sich ein Mehr an Probanden weniger aus, da per se viel mehr Nutzer befragt werden und eine kleinere Menge mehr sich nicht auf den Aufwand bei der Auswertung auswirkt. Zumal die anschließende Auswertung des Datenmaterials automatisch bzw. elektronisch erfolgt.

5. Wann müssen die Testergebnisse vorliegen (Zeit)?

Diese Frage wird auch von der Produktentwicklungsmethode vorgegeben. Beispielsweise sind in einer agilen Entwicklungsmethode schnellere Reaktionswege notwendig als bei einer Entwicklung nach einem Wasserfallmodell. Auch kommt es vor, dass innerhalb kürzester Zeit eine wichtige Fragestellung geklärt werden soll, z. B. mittels eines A/B-Tests im Betrieb der Suche. Das schränkt die Auswahl der Methoden ein, da manche von ihnen eine längere Vorbereitungszeit benötigen. Abschließend auch hier wieder die Frage, wer das Datenmaterial auswertet. Händische Mitschriften benötigen viel mehr Zeit zur Auswertung als die automatische Auswertung über eine Software.

6. In welcher Produktentwicklungsphase befindet sich das Testobjekt?

Die Suche durchläuft in der Produktentwicklung verschiedene Phasen, an deren Ende jeweils ein Ergebnis bzw. Objekt steht, das für die Tests verwendet werden kann. Die Phasen teilen sich dabei auf in: Idee, Analyse, Konzeption,

Umsetzung und Betrieb. Sie beschreiben den Fortschritt der Produktentwicklung. Für die Auswahl der Methode ist zu beachten, dass beispielsweise für Designkonzepte andere Evaluationsmethoden verwendet werden als für ein schon fertiges und sich im Betrieb befindendes Produkt.

7. Wie sehen die Datenlage und die vorhandene Systemumgebung aus?
   Diese Fragestellung betrifft funktionale Prototypen und das Testen im Betrieb der Suche. Sollen hierbei Suchfunktionen getestet werden, müssen diese auch zum Zeitpunkt des Tests umgesetzt sein. Sollen neue Inhalte und Darstellungsarten der SERP getestet werden, müssen diese integriert sein. Die Ausfallsicherheit des Systems während der Tests muss außerdem gewährleistet sein und auch, dass während der Tests zumindest die Testvarianten keine Änderungen eingespielt bekommen. Die Systemumgebung darf also währenddessen keine Updates erfahren, da dies die Testergebnisse verzerren könnte.

8. In welcher Form sollen die Testergebnisse vorliegen?
   Die Darstellungsart der Ergebnisse ist abhängig davon, wer die Ergebnisse lesen soll bzw. wer die Empfänger der Ergebnisse sind. Beispielsweise benötigen die Produktmanager eine detailliertere Darstellung der Ergebnisse. Im Gegensatz dazu würden Vorgesetzte als Information eine komprimierte Darstellung der Hauptaussagen und Übersicht der nächsten Schritte bevorzugen. Wichtig hierbei ist, dass alle Empfänger eines Berichtes die dort verwendeten Parameter verstehen. Das heißt, es kann vorkommen, dass die an der Produktentwicklung Beteiligten vorab oder gleichzeitig bezüglich UX geschult werden müssen, damit ein gleichmäßiges Verständnis der Thematik vorliegt.

9. Ist es eine einmalige, regelmäßige oder stetige Fragestellung?
   Auch diese Frage wirkt sich auf die Art der Methode aus. Eine stetige Kontrolle der Werte impliziert, dass langfristig eine Instanz zur Kontrolle der UX integriert ist. Hier müssen im Unternehmen die Zuständigkeiten und damit einhergehend auch Prozesse definiert sein (s. Abschn. 14.1). Wie in der Einleitung des Buches erwähnt, wenn die Zuständigkeiten nicht festgelegt sind, wird sich keiner dafür verantwortlich fühlen. Hier besteht die Gefahr, dass das Thema schleichend aus dem Fokus der Produktentwickler oder des Unternehmens verschwindet.

10. Mit welchen Mitteln sollen die Daten erhoben bzw. gesammelt werden?
    Die Art der Erhebung bestimmt auch die Art und Dauer der Auswertung. Das Auswerten von handschriftlichen Fragebögen bei einem Test in einem Labor ist beispielsweise aufwändiger als das Auswerten von standardisierten Fragebögen einer Onlineumfrage. Es ist also auch die zeitliche Komponente, die hier mit rein spielt, wie viel Zeit zum Sammeln und Auswerten der Daten vorhanden ist und man bei regelmäßigen Messungen künftig aufbringen möchte.

10.2 Zur Art des Anwendungsfalles

Für den Aufbau und zur Auswahl der Testmethode ist zu unterscheiden, welche Art von Anwendungsfall vorliegt.

10.2.1 Use Case

Ein Use Case (Deutsch: Anwendungsfall) ist ein konkreter Handlungsablauf bei der Bedienung einer Anwendung oder Website. Dabei kann der Akteur sowohl ein Nutzer als auch ein maschineller Darsteller sein, wie das System selbst. Denn im Gegensatz zu den Nutzungsszenarien haben die Nutzer bei einem Use Case keinen Charakter. Es wird vielmehr die Einzelfunktionsebene beschrieben, die dann auch im Funktionstest geprüft wird. Ein Use Case ist ein nach einem weitgehend festen Schema verfasster Text (Aufsatz), der durch seine Struktur und seine einfachen Aussagen dazu beiträgt, die Verhaltensweisen eines Softwaresystems unter verschiedenen Bedingungen, im Laufe einer Transaktion oder bei der Bearbeitung von Anfragen darzustellen. Der vollständige Nutzen von Use Cases entfaltet sich nicht unmittelbar im Rahmen ihrer Erstellung, d. h. in der Design- und Analysephase, sondern erst zu einem großen Teil während des Projekts. Es bildet die Basis für die Konzeption der späteren Nutzerführung. Aus den Use Cases können dann in einem iterativen Prozess Prototypen, Seitenelemente und Masken sowie Transaktionen und Prozesse abgeleitet werden.

10.2.2 Nutzungsszenario

Ein Nutzungsszenario ist die prognostizierte Nutzung einer Anwendung durch eine konkrete Person. Es beschreibt die Form eines realistischen Anwendungskontextes, wie ein Benutzer oder die Zielgruppe mit dem System interagieren wird. Deswegen bilden hierfür Personas die Grundlage, da die Motive der Person mit abgebildet werden. Mit Hilfe der Nutzungsszenarien werden im darauf folgenden Schritt Anforderungen an das Produkt abgeleitet und definiert. Szenarien bestehen meist aus mehreren verschiedenen Use Cases und werden insbesondere für Tests benutzt.

10.2.3 Personas

Mit Hilfe von Personas werden Motive, Stimmungen und Vorlieben einer Person abgebildet. Personas stehen somit stellvertretend für die verschiedenen Zielgruppen, aus denen sich die Nutzer einer Website oder Suche zusammensetzen. Sie beschreiben die wichtigsten Nutzergruppen mit ihren jeweiligen Charaktereigenschaften und Verhaltensweisen. Dies wird in Zusammenhang gesetzt mit der Benutzung und dem Umgang mit der Website bzw. der Suche. Dies erleichtert die Darstellung z. B. von Testszenarien zur Qualitätssicherung, weil durch die Personas auf die individuellen Begebenheiten von einzelnen Benutzergruppen flexibel eingegangen werden kann.

10.3 Die Auswahl der Aufgabenstellungen für den Test

Die Aufgabenstellungen der zu bearbeitenden Use Cases und Nutzungsszenarios beeinflussen in der Suche maßgeblich die Testergebnisse. Deswegen sind die Art der Fragestellung und das Ausmaß der Führung durch die Fragestellung durch einen Interviewer oder Leitfaden innerhalb eines Tests in der Suche zu klären (s. Kap. 5). Das heißt: Wird dem Probanden ein konkretes Ergebnis zur Suche vorgegeben oder ein offenes Ziel, bei dem der Proband selbst das für ihn als richtig empfundene Ergebnis finden und auswählen kann? Im Umfeld von Suchen lassen sich zwei Arten von Aufgabenstellungen unterscheiden.

10.3.1 Freie Suche

Hierbei bekommen die Probanden eine Aufgabe zur Suche gestellt, bei der sie Suchanfragen für sich frei formulieren und auch den Weg zur Auswahl des für sie passenden Suchergebnisses frei gestalten können, d. h., sie können beispielsweise auch Kategorien anklicken, um die Ergebnismenge einzuschränken oder die erweiterte Suche verwenden. Der Verlauf der Suche und der Ausgang, inklusive der von Nutzern gefühlte Erfolg einer Suche, sind hierbei offen. Folgenden Fragestellungen dienen als Beispiel:

- Suchen Sie bitte nach *einem günstigen* 3-Sterne-Hotel in der Nähe des Hauptbahnhofes in Hamburg und wählen das Hotel aus, das für Sie am besten ist, und buchen Sie es.
- Sie planen, am Wochenende Ihre Familie zu einem Osteressen einzuladen. Suchen Sie bitte für das anstehende Essen *eine schöne* Osterdekoration für den Tisch und legen Sie die Produkte in den Warenkorb.

10.3.2 Geführte Suche

Hierbei bekommen die Probanden die genaue Suchanfrage vorgegeben, deshalb auch der Verlauf und das Ziel. Der Ausgang ist somit vorbestimmt. Die geführte Suche ist oftmals im Verbund mit nur einem vorgegebenen Ergebnis zur Auswahl. Wie z. B. bei folgenden Fragestellungen:

- Suchen Sie bitte nach *dem aktuellsten* Song von Lady Gaga.
- Suchen Sie bitte nach den Ergebnissen der Bundesliga vom *letzten* Spieltag.

Sowohl bei der geführten als auch bei der freien Suche kann es beispielsweise bei einem Test einer Portal- oder Produktsuche vorkommen, dass Probanden den Einstieg nicht wie gedacht über die Suchfunktion nehmen. Sie wählen stattdessen den Weg:

- über einen Artikel auf der Startseite, da er für sie inhaltlich passt,
- über die Haupt- und Subnavigation in die gesuchten Inhalte, da für sie dieser Weg eindeutiger ist.

Auch hierbei können die Probanden gezielt geführt werden, indem sie darüber informiert werden, dass sie nur die Suche verwenden dürfen und keine anderen Seitenelemente und Wege zur Lösung dieser Aufgabe auswählbar sind.

10.4 Testziele definieren

Bevor der Test starten kann, sind die Ziele zu definieren. Somit muss deutlich sein, was genau im Detail getestet werden soll und welches Ziel dabei verfolgt wird. Festgelegte User-Experience-Ziele helfen dabei, eine nachhaltige Weiterentwicklung der Suche im Sinne der definierten Qualitätskriterien zu garantieren. Einfach darauf loslegen, ohne sich über das Ziel bewusst zu sein, bringt keine validen Resultate.

Ziele können sein:
- Anforderungen der Nutzer,
- Einstellungen der Nutzer,
- funktionale Tests,
- Standpunkte der Nutzer,
- Verhalten der Nutzer.

Bei diesen Fragen werden die User-Experience-Ziele eingesetzt, die vorab definiert worden sind. Dabei sollte nicht nur hinterfragt werden, was Nutzer nicht mögen, was nicht gut ist oder nicht funktioniert. Vielmehr besteht auch die Möglichkeit zu fragen, was gut ist, sie besonders mögen oder ihnen besonders Spaß macht. Diese Aussagen stellen die Besonderheiten der Suche heraus.

10.5 Hypothesen aufstellen

Bevor ein Test gestartet werden kann, müssen die an der Produktentwicklung beteiligten Personen klären, was überhaupt getestet werden soll und warum. Dieser Abschnitt dient hierfür als Einstieg und beschäftigt sich damit, wie überhaupt Hypothesen gefunden und aufgestellt werden können. Die Hypothesengenerierung gestaltet sich insbesondere bei einer schon bestehenden und funktionierenden Suche schwieriger. Oftmals liegt keine Neuentwicklung vor, sondern eine schon bestehende Suche mit Suchfunktionalitäten soll weiterentwickelt und optimiert werden.

Die in den vorherigen Kapiteln besprochenen Grundlagen helfen, hierbei den Einstieg zu finden und Hypothesen aufzubauen, da sie die Grundlagen vermitteln, wo die komplexen Punkte innerhalb der UX liegen und welche Auswirkungen die Komponenten auf die UX haben.

Hypothesen können sein:
- Eine neu entwickelte und vereinfachte Art der Filter und Kategorien innerhalb der SERP ist für die Nutzer verständlicher und einfacher zu bedienen als die aktuelle Variante. Es wird davon ausgegangen, dass die Verwendung der Filter

und Kategorien dadurch ansteigt und insgesamt die Nutzer schneller zu ihren Ergebnissen finden und dadurch zufriedener sind.

- Die Nutzer klicken zunehmend weniger auf die Werbeanzeigen. Wir gehen davon aus, dass es erstens an der Platzierung innerhalb der SERP liegt und zweitens dass die Werbung vom Nutzer als nicht relevant empfunden wird.
- Es stehen zwei Konzepte der SERP am Ende der Designphase in der engeren Auswahl, die sich in den verwendeten Schriftgrößen, Zeilenabständen und Farbkontrasten voneinander unterscheiden. Wobei sich die eine Variante an dem Marktstandard orientiert und vom Corporate Design (CD) in einigen Punkten abweicht und die andere nach dem vorgegebenen CD gestaltet ist. Es wird davon ausgegangen, dass die Variante mit den Abweichungen vom CD zu einer höheren Nutzerakzeptanz der Suche führt.

10.6 Fragen für den Test formulieren

Sind die Hypothesen erstellt und ist die Art der Evaluationsmethode bekannt, kann darauf aufbauend ein Fragenkatalog gebildet werden, der die Hypothesen gezielt bei den Probanden abfragt und der zur gewählten Methode passt. Fragebögen kommen besonders bei Onlineumfragen oder Panelbefragungen zum Einsatz (s. Abschn. 11.6). Auch hier ist es möglich, gezielt Fragen zur Usability und User Experience zu stellen. Jedoch ist es hierbei nicht möglich, den Teilnehmer zu beobachten oder nachzufragen, warum er eine positive oder negative Antwort auf eine Frage gegeben hat. Die Verwendung von Fragebögen ist sehr effizient, da durch diese Methode die Meinungen und Bewertungen der Probanden in einer relativ kurzen Zeit eingebracht werden können. Beispielsweise:

- Kann nach einem UX-Test zur Nachbefragung der Erlebnisse und Erfahrungen im Umgang mit der Suche diese Methode verwendet werden. Dabei werden innere Barrieren bei der Benutzung der Suche aufgedeckt.
- Gibt Hinweise über Vorlieben und auch Ablehnung gegenüber dem vorliegenden Design der Suche.
- Besonders offene Fragebögen zeigen das Verständnis der Probanden über den Suchprozess und die Nutzung von Funktionen. Hierbei können die Teilnehmer oder Probanden ihre eigenen Worte wählen, um ihr Anliegen zu formulieren.

Fragebogenformat

Die Fragebögen können gezielt bestimmte Kriterien über das Testobjekt bei den Probanden abfragen. Dabei können die einzelnen Punkte sowohl als Frage als auch als Aussage formuliert werden. Hierbei gibt es verschiedene Ausprägungen der Fragen und des Fragebogenformates:

- *Offenes Antwortformat:* Hierbei hat der Proband die Freiheit, wie er die Frage für sich selbst am besten beantworten kann. Ein Nachteil bei dem offenen Antwortformat ist, dass sich die Auswertung schwieriger gestaltet als bei dem geschlossenem Antwortformat. Da die Antworten individuell pro Proband sind, ist es zeitaufwändig, gemeinsame Aussagen über alle Probanden zu finden und diese generell zu identifizieren. Bei einem offenen Frageformat gestaltet sich die Auswertung der Antworten etwas zeitintensiv, und dieser Zeitfaktor muss mit eingeplant werden. Beispiele für Fragen:

- Was erwarten Sie von der Suche?
- Was vermuten Sie hinter der Funktion, wenn Sie sie anklicken?
- Was würden Sie an der Suche verbessern?

- *Geschlossenes Antwortformat:* Hierbei ist die Antwortmöglichkeit fest vorgegeben, beispielsweise durch Selektionsfragen (Multiple Choice), oder Zustimmungs- und Ablehnungsfragen (z. B. Entscheidung zwischen Ja oder Nein). Jedoch kann hierbei nicht individuell auf die Probanden eingegangen werden. Es besteht die Gefahr, wichtige Anmerkungen nicht zu erfahren. Bei stark geführten Fragebögen können die individuellen Antworten der Probanden nicht mit aufgenommen werden. Eine Herleitung der Aussagen im Nachhinein wird dadurch erschwert bzw. nicht möglich. Standardisierte Fragebögen können auch an einem PC ausgefüllt werden, somit ist die Auswertung sehr effizient und liegt am Ende der Befragung per Knopfdruck vor. Beispiele:

- Ist es das, was Sie von der Suche erwartet haben?
- Ist es das, was Sie hinter der Funktion vermutet haben?
- Welche Variante der Suchergebnisseite hat Ihnen besser gefallen, Variante A oder B?

Ein weiteres gestalterisches Element für Fragebögen ist die Darstellung der Antworten. Im Zusammenhang der Evaluation der User Experience haben sich vor allem folgende Darstellungen bewährt:

- *Likert-Skala:* Mit der Likert-Skala werden in der Regel vorgegebene Aussagen über das Produkt bewertet, z. B. *Ich fand die Bedienung der Suche schwierig zu verstehen.* Zur Bewertung der Aussage dient dem Probanden eine Skala beispielsweise in der folgenden Form:

- Ich stimme stark zu.
- Ich stimme zu.
- Ich weiß nicht, weder noch.
- Ich lehne es ab.
- Ich lehne es stark ab.

- *Polaritätsprofile:* Durch eine Abfrage von Polaritätsprofilen kann das Testobjekt von den Probanden mittels Zuordnung von Adjektiven in ein Raster von Gegensatzpaaren zugeordnet werden. Diese Adjektive können auf Übereinstimmung der User-Experience-Ziele auch dahingehend kontrolliert werden, wie die Probanden ein Testobjekt einstufen und wie es von dem Produktmanagement angedacht wurde. Dabei kann jede Art von Testobjekt mit Gegensatzpaaren beschrieben werden. Beispiele hierfür sind:

- strukturiert/chaotisch,
- sachlich/emotional,
- chaotisch/übersichtlich,
- modern/traditionell,
- ausführlich/aktuell,
- visionär/realistisch.

- *System Usability Scale (SUS)*(Brooke 1996): Der SUS ist ein Fragebogen, der schon bei kleinen Testgruppen konsistente Ergebnisse liefert. Der Fragebogen besteht dabei aus zehn jeweils leicht abgewandelten Aussagen über die Usability. Dabei sind jeweils fünf positiv und fünf negativ formuliert. Sie werden absichtlich abwechselnd gestellt, sodass die Probanden aktiv lesen und nachvollziehen müssen, ob es sich um eine negierte Frage handelt und dementsprechend die Antwort auswählen (s. Abschn. 15.3). Innerhalb von Fragebögen besteht somit die Möglichkeit, die Aussagen so zu gestalten, dass der Leser dazu angehalten wird, aufmerksam die Fragen durchzulesen und nicht nur schnell über den Fragebogen zu lesen.

Fazit

Eine gute Planung vor dem eigentlichen Test erleichtert nicht nur die Methodenauswahl, sondern auch die Durchführung der Tests.

Eine ausführliche Vorbereitung der Maßnahmen und Definition der User-Experience-Ziele sorgt für eine gute Basis, um die Tests durchführen zu können. Einmal definiert, können diese immer wieder innerhalb der Entwicklung und zur Optimierung der Suche verwendet werden. Dabei sollte nicht vergessen werden, Fragen einzuplanen, bei denen die Probanden für sich beantworten, was sie weniger gut finden und was sie gut finden. Ergänzt durch die Frage danach, was der Nutzen der Suche ist und wobei sie ihnen helfen kann, werden am Ende der Auswertung die Eigenarten und Verwendung der Suche herausgelesen.

Literatur

Bortz J, Döring N (1995) Forschungsmethoden und Evaluation für Human- und Sozialwissenschaftler. Springer, Berlin
Brooke J (1996) SUS – A quick and dirty usability scale, Brooke. In: Jordan B, Thomas B, Weerdmeester B, McClelland A Usability Evaluation in Industry. Taylor & Francis, London
Eberhard-Yom M (2010) Usability als Erfolgsfaktor. Cornelsen, Berlin
Krug S (2010) Rocket Surgery made easy. The do-it yourself guide to finding and fixing usability problems. New Riders, Canada
Krug S (2002) Don't make me think! Web Usability – Das intuitive Web. mitp, Bonn
Richter M, Flückiger M (2010) Usability Engineering Kompakt – Benutzbare Software gezielt entwickeln. Spektrum Akademischer Verlag, Heidelberg

Zusammenfassung

Dieses Kapitel gibt einen Überblick über die in der Suche etablierten Evaluationsmethoden zur Messung der User Experience. Die Methoden liefern wichtige Antworten auf das Nutzerverhalten und wie eine Suche optimiert werden kann. Hierbei wird auch im Rahmen der Produktentwicklung darauf eingegangen, wann welcher Test sinnvoll eingesetzt werden kann und vor allem für welche Fragestellung dieser geeignet ist. Dabei werden die Methoden in ihrem Einsatz begleitend zur Produktentwicklungsphase mit ihren Vor- und Nachteilen besprochen. Ziel dieser Methoden ist es herauszufinden, wie Nutzer in ihrem täglichen Leben Informationen suchen, finden, evaluieren und anwenden. Ein weiterer Aspekt ist, wie Nutzer etwaige Probleme bei der Suche für sich lösen.

> Das Gehirn fragt immer: Was kriege ich dafür, dass ich mich ändere?, und wenn es darauf keine gute Antwort gibt, dann ändern sich Menschen eben nicht. (Gerhard Roth, Hirnforscher)

Das Verhalten von Nutzern zu ändern, gestaltet sich als ein schwieriger Prozess. Einfacher ist es, sich die mentalen Modelle und Verhaltensweisen seiner Zielgruppe zu Nutze zu machen und mit in die Prozesse und das GUI zu integrieren. Denn Nutzer gehen oftmals nicht logisch in ihrer Informationssuche, sondern vielmehr intuitiv vor (White et al. 2009). Das gilt umso mehr für die unterschiedlichen Motivationen zur Suche, die z. B. aus einer spontanen oder situativen Fragestellung heraus entstehen. Dank Googles Websuche steht bei den Nutzern ein einfaches Suchinterface oben auf der Wunschliste. In diesem Abschnitt erfolgt nun die Vorstellung der UX-Methoden, die für die Suche zum Einsatz kommen bzw. sich für die Fragestellungen der Suche besonders gut eignen. Oftmals ist in der Praxis auch der Faktor Budget ausschlaggebend, ob überhaupt Maßnahmen stattfinden können und in welchem Umfang. Deshalb werden in diesem Kapitel auch Wege aufgezeigt, wie die Produktmanager ohne Einsatz von Budget zumindest die grundlegenden Tests selbst gestalten und durchführen können. Diese sind mit den Checklisten in Kap. 15 individuell kombinierbar.

S. M. Quirmbach, *Suchmaschinen*, X.media.press, DOI 10.1007/978-3-642-20778-5_11
© Springer-Verlag Berlin Heidelberg 2012

Im Kontext einer Suchmaschine decken die Methoden auf:

- wie Nutzer generell und speziell suchen,
- welche Funktionen sie verwenden und welche weniger,
- welche Elemente auf der Suchergebnisseite verwendet und wie sie verstanden werden,
- wo es Barrieren bei der Benutzung einer Suchmaschine gibt
- etc.

Wie in Kap. 10 beschrieben, gibt es einen Zusammenhang zwischen den Zielen, der Methode und dem Testobjekt. Der benötigte Zeitaufwand zur Auswertung und zur Darstellung der Ergebnisse sollte dabei nicht unterschätzt werden.

In der Praxis hat sich bewährt, die Suche mit verschiedenen Fragestellungen und Methoden zu untersuchen, um eine 360°-Betrachtung zu erhalten. Das heißt, verschiedene qualitative und quantitative Methoden sollten abwechselnd oder in Kombination miteinander verwendet werden. Eine Methode nur punktuell zu verwenden und dann nicht mehr bzw. keine weitere Maßnahme durchzuführen, erbringt keinen nachhaltigen Erfolg in den gewünschten User-Experience-Zielen. Zu schnell ändern sich sowohl die internen und als auch externen Faktoren des Produktes. Die Methoden helfen nicht nur dabei, ein besseres Verständnis der Nutzer und Kunden zu erlangen, sondern auch die Produktivität der Suchmaschine zu steigern. Der letzte Aspekt wird oftmals nicht richtig bedacht: Zufriedene Nutzer kommen gern wieder, um die Suchmaschine zu verwenden.

11.1 Usability-Test

Beschreibung

Der Usability-Test wird meist in einem Labor durchgeführt und ist eine qualitative Methode zur Messung der Nutzermotivation sowie des generellen und des speziellen Nutzerverhaltens. Wobei je nach Fragestellung die Tests nicht zwingend notwendig in einem speziellen Labor durchgeführt werden müssen. Usability-Tests können auch innerhalb des Unternehmens durchgeführt werden, sofern die Hard- und Software und die dafür benötigten Räume bereitgestellt werden können. Bei dieser Methode werden die vorab definierten Use Cases bzw. Nutzungsszenarien innerhalb der Suche von ausgewählten Probanden in einem Labor vor Ort getestet (s. Abschn. 10.2). Der Auswahl der Probanden kommt hierbei eine wichtige Rolle zu: Die Zielgruppen müssen vorab definiert und gezielt akquiriert werden. Die Probanden erfüllen dabei nach einem Kriterienkatalog bestimmte Vorgaben und Bedingungen, z. B. in Bezug auf ihre Interneterfahrung, die Nutzung bestimmter Suchen oder ihrer Interessen. In den Usability-Tests bearbeiten die Probanden die für die Suche definierten Nutzungsszenarien. Dabei werden die Probanden durch einen Interviewer begleitet, der sie durch die Aufgaben führt.

Gleichzeitig kann bei dem Usability-Test die Methode des Think Alouds eingesetzt werden. Dabei werden die Probanden gebeten, ihre Probleme bei der Bedienung der Website verbal zu kommentieren, damit die hinter den Aktionen liegenden Motivationen deutlich werden (s. Abschn. 11.3). Im Anschluss an eine konkrete

Produktnutzung können Aspekte wie Benutzerfreundlichkeit, Attraktivität und Nützlichkeit im unmittelbaren Erlebniszusammenhang tiefer untersucht werden. Dies erfolgt mittels Nachbefragung durch ein Tiefeninterview oder Fragebögen (s. Abschn. 11.3). Nebenbei kann zusätzlich eine Videoaufzeichnung der Probanden, deren Kommentare sowie des Bildschirms des Computers erfolgen. Weiterhin ist die Einbindung einer Blickverlaufsmessung (s. Abschn. 11.4) möglich. Das bedingt, dass das Labor für den Test mit den technischen Möglichkeiten ausgestattet ist. Ist zugleich ein separater Beobachtungsraum vorhanden, können mehrere Beobachter die Tests mit ansehen. Für Produktentwickler stellt dies eine gute Möglichkeit dar, ihre Kunden bei der Nutzung ihrer Produkte direkt, aber anonym kennenzulernen. Bei einem Usability-Test werden somit meist mehrere Methoden in Kombination angewendet. Ein Test im Labor kann generell in allen Phasen der Produktentwicklung durchgeführt werden (Eberhard-Yom 2010, Richter et al. 2010).

Vorteile

- Es können mehrere Testmethoden gleichzeitig bei einem Testdurchgang angewendet werden.
- Sowohl die Durchführung von qualitativen als auch von quantitativen Tests ist möglich.
- Usability-Tests bieten eine ganzheitliche, qualitative Erfassung von Erfahrungen und ein direktes bzw. ungefiltertes Nutzerfeedback zu Abläufen, Tätigkeiten und Aufgaben.
- Sie zeigen das Verständnis sowohl bei bestehenden Kunden als auch bei den Nichtkunden auf.
- Finden die Tests in einem Labor mit separatem Beobachtungsraum statt, können sich die Produktentwickler dabei einen sehr guten Überblick über die Benutzung Ihres Produktes verschaffen. Die Produktmanager können sich währenddessen über ihre Beobachtungen untereinander in Ruhe austauschen, ohne dass dies die Probanden mitbekommen.
- Es liegt ein hohes Individualisierungsniveau bei den Aussagen der Probanden vor.

Nachteile

- Die Vorbereitung und Durchführung von Usability-Tests gestalten sich meist als sehr zeitintensiv.
- Die Dokumentation, Auswertung und Interpretation der Ergebnisse erfordern eine hohe Sorgfalt.
- Meist muss speziell ein Labor angemietet werden, das die räumlichen und technischen Gegebenheiten zur Durchführung der Tests bietet. Dadurch erhöhen sich die Kosten für den Test.
- Die Durchführung ist örtlich abhängig. Das heißt, die Probanden sowie die Produktverantwortlichen müssen zum Labor hinkommen. Es entstehen für beide Parteien Fahrtkosten, und die Anfahrtszeit ist mit einzukalkulieren.

- Meist kann bei dieser Methode nur eine kleinere Stichprobe genommen werden, da die Durchführung im Vergleich zu anderen Methoden teuer und die Durchführung zeitintensiv ist.
- Ist entschieden worden, den Test durch eine externe Agentur durchführen zu lassen, erhöhen sich die Kosten zusätzlich.
- Die Beeinflussung der Probanden durch die künstliche Laborsituation muss mit berücksichtigt werden. Sie sind sich dessen bewusst und agieren mit dem Wissen, dass sie bei ihrem Handeln beobachtet werden. Dies kann ihr natürliches Verhalten dahingehend verändern, dass sie in ihren Aussagen beeinflusst werden.

Usability-Tests sind für folgende Fragestellungen innerhalb der Suche einsetzbar:

- Als Vergleich unterschiedlicher Suchmaschinen von Wettbewerbern bezüglich Zufriedenheit der Nutzer mit den Ergebnissen. Hierzu sollten die Probanden jeweils die gleichen Suchanfragen durchführen und den Vorgang bei den verwendeten Suchmaschinen bewerten.
- Ein definiertes Szenario im Detail hinterfragen, z. B. in einer Nachrichtensuche einen bestimmten Inhalt auffinden und das Ergebnis zu einem Freund weiterleiten.
- Funktionale Prototypen eines Suchinterfaces auf Erfolg und Verständnis hinterfragen, z. B. bei umfangreichen Filterfunktionen der Ergebnisse, ob die angedachten UX-Kriterien erreicht werden und wo sich Schwachstellen befinden.
- Zur Überprüfung von optimierten oder neuen Nutzungsszenarien in der Suche gegenüber der aktuellen Version. Auch gern verwendet beim Vergleich von Nutzungsszenarien zwischen Wettbewerbern mit der eigenen Suche.
- Zur Abfrage der Vorlieben der Probanden zur Gestaltung und zum Aufbau der Suchergebnisseite, z. B. die optimale Größe von Produktbildern oder die Übersichtlichkeit der SERP.
- Einblick in das Verständnis der Probanden über die Funktionalitäten der Suche bekommen und zugleich in deren Nutzungsvorlieben im Umgang mit den Funktionalitäten.
- Verständnis über die Benennung von Elementen, wie Buttons oder Funktionen.
- Verdeutlicht den Umgang der Probanden mit mobilen Endgeräten.

11.2 Tiefeninterview

Beschreibung

Das Interview ist eine qualitative Methode, da eine persönliche Befragung des Probanden erfolgt. Die einzelnen Punkte des Interviewleitfadens werden mit dem Probanden mittels eines Interviewers durchgegangen, der die Fragen stellt. Neben der offenen, ungestützten Exploration können hierbei auch konkrete Aspekte erfasst werden. Es gibt standardisierte Interviews, bei denen die Durchführung der Befragung und die Fragestellungen sehr genau vorgegeben werden. Bei diesen Interviews sollten jedoch die Bedingungen für alle Probanden immer gleich sein. Das heißt, es sollten immer die gleichen Fragen gestellt werden, der Ablauf sollte möglichst einheitlich und auch der Interviewer sollte immer die gleiche Person sein. Dadurch werden Abweichungen vermieden, welche die Aussagen insgesamt verzerren könnten. Generell kann ein Tiefeninterview, wie der Usability-Test, zu allen Phasen der Produktentwicklung eingesetzt werden. Besonders in der frühen Produktentwicklungsphase liefern Tiefeninterviews wertvolle Hinweise auf Nutzerbedürfnisse und -einstellungen. Die Methode ist ebenso als Ergänzung zum Nutzertest bei ersten Entwürfen von Mockups bzw. Prototypen anwendbar. Wie der Usability-Test muss auch diese Methode nicht zwingend notwendig in einem Labor stattfinden (Eberhard-Yom 2010, Richter et al. 2010).

Vorteile
- Die nichtstandardisierten Interviews ermöglichen es dem Interviewer, eine freie Formulierung und eine eigene Reihenfolge während der Befragung zu wählen. Hierbei besteht die Option, direkt und flexibel auf die Situation einzugehen und bei den Probanden genauer nachzufragen, um mögliche Unklarheiten bei Aussagen oder Nutzungsaspekten zu erfahren.
- Beim qualitativen Interview begleitend zum Usability-Test liegt ein sehr hohes Individualisierungsniveau der Aussagen der Probanden vor.
- Ein Tiefeninterview ist immer dann angebracht, wenn nur wenige Personen befragt werden sollen.
- Es ist eine kostengünstige Befragungsmethode und kann mit anderen Methoden kombiniert werden.

Nachteile
- Die Auswertung der Interviews ist in der Regel sehr zeitintensiv.
- Die Aussagen sind nur dann gut vergleichbar, wenn ein hoher Standardisierungsgrad sowohl bei den Fragen als auch bei den vorgegebenen Antwortmöglichkeiten besteht.
- Wie bei einem Usability-Test muss auch hier die Beeinflussung der Probanden durch die künstliche Laborsituation mit bedacht werden.
- Die Probanden können zudem in ihrer Aussage und ihrem Verhalten durch den Interviewer beeinflusst werden.

Tiefeninterviews sind für folgende Fragestellungen innerhalb der Suche einsetzbar:
- Probanden können funktionale Prototypen testen und bewerten.
- Kann sowohl bei bestehenden als auch bei neuen Nutzungskonzepten und Funktionen in der Suche eingesetzt werden.
- Detailliertes Hintergrundwissen von Probanden über das Verständnis des Suchprozesses kann erfragt werden.
- Durch ein Interview können Einstellungen der Probanden zum Design oder Branding einer Suche detailliert erfragt werden, wie z. B. Abneigungen oder Vorlieben.

- Bei einem Benchmark zwischen Wettbewerbern einsetzbar. Somit werden die Vorlieben und Gedanken der Probanden über die verschiedenen Suchmaschinen offensichtlich.
- Kann während und nach einem Nutzungsszenario zur Suche durchgeführt werden. Je nachdem, welcher Ansatz gewählt wird.
- Um Aussagen über ein Designkonzept zur Suche zu bekommen, z. B. ob für die Nutzer alle wichtigen Funktionen zur Suche vorhanden und verständlich sind oder ob die SERP übersichtlich strukturiert ist.

11.3 Think Aloud

Beschreibung

Think Aloud, auf Deutsch die Methode des lauten Denkens, wird sehr gern begleitend zu einem Usability-Test verwendet und gehört somit zu den qualitativen Methoden. Hierbei werden die Probanden aufgefordert, nicht nur ihre Gedanken während des Nutzungsszenarios laut dem Interviewer mitzuteilen, sondern auch ihre Emotionen bei der Benutzung der Website zu äußern. Emotionen können hierbei z. B. sein:

- Abneigung,
- Enttäuschung,
- Freude,
- Überraschung,
- Unverständnis,
- Zufriedenheit.

Die Aussagen und Emotionen notiert der Interviewer schon während der Tests, und sie werden am Ende der Tests mit ausgewertet. Meist gibt es zur Entlastung des Interviewers noch eine weitere Person, welche die Kommentare und Anmerkungen der Probanden mit notiert. Der Hauptnutzen der Think-Aloud-Methode ist, ein besseres Verständnis über die Gedanken- und Gefühlswelt der Probanden zu bekommen. Da die Methode meist in Kombination mit qualitativen Methoden wie z. B. dem Usability-Test erfolgt, kann sie auch in allen Phasen der Produktentwicklung unterstützend zu den Nutzungsszenarien eingesetzt werden. Auch hierbei muss zur Durchführung nicht zwingend notwendig ein Labor angemietet werden. Neuere Ansätze des Think Aloud empfehlen, diesen nicht während der Tests zu praktizieren, sondern die Probanden dazu anzuhalten, erst nach der Nutzung ihre Erlebnisse und Meinungen zu erzählen. Dadurch soll vermieden werden, dass die Probanden durch die empfundene Pflicht, ihre Erlebnisse auch gleichzeitig zu erzählen, in ihrem Verhalten beeinträchtigt oder zu stark abgelenkt werden (Retrosepective Think Aloud bzw. auf Deutsch retrospektives lautes Denken).

Vorteile

- Es wird offensichtlich, wie die Nutzer mit dem Produkt umgehen und welche Überlegungen sie während der Benutzung anstellen.

- Liefert ein besseres Verständnis über die von den Nutzern gebrauchte Terminologie.
- Es wird sofort klar, an welchen Stellen ein Proband das in einer Website verfolgte Konzept falsch interpretiert und warum diese Fehlinterpretation aufgetreten ist.
- Durch das laute Denken formulieren die Probanden mit ihren eigenen Worten die Unklarheiten und das, was sie gut oder nicht gut finden.

Nachteile

- Das händische Mitprotokollieren und Notieren der Aussagen ist aufwändig. Unterstützung hierbei könnte ein Aufnahmegerät geben.
- Erfordert zur Qualitätssicherung des Gesagten meist eine weitere Person, um den Interviewer zu entlasten. Da der Interviewer sonst auch alles mitschreiben müsste, was wiederum zur Beeinträchtigung des Probanden führen könnte.
- Mitschriften der Tests müssen alle händisch ausgewertet werden. Dies kann sich je nach Anzahl der Probanden und Umfang der Mitschriften als sehr zeitintensiv gestalten.
- Es kann vorkommen, dass die Probanden fälschlicherweise glauben, bestimmte Erwartungen erfüllen zu müssen, z. B. die des Interviewers. Dies kann dazu führen, dass durch das Problem der sozialen Erwünschtheit deren Äußerungen und Verhaltensweise nicht nur leicht verzerrt, sondern sogar komplett verfälscht werden.
- Für einige Probanden wird die Methode, jeden ihrer Schritte verbal zu beschreiben, als ungewohnt und verwirrend empfunden. Sie haben dadurch Schwierigkeiten bei der Artikulation und Formulierung ihrer Gedanken.

Think Aloud ist für folgende Fragestellungen innerhalb der Suche einsetzbar:

- Um Einblicke in das Suchverhalten der Nutzer zu bekommen, beispielsweise wie der Proband seine Suchanfrage formuliert und unter welchen Gesichtspunkten er die Ergebnisse einschränkt.
- Liefert Einsichten über die von den Nutzern empfundene Qualität der Suchergebnisse und warum diese mit den Ergebnissen zufrieden oder nicht zufrieden sind.
- Zeigt die Erwartungshaltung der Probanden gegenüber den getesteten Funktionen und Optionen, die eine Suche anbietet.
- Es können Rückmeldungen über Abneigungen oder Vorlieben zu der Marke und dem Logo einer Suchmaschine eingeholt werden.
- Es können gezielt die Vorstellungen und Erwartungen der Probanden abgefragt werden, wie sie einen Prozess in der Suche darstellen würden, z. B. wie die Null-Treffer-Anzeige idealerweise aussehen soll und welche Informationen sie dabei erwarten.

11.4 Eyetracking

Beschreibung

Die Methode des Eyetracking (Deutsch: Blickbewegungsmessung) wird dazu verwendet, um die Blickbewegungen der Probanden zu erfassen und aufzuzeichnen. Dadurch wird die Auswertung von Reihenfolge, Intensität und Schnelligkeit, mit denen die Probanden die Elemente einer Site während eines Usability-Tests betrachten, möglich. Aus diesen Daten lassen sich objektive Rückschlüsse ziehen über weitestgehend unbewusste Wahrnehmungs-, Aufmerksamkeits- und Informationsverarbeitungsprozesse. Die Methode ist somit eine qualitative Maßnahme, die mit weiteren Beobachtungs- und Befragungsdaten unterstützend kombiniert werden muss (Duchowsksi 2007). Erst in der Kombination wird die Interpretation des Nutzerverhaltens möglich und es können Hinweise auf inhaltliche und gestalterische Optimierungsansätze gezogen werden. Das heißt, die gewonnen Daten aus einem Eyetracking können niemals für sich allein stehen. Zur Validierung der Aussagen müssen stets weitere Methoden mit herangezogen werden, wie z. B. eine Nachbefragung. Durch eine qualitative Nachbefragung werden eine umfassendere Interpretation der Blickverläufe und das jeweilige Nutzungsverhalten gemeinsam mit den Probanden reflektiert und zusätzlich mit den Beobachtungsdaten abgeglichen (s. Abschn. 5.2 und 5.6). Befindet sich die Suche schon im Betrieb, sollte ein Abgleich mit den Daten aus Webanalytics erfolgen, um herauszufinden, wie sich das Nutzerverhalten in der Realität darstellt. Hierbei gibt es folgende Verhaltensweisen in Kombination mit den Eyetrackingdaten herauszufiltern:

- Ein Element wird angeklickt und auch beim Eyetracking betrachtet.
- Ein Element wird nicht angeklickt, aber beim Eyetracking betrachtet.
- Ein Element wird nicht angeklickt und beim Eyetracking nicht betrachtet.

Es kann dann bei einer Befragung der Probanden individuell auf diesen Aspekt eingegangen werden. Wurde ein Element nicht geklickt und zudem innerhalb des Eyetracking nicht angesehen, kann hierbei gefragt werden, warum die Probanden dieses Element nicht betrachten. Gründe können beispielsweise sein, dass das Element für die Nutzer nicht interessant ist oder im Gegensatz zu den anderen Elementen der Site zu unauffällig ist, sodass es übersehen wird.

Vorteile

- Die Methode wird im Rahmen von Usability-Tests im Labor eingesetzt. Erfolgt zu den Tests schon eine Audio- und Videoaufzeichnung, ist die zusätzliche Aufnahme der Blickbewegungen meist nicht wesentlich teurer.
- Liefert tiefere Kenntnisse darüber, wie Nutzer beispielsweise die Website lesen. Das heißt, wo genau sie auf der Website zuerst hinsehen, wo sie aussteigen.
- Die Ergebnisse zeigen, an welchen Stellen auf der Website sich Blickbarrieren befinden, über die die Nutzer nicht hinaussehen und dadurch ein Explorieren der restlichen Inhalte nicht stattfindet.
- Ist hilfreich dabei, um eine Site auf die Leserlichkeit (Engl.: Scanability) und den Lesefluss zu überprüfen.

- Blickverläufe zeigen auf, ob Elemente innerhalb einer Site an der von den Nutzern erwarteten Position stehen und gesehen werden, z. B. das Log-in.
- Bei Konzept- und Designtests werden die Blickverläufe mit zur Auswertung herangezogen, um die Wirkung von alternativen Konzepten der Website zu testen.
- Zeigt durch die Auswertung der Blickintensität auf, wie lange bestimmte Seitenelemente angesehen werden. Je länger die Blickdauer, desto interessanter ist der Bereich für die Probanden bzw. es kann auch sein, dass dieser Bereich nicht sofort inhaltlich oder funktional verstanden wird. Um die Gründe für die längere Blickintensität herauszufinden, müsste eine Nachbefragung von dem Interviewer erfolgen.

Nachteile
- Die Durchführung der Methode ist aufwändig, da hierfür ein spezielles Gerät zur Aufzeichnung und Auswertung der Blickbewegung vorhanden sein muss.
- Auch gehört diese Methode zu den kostenintensiven Methoden, da hierbei eine spezielle Hard- und Software zur Verfügung stehen müssen, die je nach Hersteller im Erwerb teuer sein können. Für das Ausleihen der Hard- und Software fallen auch Gebühren an.
- Die Probanden werden bei der Aufzeichnung gezwungen, in einer bestimmten Position nahe dem Aufzeichnungsgerät zu bleiben. Das ist nötig, damit das Gerät den Blickkontakt zu den Probanden nicht verliert und durchgängig aufgezeichnet werden kann. Dadurch neigen manche Probanden dazu, eine etwas verkrampfte und für sie nicht natürliche Haltung einzunehmen, die sie in ihrem Verhalten etwas beeinträchtigen kann.
- Die Methode ist ergänzend zu weiteren Maßnahmen zu sehen. Dabei können die Ergebnisse niemals für sich alleine stehen. Warum die Probanden ein bestimmtes Element auf den Sites angesehen oder auch nicht angesehen haben, wird durch diese Methode allein nicht schlüssig.
- Die Auswertung des umfangreichen Datenmaterials aus Eyetracking ist zeitaufwändig, da diese Methode in Kombination mit Video- und Tonaufzeichnung erfolgt. Die einzelnen Aussagen müssen mit den Daten verknüpft und richtig interpretiert werden.

Eyetracking ist für folgende Fragestellungen innerhalb der Suche einsetzbar:
- Zur Überprüfung der Scanability der Suchergebnisseiten, d. h., die Aufnahmen zeigen die Blickbarrieren der Nutzer innerhalb der unterschiedlichen Ergebnisseiten auf, die den Lesefluss stören würden.
- Zur Überprüfung der Sichtbarkeit der einzelnen Elemente innerhalb der Ergebnisseite, wie Werbung.
- Durch Eyetracking werden die mehr oder weniger interessanten Bereiche der SERP für die Nutzer aufgezeigt.
- Die Methode eignet sich auch für einen Vergleich zwischen den Ergebnisseiten verschiedener Wettbewerber, bei denen die Blickverläufe zu gleichen Suchwörtern verglichen werden. Hierbei kann durch ein begleitendes Interview herausgefunden werden, warum sich die Ergebnisseite des Mitbewerbers eventuell

einfacher für den Nutzer erfassen lässt bzw. bei den Nutzern in der Bewertung besser abschneidet.

11.5 Heuristische Evaluation

Beschreibung

Bei einer heuristischen Evaluation wird das Testobjekt von einem oder mehreren User-Experience-Experten nach den vorgegebenen Fragestellungen und allgemein bekannten Heuristiken unabhängig voneinander untersucht und abschließend bewertet. Sie ist somit den qualitativen Methoden zuzuordnen. User-Experience-Experte meint hierbei eine Person, die in der Lage ist, das Testobjekt gemäß den ISO-Normen zu hinterfragen und aus der Sicht der Nutzer heraus das Testobjekt zu evaluieren und zu bewerten. Oftmals wird in der Produktentwicklung aus Gründen der Budget- oder Zeitknappheit heraus ein Produktmanager oder Projektteilnehmer damit beauftragt, die Rolle des Experten zu übernehmen und das Testobjekt aus Sicht der Nutzer zu bewerten (Bortz und Döring 1995). Dies gelingt nur, wenn diese Person in der Lage ist, bewusst die Produktsicht und die Unternehmenssicht auszublenden, um unbelastet aus diesem Ansatz heraus das Produkt neutral zu prüfen. Die Gefahr ist hierbei sehr groß, dass sofort in Lösungen gedacht wird, ohne das grundlegende Problem vollständig in seinem Umfang und seiner Bedeutung erfasst und verstanden zu haben. Weil diese Methode zeit- und kosteneffizient ist, eignet sie sich insbesondere bei einer reinen Evaluation der Usability, sprich zur Überprüfung der Gebrauchstauglichkeit nach festgelegten, bekannten Kriterien.

Vorteile
- Die Methode kann intern im Unternehmen durch geführt werden, ohne eine Agentur zu beauftragen.
- Sie ist kostengünstig, da keine Probanden dazu benötigt werden und auch kein spezielles Labor angemietet werden muss.
- Sie kann sehr kurzfristig und auch innerhalb kürzester Zeit durchgeführt werden. Somit fallen zeitaufwändige Zwischenschritte weg, wie z. B. das Briefen der Agentur.
- Die Methode kann zu jeder Phase innerhalb der Produktentwicklung durchgeführt werden.

Nachteile
- Sie ist nicht für alle Fragestellungen geeignet und kann einen Test mit Probanden langfristig nicht ersetzen.
- Es liegt keine Bewertung des Testobjektes auf Basis realer Nutzer vor.
- Die Bewertung erfolgt nicht auf Basis von echten Benutzungserfahrungen.

Heuristische Evaluation ist für folgende Fragestellungen innerhalb der Suche einsetzbar:
- Identifiziert Usability-Probleme innerhalb der Nutzung der Suche, bei Prozessen sowie innerhalb von Funktionen und von Kategorien.
- Zeigt auf, ob die Prozesse, die verwendete Terminologie und das Verhalten von Funktionen in der Suche konsistent sind.
- Es kann herausgefunden werden, ob es innerhalb des Suchprozesses zu einem Abbruch seitens der Nutzer kommen würde und wodurch der Abbruch provoziert wurde.

11.6 Onlinebefragungen

Befragungen können in verschiedenen Formaten und unterschiedlichen Ausprägungen vorliegen: Als Panelumfragen, als Onsitebefragung und als Onsitefeedback. Hierbei ist es wichtig, sich die Formate genau zu überlegen (s. Abschn. 10.6). Befragungen sind eine sehr effiziente Methode, um schnell eine große Menge an Nutzermeinungen und -stimmungen zu bekommen, und gehören deshalb zu den quantitativen Methoden. Ein weiterer Vorteil dieser Methoden ist, dass die Befragung durch die Fragebögen bei Probanden häufig als anonymer angesehen wird als die Befragung durch den Interviewer. Sie fühlen sich dadurch weniger beeinflusst und antworten deswegen freier und offener (soziale Erwünschtheit).

Der wichtigste Punkt bei der Durchführung von Onlinebefragungen ist, den Fragebogen so zu gestalten, dass er die Teilnehmer zum einen nicht überfordert und zum anderen valide Ergebnisse liefert (s. Abschn. 10.6). Bei der Onlinebefragung können verschiedene gestalterische Elemente eingesetzt werden, wie z. B.:
- Filterführung bei Fragen, z. B. der Teilnehmer sieht die Frage 2 nur, wenn er die Frage 1 mit Ja beantwortet hat.
- Effekte wie Rotation von Fragenblöcken oder Randomisierung einfügen, um Reihenstellungseffekte zu vermeiden.
- Anzeigen einer Meldung zur Ausfüllkontrolle der Fragen und Rückmeldung an den Teilnehmer, wenn z. B. bei einer Frage nicht alle Punkte ausgefüllt wurden.
- Reihenfolge der Bewertungskriterien ändern, z. B. die Werte abwechselnd absteigend und aufsteigend anzeigen. Somit ist gewährleistet, dass der Teilnehmer die Antwortmöglichkeiten immer aktiv mitliest.

11.6.1 Panelumfragen

Beschreibung

Ein Panel ist eine quantitative Methode, bei der im Gegensatz zur Onlineumfrage die Teilnehmergruppe aus einem passiv rekrutierten Adresspool befragt wird. Hierbei registrieren sich Internetnutzer bei dem Panelbetreiber und nehmen dann über eine Einladung an der Umfrage teil. Das heißt, die Einladung zur Umfrage erfolgt hierbei im Gegensatz zur Onlineumfrage nicht direkt auf einer Website, sondern die

Einladung geht z. B. per E-Mail an die Teilnehmer. Da die Panelisten meist initial einen Fragebogen zur Soziodemografie, ihren Vorlieben, ihrem Nutzungsverhalten und ihren Einstellungen ausfüllen, können hierbei ganz gezielt bestimmte Nutzergruppen akquiriert werden. Es gibt spezielle Panelanbieter, welche die Pflege des Panels übernehmen, die Teilnehmer akquirieren und auch incentivieren. Ein eigenes Panel aufzubauen und am Leben zu halten, gestaltet sich in der Umsetzung auf Dauer teurer, als für diese Zwecke den Auftrag an einen Panelanbieter zu geben.

Vorteile

Neben den genannten Vorteilen der Onlineumfrage (s. Abschn. 11.6.2), die auch für ein Panel gelten, kommen dazu:

- Mit dieser Methode können auch schwer erreichbare Zielgruppen befragt werden. Es ist somit auch möglich, Teilnehmer zu bekommen, die beispielsweise das Produkt nicht verwenden oder noch nicht kennen.
- Eignet sich besonders für ein Benchmark mit Mitbewerbern, da hierüber gezielt die Nutzer der Mitbewerber befragt werden können, wie das eigene Produkt im Vergleich von den Nutzern wahrgenommen wird.

Nachteile

Neben den genannten Nachteilen der Onlineumfrage (s. Abschn. 11.6.2), die auch für ein Panel gelten, kommen dazu:

- Das Panel muss gepflegt werden, d. h., die Nutzerprofile müssen aktuell sein und Nachfassaktionen müssen regelmäßig erfolgen. Die Pflege des Panels gestaltet sich in der Regel als sehr zeitaufwändig.
- Die Panelisten müssen regelmäßig incentiviert werden, damit sie aktiv bleiben und sich regelmäßig und gern an den Befragungen beteiligen. Das gestaltet sich als kostenaufwändig.

Beispielsweise für folgende Fragestellungen innerhalb der Suche einsetzbar:

- Um festzustellen, wie die User Experience der Suche im Vergleich zu den Mitbewerbern von den Teilnehmern wahrgenommen wird.
- Um allgemeine Daten und Aussagen über das Nutzungsverhalten der Teilnehmer zu bekommen, die nicht das Produkt benutzen.
- Zu Generierung neuer Ideen für die Produktausgestaltung der eigenen Suche.
- Wie neue Ideen von den Teilnehmern, die weniger die eigene Suche verwenden, wahrgenommen und eingeschätzt werden.

11.6.2 Onsiteumfragen

Beschreibung

Die Onsiteumfragen werden gern zur schnellen und umfangreichen Nutzerbefragung eingesetzt, da mit dieser Methode innerhalb kürzester Zeit große Stichproben genommen werden können. Deshalb gehören sie zu den quantitativen Methoden. Dabei kann die Zielgruppe vorab durch spezielle Filterfragen ausgewählt werden, die gleich zu Beginn der Umfrage gestellt werden. Die Einladung zur Umfrage kann beispielsweise per E-Mail, postalisch oder per Telefon erfolgen. Ist eine breite Streuung gefragt oder soll nur eine spezielle Gruppe von Personen befragt werden, wird eine Einladung meist in Form von Pop-ups oder Layern direkt auf der Site eingebunden, an der die Umfrage starten soll. Somit treffen die Teilnehmer meist beim Surfen zufällig auf die Aufforderung zur Teilnahme an der Umfrage und entscheiden dann selbst, ob sie daran teilnehmen möchten. Generell ist darauf zu achten, dass der Dauer zur Beantwortung des Fragebogens ein maximaler zeitlicher Rahmen vorgegeben wird, um die Abbruchraten gering zu halten. Das heißt, bei sehr langen Fragebögen im Sinne von zeitlich aufwändig für den Teilnehmer ist die Gefahr groß, sehr hohe Abbruchraten zu bekommen. Dies erhöht die Dauer, bis die mindestens geforderte Ausfüllrate der Fragebögen vorliegt.

Bei Onlineumfragen werden hauptsächlich bestehende Nutzer bzw. Kunden befragt, denn es ist schwer, mit dieser Methode Nutzer zu befragen, die nicht auf der Website sind. Dadurch lässt sich allerdings auch der Grund, warum diese Nutzer nicht auf der Site sind, nicht feststellen bzw. nur schwer aus den Aussagen der Nutzer ableiten.

Vorteile
- Sie ist eine kostengünstige Methode, um ein Nutzerfeedback zu bekommen.
- Onlineumfragen lassen sich schneller realisieren als ein umfangreicher Usability-Test im Labor.
- Das gewonnene Datenmaterial liegt elektronisch vor. Sie ist deshalb bei der Auswertung und Aufbereitung sehr zeitsparend, auch wenn es sich um große Daten mengen handelt.
- Die Teilnehmer bestimmen selbst, ob sie an der Umfrage teilnehmen möchten und sie können zudem jederzeit die Umfrage abbrechen.
- Die Einladungspunkte sind vielseitig und die Teilnehmer können durch intelligente Filterfragen gezielt ausgewählt werden, z. B. ein bestimmtes Alter, Geschlecht oder mit speziellen Interessen.
- Befragungen können auch für mobile Endgeräte gestaltet werden für jene Nutzer, die weniger über die PC-Nutzung erreicht werden können oder um spezielle Themen zur mobilen Nutzung oder einer Applikation abzufragen.

Nachteile
- Die Repräsentativität der gewonnenen Stichproben wird regelmäßig angezweifelt, da es vorkommen kann, dass nicht die gewünschten Zielgruppen teilgenommen haben.
- Durch einen zu hohen Anteil von Interviewabbrechern kann hierdurch die Ausschöpfung der Stichprobe weiterhin sinken, wodurch wiederum die Repräsentativität der Ergebnisse leidet.
- Es werden häufig finanzielle Anreize geschaffen, damit die Teilnehmer den Fragebogen komplett ausfüllen. Dies ist meist zeitaufwändig in der Organisation und Umsetzung. Zudem wird hierfür ein Budget benötigt.

- Die Gestaltung des Fragebogens hat einen Einfluss auf die Abbrecherquoten, z. B. bei zu langer Dauer oder kompliziert und umfangreich gestalteten Fragen.
- Es wird eine spezielle Software benötigt, in der die Onlineumfrage erstellt und ausgeliefert werden kann.

Onsiteumfragen sind für folgende Fragestellungen innerhalb der Suche einsetzbar:
- Dient zur Abfrage der allgemeinen Zufriedenheit und Stimmung der Nutzer mit der Suchmaschine.
- Zeigt die Nutzungsmotivation und Nutzungsgründe auf.
- Um Verbesserungsvorschläge der Nutzer für die Suche zu bekommen.
- Sie werden gern nach einem größeren Redesign und umfangreichen Funktionserweiterungen der Suche durchgeführt, um direkte Rückmeldungen der Nutzer aus einem Suchprozess zu erhalten.
- Einschätzung über die empfundene Qualität der Treffer.
- Abfrage von Eigenschaften der Suchmaschine dahingehend, wie schnell, zuverlässig oder intuitiv diese von den Nutzern empfunden wird.
- Zur Abfrage der Nutzung gegenüber den Wettbewerbern.
- Es kann herausgefunden werden, welche Terminologie für Elemente oder von Produkten von den Teilnehmern als am besten bewertet werden.
- Zeigt die Nutzungsgründe der Suche auf.

11.6.3 Onsitefeedback

Beschreibung

Als ein neueres Format für quantitatives Feedback von Nutzern einer Site hat sich die Integration eines Feedback-Buttons innerhalb der Sites etabliert. Hier besteht die Möglichkeit, gezielt Fragestellungen einzublenden, die die Nutzer bei Interesse beantworten können.[1] Diese Mikroumfragen sind insbesondere auch im mobilen Umfeld anzutreffen. Im Gegensatz zu der Onlineumfrage werden hierbei nur ein bis drei kurze Fragen vorgegeben, meist mit vorgegebenen Antworten zum Auswählen und mit der Möglichkeit einer freien Texteingabe, wenn Nutzer ergänzend zur gestellten Frage noch eine individuelle Rückmeldung schreiben möchten. Da hierbei ganz gezielt nur auf die Aspekte der jeweiligen Website oder Funktion eingegangen werden kann, ist es zudem auch eine qualitative Analyse. Es ist eine Kombination der qualitativen Aussagen mit den quantitativen Fallzahlen, um eine Gewichtung und Priorisierung der Aussagen bei den Nutzern abzuleiten.

Vorteile
- Die Befragung können alle Nutzer der Website sehen.
- Befragung erfolgt immer im Kontext der Nutzung.

---

[1] Zum Beispiel Anbieter wie: Foresee, Kamplye, Opinionlab, Polldaddy.

- Es ist ein unmittelbares Feedback der Nutzer zu bestimmten Aspekten der Website.
- Zusätzlich können Nutzermeinungen generiert werden.
- Die Auswertung erfolgt mittels einer Software und unmittelbar. Die Ergebnisse können somit jederzeit eingesehen werden.
- Es müssen keine finanziellen Anreize geschaffen werden, damit die Teilnehmer den Fragebogen komplett ausfüllen, da es nur eine sehr begrenzte Anzahl an Fragen gibt.
- Die Einladungspunkte sind vielseitig innerhalb der Website oder Applikation implementierbar.

Nachteile

- Findet erst statt, wenn das Produkt schon von den Kunden verwendet wird. Das heißt, eventuell fehlerhaft umgesetzte Aspekte innerhalb der Sites sind sichtbar für die Nutzer und werden von ihnen wahrgenommen.
- Die Repräsentativität der gewonnenen Stichproben kann, wie bei der Onlineumfrage auch, angezweifelt werden, da auch hier die Gefahr besteht, nicht die vollständigen Zielgruppen erreicht zu haben.
- Es ist schwierig, die eigentlichen Nutzergruppen für die Fragestellung zu erreichen.
- Die Befragung muss entweder direkt in die Site implementiert oder beim Klick auf einen Button verfügbar gemacht werden. Die Umsetzung kann dadurch kostenintensiv sein, da hierfür eine Routine implementiert werden muss.
- Es wird eine Software für diese Lösung gebraucht, die die Daten sammelt, speichert und auswertet.
- Die Befragung muss in die einzelnen Sites oder Instanzen der Site eingebaut werden. Dies kann sehr zeitintensiv werden, wenn viel Onsitefeedback generiert werden soll.

Onsitefeedback ist für folgende Fragestellungen innerhalb der Suche einsetzbar:

- Dient zur Abfrage der allgemeinen Zufriedenheit und Stimmung der Nutzer mit der Suchmaschine.
- Zeigt die Nutzungsmotivation und die Nutzungsgründe der Suche auf.
- Um Verbesserungsvorschläge der Nutzer für die Suche zu bekommen, z. B. zur Ergebnisqualität.
- Gibt eine unmittelbare Rückmeldung zu den integrierten Funktionen.
- Gibt Werte zur Zufriedenheit der Nutzer mit der Suche im Allgemeinen an.
- Kann auch Anregungen von den Nutzern erfragen, was sie sich innerhalb der Suche für Funktionen wünschen und was sie konkret vermissen.
- Durch das Einfügen eines Freitextfeldes können die Nutzer ihre individuellen Anregungen oder gefundenen Fehler innerhalb der SERP beschreiben.

11.7 Paper-Prototyping

Beschreibung

Prototypen sind Modelle und werden dazu verwendet, um die Struktur einer Website darzustellen. Außerdem werden sie gern eingesetzt, um erste Ideen und Entwürfe zwischen den Beteiligten in der Produktentwicklung mit den potentiellen Nutzern zu diskutieren. Dadurch werden die Nutzer und das Wissen der Nutzer von Beginn an mit in den Entwicklungsprozess einbezogen. Die Methode Paper-Prototyping gehört deshalb zu den quantitativen Methoden. Wie der Name sagt, sind die Konzepte noch auf Papier ausgedruckt oder werden in dem Workshop zum Prototyping erst erarbeitet und auf Papier aufgemalt (Richter el al. 2010). Hierbei erstellen zuerst die an der Produktentwicklung beteiligten Personen, wie. z. B. der Designer zusammen mit dem Produktentwickler oder dem Informationsarchitekten, die ersten Strukturen auf Basis der ersten Ideen und Anforderungen des Produktes. Diese werden im Laufe des Prototypings verfeinert und können dann in einem Usability-Test mit Probanden hinterfragt werden. Das heißt, in dem Test wird der Proband aufgefordert, die Ausdrucke so zu verwenden, als seien es schon die entsprechenden Websites. Der Testleiter legt dabei die Ausdrucke so vor, wie sie in der angedachten Reihenfolge im Produkt vorkommen würden. Durch diese Methode wird die Qualität von Sites somit meist mit einer Iteration optimiert, bevor es in die konkrete Umsetzung geht. Zu beachten ist, dass die Papier-Prototypen nicht die gleiche Wirkung haben wie die funktionalen Prototypen, da Effekte von Seitenelementen und Funktionen noch nicht mit abgebildet werden.

Vorteile

- Die Methode liefert dem Produktmanagement schon in einem sehr frühen Stadium der Produktentwicklung eine schnelle Einsicht in die Nutzeraspekte.
- Es können zusätzliche Nutzungsanforderungen oder auch Usability-Probleme aufgedeckt werden, die sonst vielleicht übersehen worden wären.
- Die Ideen und Nutzerszenarien können vor einer kosten- und zeitintensiven Umsetzung gezielt hinterfragt, optimiert und eventuell nochmals getestet werden.
- Auch Prozesse und Interaktionsmöglichkeiten mit hoher Komplexität abzubilden und zu hinterfragen, ist möglich.

Nachteile

- Papier-Prototypen sind in der Darstellung des Funktionsumfangs eingeschränkt. Das Erleben der Funktion und der Seitenelemente mit ihren Effekten kann nicht abgebildet werden. Jedoch ist dieser Aspekt z. B. bei Applikationen im mobilen Bereich mit ihren vielen Effekten zur Rückmeldung wichtig zu hinterfragen.
- Es wird eine starke Führung des Probanden durch die Prototypen gegeben, die nicht alle Nutzungswege aufzeigt. Insbesondere bei funktionalen Prototypen mit wenigen integrierten Funktionen ist die Führung sehr begrenzt. Das kann die Probanden in ihrer natürlichen Verhaltensweise, wie sie dabei das Testobjekt erfahren, beeinträchtigen und ihre Aussagen verzerren.

- Die Erstellung eines funktionalen Prototypen kann je nach Detaillierungsgrad und Umfang der abzubildenden Funktionen sehr kostenintensiv werden.

Papier-Prototypen sind für folgende Fragestellungen innerhalb der Suche einsetzbar:
- Zur Überprüfung neuer Konzepte für Kategorien, Filter und weitere Suchfunktionen vor einer technischen Umsetzung.
- Zur Evaluation der Nutzerführung durch den Suchprozess und um Barrieren bei der Nutzung aufzuzeigen.
- Um die Wichtigkeit weiterführender Prozesse für Nutzer herauszufinden, wie z. B. aus der SERP heraus ein Produkt zu kaufen.
- Als Kontrolle bei der Verwendung und der Terminologie von Elementen der Suche, wie Buttons, Checkboxen oder Kategorien.
- Im mobilen Bereich zur Überprüfung der Nutzungsszenarien und zum Abgleich der Erwartungshaltung der Probanden bei den einzelnen Prozessschritten.
- Es kann hierbei auch herausgefunden werden, wann Probanden eine Rückmeldung des Systems erwarten und wie diese auszusehen hätte, damit sie hilfreich ist.

11.8 A/B-Testing und multivariates Testing

Beschreibung

Das Testen von Varianten im Betrieb ist eine sehr wirksame und mächtige Methode zur schnellen und zeitnahen Optimierung nach bestimmten Gesichtspunkten. Einer der Gesichtspunkte, die auch im Umfeld für Suchen im E-Commerce-Umfeld verwendet wird, ist die Conversionoptimierung mittels mulitvariatem Testing. Conversion (Deutsch: Konversion) meint hierbei, dass anhand statistischer Verfahren die Websitevarianten identifiziert werden, die zur größten Verbesserung vorher definierter Ziele beitragen. Dabei können nicht nur die wirtschaftlichen Ziele abgedeckt werden, ebenso die weichen Faktoren, wie Steigerung der Nutzungsrate und der Wiederkehrer (s. Kap. 14).

Für eine aussagekräftige Messung der Tests ist eine Webanalytic-Software zur Auswertung der Nutzung und des Erfolges des Tests unabdingbar (s. Kap. 9). Das heißt, dass eine Implementierung dieser Methode sich durchaus als kosten- und zeitintensiv erweist. Wobei der Einsatz dieser Methode sich idealerweise amortisiert, d. h., die entstehenden Implementationskosten werden durch die Steigerung z. B. der Abverkaufszahlen und den daraus gezogenen Umsatz aus den Tests wieder erwirtschaftet. In der Praxis haben sich zwei Herangehensweisen herausgebildet, um im Betrieb einer Website zu testen:
- *A/B-Test:* Es wird immer nur eine Variante mit einer Variablen neben der Hauptvariante gleichzeitig getestet.
- *Multivariates Testen:* Es wird eine Vielzahl von Varianten mit verschiedenen Variablen neben der Hauptvariante gleichzeitig getestet.

Hypothesen für den Test

Zu beachten ist, dass für jedes einzelne Testelement vorab eine Hypothese definiert ist, die dann im Testaufbau implementiert wird und deren Ausprägungsformen widergespiegelt. Um die Hypothese zu bestätigen, werden Zielgrößen bzw. Werte benötigt, mit denen der Erfolg einer Testvariante belegt oder widerlegt werden kann. Hypothesen innerhalb der SERP können beispielsweise sein:

- Die Integration der Suchvorschläge schon auf der Startseite der dazugehörigen Website reduziert die Anzahl der Null-Treffer-Anzeigen um 20 %.
- Ein höheres und längeres Sucheingabefeld mit größerer Schrift in 12 Pixel, farbiger Suche-Button mit der Benennung *Suchen* und dem Hinweis in der Sucheingabe *Suchbegriff eingeben* wird von unseren Nutzern besser gesehen als die aktuelle Darstellung der Suche. Dadurch steigen die Suchanfragen um 5 %, da dieses Element für unsere Nutzer sichtbarer und eindeutiger ist.
- Werbung wird mehr geklickt, wenn sie kontextsensitiv als Textformat passend zum Suchwort oberhalb der ersten generischen Ergebnisse ausgegeben wird, als die aktuelle Integration der Werbung im klassischen Bannerformat in der rechten Seitenspalte. Dadurch steigen die Umsätze um 5 %.

Voraussetzung

- Um A/B-Testing bzw. multivariate Tests durchzuführen, ist eine Webanalytic-Software bzw. eine detaillierte Statistik über das reale Nutzerverhalten zwingend notwendig. Es muss eine Basismessung vorliegen, um die Ergebnisse aus den Tests vergleichen zu können und um den Erfolg der Maßnahme zu messen.
- Darüber hinaus sollte entschieden sein, wie die Varianten ausgeliefert werden. Zum Beispiel über:
  - eine spezielle Softwarelösung zum multivariaten Testing,[2] welche die Varianten automatisch ausliefert, selektiert und zugleich den Erfolg misst.
  - das Setzen eines Cookies[3], das auch im Unternehmen selbst programmiert werden kann. Wobei hier meist eine Begrenzung bei der Auslieferung der Varianten vorliegt. Weiterhin muss hierbei die Lebensdauer der Cookies beachtet werden, da sie nur so lange gültig sind, wie der Test läuft.

Vorteile

- Die Varianten können unter realen Nutzungsbedingungen getestet werden und unterliegen somit auch den Schwankungen der allgemeinen Internetnutzung und der Nutzung der dazugehörigen Website, z. B. Ferienzeit, schönes Wetter, Events.
- Die Ergebnisse liegen sehr schnell auf Basis des realen Nutzungsverhaltens mit großer Stichprobe vor.

---

[2] Zum Beispiel Anbieter wie: Divolution oder Omiture.
[3] Cookie ist eine kleine Textdatei, die auf dem Rechner des Nutzes gespeichert wird. Cookies erleichtern die Anpassung von Websites auf die Clienteinstellungen und das Benutzerverhalten und ermöglichen den Aufbau von Sitzungen. (Fischer 2002)

- Das natürliche Nutzerverhalten ist abgebildet, da sich die Nutzer nicht bewusst sind, dass sie auf einer Testvariante gelandet sind und frei agieren.
- Es können gleich mehrere Ideen simultan getestet werden.
- Die Optimierung verschiedener Hypothesen kann gleichzeitig durchgeführt werden.
- Es ist möglich, den Mikrobereich einer Site zu optimieren.

Nachteile
- Hohe Anfangskosten fallen an, da zuerst eine detaillierte Basismessung implementiert werden muss und zusätzlich ein Mechanismus, der die Testvarianten ausliefert.
- Detailliertes Wissen zur Umsetzung der Hypothesen in die Varianten ist notwendig.
- Der Test kann auch nicht erfolgreich sein. Das heißt, dass die Hypothese nicht bestätigt wurde und die entstandenen Kosten zur technischen Realisierung der Tests nicht immer durch einen Erfolg amortisiert werden können.
- Der Einsatz der Methode ist erst in einer sehr späten Phase der Produktentwicklung, im Betrieb, möglich.
- Warum sich die Nutzer auf der Site so verhalten haben, kann hierbei nicht gemessen werden. Es sollten deshalb regelmäßig als Ergänzung qualitative Befragungen erfolgen.

A/B-Testing und multivariates Testing sind für folgende Fragestellungen innerhalb der Suche einsetzbar:
- Testen verschiedener Platzierungen der Werbung in der SERP und die ideale Anzahl der Werbung, die ausgegeben wird.
- Neue Navigationskonzepte innerhalb der Suche im Vergleich.
- Für den Mikrobereich eignen sich das Testen unterschiedlicher Schriftgrößen, Farben und Benennungen von Buttons.
- Der Einsatz der Methode in Kombination mit einer guten Webanalytic-Software gibt Rückmeldung dahingehend, wie sich bestimmte Testhypothesen über einen längeren Zeitraum auf die Wiederkehrerrate und Loyalität der Nutzer einer Suche auswirken.

11.9 Wettbewerbsanalyse

Beschreibung
Eine Wettbewerbsanalyse ist das stetige oder punktuelle Beobachten der identifizierten Wettbewerber im Markt. Die Wettbewerber können dabei vielseitig sein und z. B. nach Page Impressions (Deutsch: Anzahl der Seitenaufrufe) oder Innovationskraft ausgewertet werden (Abb. 11.1)[4]. Überdies lässt sich das eigene Angebot mit

---

[4] Zum Beispiel die Auswertung nach Web Hits ist basierend auf den Page Impressions (Deutsch: Anzahl der Seitenaufrufe durch einen Nutzer).

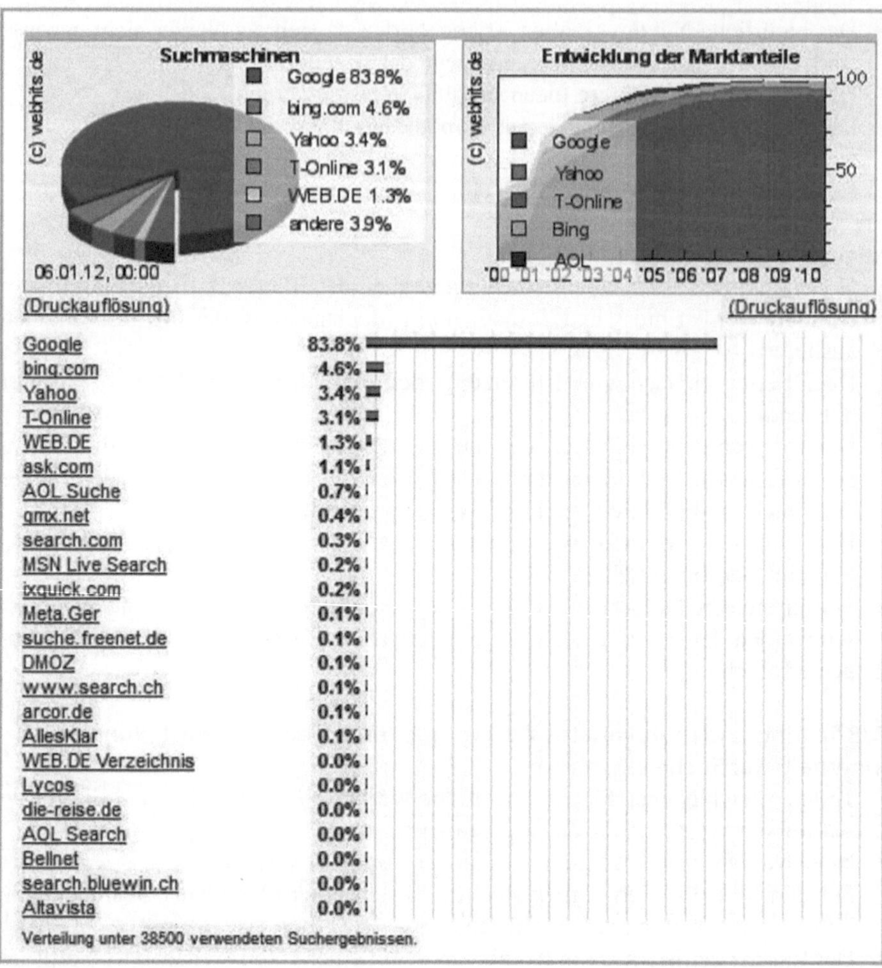

Abb. 11.1 Webhits.de: Marktverteilung auf Basis der Nutzung bei deutschen Suchmaschinen (http://www.webhits.de/ deutsch/index.shtml?webstats.html, Screenshot vom 6. Januar 2012)

den Angeboten der identifizierten Wettbewerber hinsichtlich der Kriterien der User Experience, des Designs, der Prozesse oder des Funktionsumfangs vergleichen. Die unterschiedlichen Faktoren können hierbei jederzeit zur Bewertung einfließen oder wieder herausgenommen werden, wenn sie z. B. nicht mehr relevant sind für die eigene Produktentwicklung. Ziel der Wettbewerbsanalyse ist also:

- Bestimmung der Position des eigenen Angebots im Verhältnis zum Wettbewerb,
- Ableitung und Verwendung von Funktionen, Vorgehensweisen und Maßnahmen der Wettbewerber zur Weiterentwicklung der eigenen Produkte.

Es gibt in diesem Zusammenhang verschiedene Herangehensweisen, ein Benchmark mit in die Phasen der Produktentwicklung einzubinden, wie z. B. innerhalb der:

- *Konzeptionsphase:* In einem Usability-Test bekommen die Probanden das gleiche Nutzungsszenario bei verschiedenen Wettbewerbern als Aufgabe vorgelegt. So können die Vor- und Nachteile unterschiedlicher Nutzerführungen in einer Website analysiert werden.
- *Betriebsphase:* Für eine stärkere marktbezogene Betrachtung, um die eigene Platzierung im Markt sowie die Wettbewerbsvor- und -nachteile zu evaluieren, kann eine ausführlichere Wettbewerberanalyse bestehender Produkte durchgeführt werden.

Vorteile

- Sie ist eine kostengünstige Methode zur Wettbewerbsbeobachtung, die jeder Produktmanager auch alleine unabhängig von Agenturen regelmäßig und systematisch durchführen kann.
- Neu- und Weiterentwicklungen im Markt werden durch eine Marktanalyse schnell erkannt und können dauerhaft beobachtet werden.
- Zeigt die Schwächen und die Stärken des Produkt- und Funktionsumfangs des eigenen Produktes im Marktvergleich auf.

Nachteile

- Es ist immer zu überprüfen, wie stark neue Ideen und die Einflüsse eines Marktführers übernommen und adaptiert werden sollen. Oftmals sind Quasi-Standards in der Nutzerführung oder die Darstellung neuer Funktionen nicht gleichzusetzen mit einer optimalen User Experience im Sinne der Nutzer.
- Es ist eine zeitintensive Methode, da eine stetige und regelmäßige Beobachtung des Marktes notwendig ist und die Auswertung der Daten systematisch erfolgen sollte.
- Wird die Marktbeobachtung an eine Agentur vergeben, gestaltet sich diese Lösung als zeitsparend, jedoch nicht mehr als kostengünstig.

Wettbewerbsanalysen sind für folgende Fragestellungen innerhalb der Suche einsetzbar:

- Zum Vergleich von Art und Verwendung der bestehenden sowie von neuen Funktionen bei verschiedenen Suchmaschinenanbietern und Websites mit Suchen.
- Zur Evaluation, wie die Wettbewerber von den Nutzern gesehen und genutzt werden.
- Zur Analyse von technischen Innovationen, z. B. neuen Suchfunktionen und Darstellungsarten von Filtern bei Shoppingsuchen.
- Zur Identifikation von Quasi-Standards im Markt.
- Dient auch als Ideengeber für die eigene Produktentwicklung der Suche.
- Ist ein gutes Instrument zur Beobachtung der Nutzervorlieben und Verhaltensweisen.

Fazit

> Für jede Fragestellung zur User Experience in Suchmaschinen gibt es mindestens eine geeignete Evaluationsmethode.

Die hier aufgezählten gängigen Methoden geben einen Einblick zur Messung von User Experience und des Nutzerverhaltens. Über die Verwendung und Kombination verschiedener qualitativer und quantitativer Methoden wird eine umfassende Palette an Wissen über die Kunden (Engl.: Customer Insight) erreicht. Zu jeder Produktentwicklungsphase gibt es also die passenden Methoden. Die Kombination der Evaluationsmethoden zeigt weiterhin auf, an welcher Stelle innerhalb des Suchprozesses genau ein identifiziertes Problem vorhanden ist. Ist das Problem beispielsweise bei der Eingabe der Suchanfrage, der Abarbeitung der Suchanfrage oder der Ausgabe der Ergebnisse. Das Kapitel zeigt auch auf, dass ein verlässlicher und flexibler Zugriff auf detaillierte Informationen über die Nutzer dabei helfen kann, die Strategie der Suche und des Geschäftsmodells zu unterstützen. Es muss nicht immer ein sehr teurer Test von Agenturen durchgeführt werden oder mit technisch umfangreich ausgestatteter Hard- und Software in einem Labor erfolgen. Sollte wenig bis gar kein Budget vorhanden sein, gibt es genügend Methoden, die auch ohne die Verwendung eines Budgets durchgeführt werden können.

Ein Trend im Rahmen von agilen Entwicklungsmethoden ist, kurze Tests durchzuführen, die nicht länger als drei oder vier Tage benötigen – von der Erstellung des Fragebogens über die Durchführung der Tests bis hin zur Besprechung der Ergebnisse. Denn oftmals ist der Zeitdruck in der Produktentwicklung sehr hoch und die traditionelle Planung über mehrere Wochen zur Durchführung der Tests nicht mehr möglich. Auch hierfür können die Methoden individuell angepasst werden (s. Kap. 14).

Literatur

Bortz J, Döring N (1995) Forschungsmethoden und Evaluation für Human- und Sozialwissenschaftler. Springer, Berlin.

Duchowski A (2007) Eye Tracking Methodology. Springer, London

Eberhard-Yom M (2010) Usability als Erfolgsfaktor. Cornelsen, Berlin

Hassler M (2010) Web Analytics, Metriken auswerten, Besucherverhalten verstehen, Website optimieren. mitp, Heidelberg

Krug S (2010) Rocket surgery made easy. The do-it yourself guide to finding and fixing usability problems. New Riders, Canada

Krug S (2002) Don't make me think! Web Usability – Das intuitive Web. mitp, Bonn

Quirmbach S (2011) User Experience und Usability in Suchmaschinen. In: Handbuch Internet-Suchmaschinen 2. AKA, Heidelberg

Tullis T, Albert B (2008) Measuring the user experience – Collecting, analyzing, presenting usability metrics. Morgan Kaufmann, Burlington

Zusammenfassung

In diesem Kapitel werden ergänzend zu den allgemein bekannten Evaluationsmethoden zwei weitere vorgestellt, die maßgeblich die User Experience der Suche verbessern. Es sind die Methoden der Logfileanalyse, d. h. die Analyse der getätigten Suchanfragen und der Retrievaltests bzw. Relevanztests, die Qualitätssicherung der Suchergebnisse nach definierten Kriterien. Durch die Ergänzung dieser Methoden ist es möglich, im Betrieb der Suchmaschine die Qualität der Ergebnisse konstant zu überprüfen und nachhaltig zu verbessern. Denn die Bewertung der User Experience der Suchmaschine wird maßgeblich von der wahrgenommenen Relevanz und Qualität der Suchergebnisse der Nutzer beeinflusst. Erst durch diese beiden ergänzenden Methoden wird eine Rundumbetrachtung des Nutzerverhaltens im Betrieb der Suche möglich und vervollständigt somit die zur Verfügung stehende Methodenpalette.

Search Experience: Ist gleichzusetzen mit der User Experience und wird um Folgendes erweitert. Ist die von den Nutzern empfundene Qualität der Suchergebnisse im Kontext der Nutzung einer Suchmaschine oder einer Website. Dabei beschreibt die Art der Erfahrung, die die Nutzer mit der Relevanz der Suchergebnisse zu ihren Suchanfragen gemacht haben, auch die Einschätzung über die Inhalte der dazugehörigen Site.

Die Bedeutung von Suchmaschinen im Alltag der Internetnutzer ist, wie in der Einleitung des Buches beschrieben, unumstritten. Stellt doch das Suchen eine der häufigsten Tätigkeiten der Nutzer im Internet dar (van Eimeren et al. 2009).[1] Umso wichtiger ist es, eine hohe Qualität der Suchergebnisse zu erreichen bzw. die Qualität der Suchergebnisse so zu optimieren, dass die Nutzer schnell zu den gewünschten Informationen gelangen.

---

[1] Nach der Verwendung von E-Mails stellt die Suche eine der häufigsten Tätigkeiten der Nutzer im Web dar.

S. M. Quirmbach, *Suchmaschinen*, X.media.press, DOI 10.1007/978-3-642-20778-5_12
© Springer-Verlag Berlin Heidelberg 2012

Die Qualität einer Suchmaschine wird neben der Nutzerfreundlichkeit von weiteren Faktoren bestimmt, die in eine Gesamtbetrachtung mit einfließen sollten. Die Qualität stellt dabei in der Darstellung und Aussage letztlich eine Kombination dieser Faktoren dar, die hier kurz erläutert werden (Lewandowski 2011, Hochstötter 2009):

- *Qualität der Indexe:* Wird u. a. von der Vollständigkeit und dem Umfang der Ergebnisse abgeleitet. Weiterhin spielt hier die Aktualität des Indexes eine Rolle, inwieweit neue Inhalte z. B. der dazugehörigen Website schon in den Index mit aufgenommen wurden.
- *Qualität der Suchresultate:* Definiert die objektive Qualität der Suchergebnisse zu einer Suchanfrage. Diese kann auch mit Mitbewerbern verglichen werden.
- *Qualität der Suchfunktionen:* Wird von dem angebotenen Umfang der Funktionen definiert und wie nutzerfreundlich sie im Suchinterface implementiert sind.

Innerhalb dieser Faktoren gibt es wiederum eine Vielzahl an weiteren Abhängigkeiten, die besonders in den Kap. 2, 3, 4 und 5 erläutert wurden. In Kombination definieren sie aber die Search Experience, welche die Nutzer erfahren sollen. Speziell für die ersten beiden genannten Faktoren, die Qualität der Indexe und der Suchresultate, werden hier nun einführend Methoden vorgestellt, welche die Qualität messbar machen. Die Faktoren Zusammenführung, Verknüpfung, Aufbereitung und Präsentation der Daten aus unterschiedlichen Quellen werden im Gesamtkontext der User Experience einer Suchmaschine oftmals unterschätzt. Dabei beschreibt die Anforderung an die Inhalte, wie Nutzer die Inhalte einer Suche in Form einzelner Ergebnisse erfahren und wie die ausgelieferten Inhalte einer Suchmaschine in Form verschiedener Dokument- und Dateitypen unterschiedlicher Quellen angezeigt werden. Auch hier liegen wieder Qualitätskriterien vor, die sich messen und gezielt aussteuern lassen. Hierbei entstehen viele Fehler, die im Interface von den Nutzern gesehen werden. Auf die dahinterliegenden Zusammenhänge soll in diesem Abschnitt kurz eingegangen werden. Dabei ist wichtig zu wissen:

- Quellen beschreiben die Herkunft der Inhalte und kommen beispielsweise aus verschiedenen Bereichen eines Unternehmensintranets, von externen Zulieferern von Daten für ein Shoppingportal wie Produktanbieter, die Sites eines Nachrichtenportals etc., die über die Suchmaschine verknüpft und verfügbar gemacht werden (s. Abschn. 2.2).
- Die gesuchten bzw. zu integrierenden Daten in einen Index können dabei HTML-Seiten, Word-Dokumente, Excel-Dokumente, PDF-Dateien sein, aber auch CMS-Artikel, Fotos, Videoformate etc. (s. Abschn. 3.2).

Die Umsetzung und Aussteuerung der Relevanzanzeige verlangen in der Praxis aufgrund der vielseitigen Inhalte und unterschiedlichen Quellen flexible Konzepte, die dem komplexen Datenbestand gerecht werden und eine gute Qualität der Relevanzanzeige und -steuerung gewährleisten. Die große Herausforderung hierbei ist, dass die Relevanz der Dokumente zur Suchanfrage beeinflusst wird von Seiten:

- der Indexierung, also von der vorliegenden Qualität der gelieferten Daten,
- des Retrievals, also von der Formulierung der Suchanfrage der Nutzer.

Ein weiterer Faktor sind die unterschiedlichen Nutzungsmotivationen. Abhängig von der Motivation der Nutzer, wie Auffinden, Recherchieren oder Assoziieren, erwarten sie eine unterschiedliche Menge und Auswahl an Ergebnissen. Ihre Motivation drücken die Nutzer nicht immer auch eindeutig in ihren Suchanfragen aus (s. Kap. 5). Diese beiden in sich komplexen Seiten Nutzer und Daten gilt es nun, geschickt zusammenzubringen. Die eigentlichen Fragen dahinter sind dabei:

1. Wie präzise müssen die Ergebnisse sein?
2. Wie unpräzise dürfen Ergebnisse sein?
3. Wie viele Ergebnisse pro Nutzungsmotivation dürfen minimal oder maximal angezeigt werden?

Das Verständnis von Relevanz hängt somit davon ab, den Kontext der Suche und die Charakteristik der Nutzer zu verstehen. Dahingehend, wie sie ihre Suchanfragen formulieren und was sie für Ergebnisse von der Suche erwarten (Lervik et al. 2006). Als hilfreich erweist es sich hier, umfangreiche Nutzungsszenarien zu definieren. Retrievaltests in Kombination mit Suchlogauswertungen und Klickstatistiken geben hierbei Aufschluss über das richtige Maß zur Ergebnisaussteuerung. Es genügt demnach nicht, die Dokumente indexieren zu lassen ohne eine eingehende Qualitätssicherung der Ergebnisse.

12.1 Logfileanalyse

Beschreibung

Die Logfileanalyse ist die Analyse des vorhandenen Suchlogs, d. h. in der Datei (Engl.: „file") stehen die einzelnen Suchwörter, die die Nutzer für ihre Suche verwendet haben. Die Auflistung der Suchwörter erfolgt dabei meist zusammen mit der Häufigkeit ihrer Anfrage und Auslieferung. In Kombination mit der Klickrate geben die Logfiles Aufschluss darüber, wie relevant die Ergebnisse zur Anfrage für die Nutzer waren. Die Auswertung von Suchlogs und das Potential zur Optimierung der Usability der dazugehörigen Website, der Applikation oder des Portals werden von den Suchmaschinenbetreibern oftmals unterschätzt. Denn aus diesen Daten lassen sich Aussagen zur Nutzung der Suche und den Eigenschaften der Nutzer ableiten. Sie ist somit eine gute Methode, um im Betrieb die tatsächliche Benutzung der Suche aufzuzeichnen und auszuwerten. Die Logfiles bieten die Möglichkeit herauszufinden, in welchen Punkten z. B. die dazugehörige Website inhaltlich optimiert und ausgebaut werden kann. Beispiele für Fragestellungen zur Logfileanalyse:

- Lassen sich neue Suchwörter bei der Analyse identifizieren? Neue Suchwörter können Aufschluss auf neue Trends und Interessen der Nutzer geben. Davon lassen sich Themen ableiten, die innerhalb der Website dementsprechend neu gestaltet oder ausgebaut werden können.
- Wurde oft nach dem Log-in gesucht? Dann ist die Darstellung und Position des Log-in-Bereiches in den Punkten Sichtbarkeit und Verständnis zu optimieren. Oftmals wird ein Log-in-Bereich nicht eindeutig sichtbar für die Nutzer dargestellt. Das heißt, die Nutzer erkennen erst nach längerem Scannen der Website das Log-in. Auch verlangt eine sichtbare Darstellung ein eindeutiges Informationsdesign der Elemente, z. B. dass sich der Link zum Log-in farblich eindeutig

vom Hintergrund der Website abhebt und sich dabei zugleich von den Texten der Website optisch differenziert.

- Sind häufig Anfragen speziell nach den Hilfeseiten zu vermerken? Dann sollte ein Hinweis zu der Hilfe innerhalb der Website sichtbarer für die Nutzer dargestellt und die Hilfeseiten mit indexiert und durchsuchbar gemacht werden.
- Gibt es häufig Anfragen zu bestimmten Suchwörtern die in hoher Anzahl gestellt worden sind, bei denen jedoch keine Klicks erfolgten, obwohl Treffer gefunden und angezeigt wurden? Dies könnte ein Zeichen dafür sein, dass zu der Anfrage keine für die Nutzer inhaltlich relevanten Ergebnisse geliefert wurden. Als ein schwierigerer Punkt stellt sich dar, wenn ein Missbrauch vorliegt. Das heißt, es wurden mittels automatisiertem Script Suchanfragen in hohem Maße an das System gestellt, z. B. um die Daten abzugreifen bei einem Adressverzeichnis oder einer Websuche.

Die Auswertung der Daten aus den Logfiles erfolgt dabei über geeignete Auswertungstechniken, die sich größtenteils automatisieren lassen. Die Suchanfragen regelmäßig zu analysieren, gehört zur Qualitätssicherung einer Suchmaschine und ist eine regelmäßige Maßnahme zum Abgleich, was die Suchmaschine bei bestimmten Suchtermen für Ergebnisse zeigt. Zusammenfassend hilft die Logfileanalyse dabei festzustellen:

1. Wie gut die Performance der Suchmaschine ist. Das heißt z. B., wie viele Ergebnisse sie pro Suchanfrage innerhalb welcher Zeit ausliefert und wie aktuell die Ergebnisse sind.
2. An welchen Stellen die Suchmaschine *getuned* werden kann. Das heißt, an welchen Stellen es z. B. Optimierungspotentiale bei der Indexierung der Dokumente gibt oder bei der Prozessierung der Suchergebnisse.

Vorteile
- Die Suchlogauswertung ist eine einfache Methode, um die Usability aus der bestehenden Suche heraus zu optimieren.
- Suchlogs decken darüber hinaus Nutzerinteressen auf, die für die Ausgestaltung und Optimierung der Inhalte einer Website, eines Portals oder einer Produktsuche verwendet werden können.
- Die Methode kann jederzeit und regelmäßig durchgeführt werden. Es bedarf hierbei keiner zusätzlichen Agentur.
- Die aus der Logfileanalyse heraus gestalteten Optimierungen lassen sich messen.

Nachteile
- Die Methode kann erst dann verwendet werden, wenn die Suche umgesetzt wurde und die Nutzer damit interagieren und Suchanfragen produzieren.
- Die Auswertung gestaltet sich als sehr zeitaufwändig, um detaillierte Analysen der Suchlogs zu fahren. Ein spezielles System oder eine Datenbank zur Analyse sollte eingesetzt werden, um die Bearbeitung der Logfiles zu erleichtern.
- Meist kann der Grund für das Verhalten in den Suchlogs nicht genau dargestellt werden, sodass separat eine qualitative Untersuchung mit Probanden erfolgen

sollte. Die Resultate aus der Logfileanalyse können jedoch für die Fragestellungen weiterer Evaluationsmethoden verwendet werden.

- Die Herleitung der Suche kann oftmals nur erfolgen, wenn das vollständige Suchergebnis zur Kontrolle vorliegt. Das heißt, es muss sich eine Person mit der qualitativen Herleitung auseinandersetzen.

Die Logfileanalyse ist für folgende Fragestellungen innerhalb der Suche einsetzbar:

- Sie eignet sich zur Analyse von bestehenden Interessen, aber auch als frühzeitiger Indikator bei neuen Interessen der Nutzer. Darauf aufbauend können Optimierungen der Inhalte auf die Nutzerbedürfnisse erfolgen.
- Vorhandene Defizite bezüglich Platzierung oder Terminologie von Elementen in der dazugehörigen Website sind einfach durch die Analysen herauszufinden. Wenn die Nutzer einen bestimmten Inhalt in einem Portal nicht sofort finden, suchen sie danach.
- Für Produktsuchen stellt die Analyse von Suchlogs eine wichtige Quelle dar, um bestehende, neue oder sinkende Kaufinteressen zu ermitteln. Darauf aufbauend können die Inhalte der Website angepasst werden.
- Zeigt, wie die Nutzer die Suchmaschine verwenden und darauf aufbauend können nen die Arten der Suchanfragen und Nutzungsszenarien abgeleitet werden.

12.2   Relevanztest bzw. Retrievaltests

Beschreibung

Retrievaltests sind eine Methode, um die Qualität der Suchergebnisse zu den Suchanfragen zu ermitteln. In Retrievaltests werden dabei zuerst definierte Anfragen an das Suchsystem geschickt und die zurückgegebenen Treffer anschließend nach ihrer Relevanz bewertet. Die gefundenen Treffer werden dabei von ausgewählten Juroren oder Probanden nach Relevanz bewertet. Hierbei liegt auch der Hauptkritikpunkt der Retrievaltests; ab wann ein Treffer relevant ist und durch wen die Relevanz bewertet wird, da die Bewertung aufgrund der persönlich empfundenen Relevanz der Probanden erfolgt. Die Relevanz ist somit auch eine subjektive Einschätzung, die von dem Wissen und der Reflexion der Juroren abhängig ist. Die Abbildung der Relevanz kann dabei in Skalen erfolgen, in der die Juroren oder die Probanden die Relevanz des Suchergebnisses zur Suchanfrage einordnen. Über die Tests wird somit evaluiert, wie gut ein Retrievalsystem, wie das einer Suchmaschine, den Aspekt Relevanz für die Nutzer abbildet. Zudem wird parallel überprüft, wie die verwendeten unterschiedlichen Verfahren und Methoden zur Indexierung und Aufbereitung der Daten und zur Aussteuerung der Ergebnisse auf die definierten Relevanzkriterien eingehen. Zur Aussteuerung der Relevanz in Suchmaschinen werden verschiedene Verfahren verwendet, wie z. B. bei einer automatischen Indexierung die Grundformerzeugung, Dekomposition und semantische Relationen (Lervik et al. 2006). Diese sollten im Einzelnen und in Summe mit ihren Auswirkungen dahingehend getestet werden, inwieweit sie bei dem Ranking der Ergebnisse für die Nutzer hilfreich sind.

Vor der Durchführung von Retrievaltests muss zuerst die Frage geklärt werden, nach welchen Kriterien die Relevanz der Ergebnisse gemessen und bewertet werden sollen. Es gibt in der Literatur eine Vielzahl an Kennzahlen zur Messung der Qualität der Suchergebnisse (Lewandowski 2011). Zu den Qualitätskriterien der Suchanfragen gehören z. B.:

- Retrievaleffektivität,
- Zuverlässigkeit der Suchergebnisse,
- Zufriedenheit der Nutzer mit den Resultaten,
- Überschneidungen der Ergebnisse, z. B. auf der ersten Ergebnisseite.

Zwei der bekanntesten Maße sind *Precision* und *Recall*, die hier kurz erläutert werden, um die Methodik von Retrievaltests zu verdeutlichen.

Precision und Recall

- *Precision (Genauigkeit):* Die Genauigkeit der Suchmaschine ist ein Indikator für die Fähigkeit des Systems, nichtrelevante Dokumente aus der Gesamtheit auszugrenzen. Dieser Wert ist definiert als das Verhältnis der gefundenen relevanten Dokumente zur Zahl aller gefundenen Dokumente.
- *Recall (Vollständigkeit):* Die Vollständigkeit stellt das Maß für die Vollständigkeit des Retrievalergebnisses dar und ist definiert als das Verhältnis zwischen den gefundenen relevanten Dokumenten und der Gesamtanzahl der im Dokumentenbestand vorhandenen relevanten Dokumente bezogen auf eine Suchanfrage.

Für den Bereich der Indexierung kann gesagt werden, dass eine sehr erschöpfende Indexierung der Dokumente einerseits mit einer Erhöhung des Recalls verbunden ist, andererseits jedoch mit einer Reduzierung der Precision bei der Auslieferung der Ergebnisse einhergeht. Umgekehrt geht eine Spezifizierung der Indexierung mit einer Erhöhung der Precision zum Nachteil des Recall-Wertes einher (Ferber 2003). Das heißt: Wenn der Recall erhöht wird, leidet die Precision. Somit sind die Ergebnisse weniger relevant für den Nutzer. Ein einfaches Beispiel zur Verdeutlichung:

Beim Einfügen von Stemming[2] oder linguistischen Tools, wie Wortzerlegung und Zusammensetzung, wird der Recall der Dokumente erhöht, darunter leidet aber die Precision, d. h., die Relevanz der Ergebnisse zur Suchanfrage ist geringer. Beispiele sind:

- *Neuanforderung Log-in* oder *Log-in neu anfordern.* Wie wird dabei mit Suchtermen umgegangen, die den gleichen Wortstamm haben, jedoch in anderer Komposition verwendet werden? Wie wird dabei mit thematisch ähnlichen Suchen umgegangen, wie der Suche nach *Passwort vergessen*?
- *SEO* oder *Search Engine Optimization.* Wie wird dabei mit Akronymen umgegangen? Wie wird die Suche nach dem deutschen Begriff *Suchmaschinenoptimierung* abgehandelt?

---

[2] Als Stemming (Grundformenreduktion, Normalformenreduktion) bezeichnet man im Information Retrieval ein Verfahren, mit dem verschiedene morphologische Varianten eines Wortes auf ihren gemeinsamen Wortstamm zurückgeführt werden. (Wikipedia)

Anwendung der Methode
Zuerst sollte der Kriterienkatalog definiert sein, bevor mit den Test gestartet werden
kann. Hierzu gehört z. B. (Lewandowski 2011):

- Wenn ein Vergleich vorliegen soll: Welche Suchen sollen verglichen werden?
- Wie viele Suchanfragen?
- Welche Suchanfragen?
- Wie viele Ergebnisse pro Suchanfrage?
- Wie sollen die gefundenen Dokumente bewertet werden?
- Mit welchen Kennzahlen soll gemessen werden?
- Gibt es einen Standardkatalog und Skalen hierfür?
- Sollen auch die einzelnen Dokumentbeschreibungen und -informationen berück-
  sichtigt werden?
- Wer soll die Ergebnisse bewerten?
- Wie viele Juroren oder Probanden sollen insgesamt bewerten?
- Wie wird die Suchaufgabe gestellt?

Darauf aufbauend können nun die Tests durchgeführt werden. Mit beachtet werden müssen immer die Individualitäten der zu testenden Suche. Das heißt, welche
Suchanfragetypen kommen in der Suche generell vor und welche Nutzungsmotivationen unterstützt die Suche. Zum Aufwand lässt sich Folgendes sagen: Je mehr
Suchmaschinen von Wettbewerbern verglichen und je mehr Suchanfragen durchgeführt werden sollen, desto höher der zeitliche Aufwand bei der Durchführung
und der Bewertung. Auf die Dauer wirkt sich auch die Anzahl der zu bewertenden
Dokumente aus. Dies sollte bei der Planung von Relevanztests mit beachtet werden.

Vorteile
- Retrievaltests geben detailliertere Hinweise, warum die Search Experience einer
  Suche negativ ist.
- Sie sind relativ einfach auch ohne einen weiteren Dienstleister durchzuführen
  und deswegen kostengünstig.
- Zeigt die Retrievalfähigkeiten des Suchsystems auf.
- Gibt Hinweise auf die Relevanz der Suchergebnisse, wie diese von den Nutzern
  wahrgenommen und eingestuft wird.

Nachteile
- Die Methode kann, wie die Logfileanalyse, erst dann verwendet werden, wenn
  die Suche umgesetzt wurde. Jedoch können schon erste Tests in einer Testumge-
  bung des Systems durchgeführt werden, bevor die Suche von den realen Nutzern
  verwendet wird und diese die Fehler sehen.
- Relevanztests sind zeitaufwändig.
- Es müssen die Fragestellungen und Kennzahlen eindeutig definiert werden, da
  die Testergebnisse sonst nicht valide sind.
- Sie werden aufgrund ihrer Standardisierung den realen Nutzerbedürfnissen und
  dem Nutzerverhalten nicht hinreichend gerecht.
- Messen nicht alle für die Suchmaschinen qualitätsbestimmenden Faktoren.

Retrievaltests sind für folgende Fragestellungen innerhalb der Suche einsetzbar:

- Sie können als Benchmark zwischen Wettbewerbern durchgeführt werden, um die SERP zu verschiedenen Suchwörtern zu evaluieren und die Ergebnisse untereinander zu vergleichen.
- Gibt Hinweise, ob die integrierten Wörterbücher und Verfahren wie beispielsweise Grundformerzeugung, Dekomposition und semantische Relationen richtig umgesetzt wurden und zur Relevanzaussteuerung beitragen.

Fazit

Logfileanalysen und Retrievaltests gehören mit in die Grundausstattung der Methoden zur Optimierung der User Experience in Suchen. Sie geben nicht nur Rückmeldung darüber, nach was die Nutzer konkret suchen und wie sie ihre Suchanfragen formulieren. Sie geben auch einen Rückschluss auf die Effektivität des Suchsystems und die Qualität der Ergebnislisten.

Die hier speziell erwähnten Methoden sollten mit in das tägliche Werkzeug zur Optimierung der UX einer Suche einfließen. Bergen doch Relevanztests und Logfileanalysen jede Menge Potential, eine Suche auch seitens der Indexqualität und der angewendeten Indexierungs- und Retrievalverfahren zu optimieren. Dabei ist die Relevanz als subjektiv einzuordnen, die individuell mit den Augen des Betrachters eingeordnet wird. Mittels eines festgelegten Kriterienkataloges können die Relevanzkriterien gemessen werden. Bei der Messung ist darauf zu achten, dass nicht immer ein Vergleich zwischen verschiedenen Suchmaschinen erfolgen kann, z. B. wenn es sich um eine Suche im Intranet handelt, da sie einmalig ist. Jedoch ist bei Shoppingportalen ein Vergleich wieder möglich, aber es sollte auf die Exklusivität der Datenbestände geachtet werden und inwieweit diese vergleichbar sind (Lewandowski 2011). Ein wichtiger Aspekt hierbei ist, die gängigen Nutzermotivationen mit in den Tests abzubilden, um einen stärkeren Bezug zwischen dem Suchsystem und der eigentlichen Nutzung herzustellen.

Literatur

Bahrs J (2008) Enterprise Search – Suchmaschinen für Inhalte im Unternehmen. In: Handbuch Internet-Suchmaschinen 1. AKA, Heidelberg

Bennett M, Fried J et al (2010) Professional Microsoft search, FAST search, sharepoint search, and search server. Wiley, Indianapolis

Eimeren B van, Frees B (2009) Der Internetnutzer 2009 – multimedial und total vernetzt? Ergebnisse der ARD/ZDO Onlinestudie 2009, media Perspektiven 7, S 334–348

Ferber R (2003) Information Retrieval. Suchmodelle und Data-Mining-Verfahren für Textsammlungen und das Web. Dpunkt, Heidelberg

Hochstötter N (2009) Methoden der Erhebung von Nutzerdaten und ihre Auswirkung in der Such-
   maschinenforschung. In: Handbuch Internet-Suchmaschinen 1 – Nutzerorientierung in Wissenschaft und Praxis. AKA, Heidelberg
Lewandowski D (2011) Evaluierung von Suchmaschinen. In: Handbuch Internet-Suchmaschinen
   2 – Neue Entwicklungen in der Web-Suche. AKA, Heidelberg
Schmidt-Mänz (2007) Untersuchung des Nutzerverhaltens im Web – Interaktion von Internetnut-
   zern mit Suchmaschinen. Kovac, Hamburg

Zusammenfassung

Dieses Kapitel behandelt das Thema, wie die Nachbereitung der Ergebnisse aus den Tests erfolgt und nach welchen Kriterien die Umsetzung der Ergebnisse priorisiert werden. Oftmals ist es aufgrund unternehmensinterner Ressourcenengpässe nicht möglich, sofort alle Ergebnisse umzusetzen. Dies hat verschiedene Ursachen, die in diesem Kapitel kurz erläutert werden. Es geht dabei um die Planung von Folgemaßnahmen und um die Gewährleistung einer konsistenten nutzerzentrierten Produktentwicklung. Für den Erfolg der User-Experience-Maßnahmen ist es elementar, auch die übergreifenden Ziele mit im Fokus zu behalten und sich nicht einzig auf die Ergebnisse von nur einem Test zu verlassen.

Die grundlegende Herausforderung nach dem Test ist: Wie übersetze ich die Aussagen der Nutzer in das, was das für das Produkt wirklich heißt?

Mit der Markteinführung und Inbetriebnahme einer Suche ist die Entwicklung noch nicht abgeschlossen. Vielmehr ist die Arbeit an der Suche als ein zyklischer Prozess zu sehen, der unter Einbeziehung der Ergebnisse aus den verschiedenen Tests immer wieder von vorne beginnt. Das heißt, dass mit den gewonnenen Ergebnissen aus den durchgeführten User-Experience-Tests gezielt weitergearbeitet werden sollte. Neue Erkenntnisse über die Nutzer, die Suchtechnologien oder den Markt fließen dabei stetig in die Produktentwicklung der Suche mit ein. Zudem ist das Testen als ein iterativer Prozess im Produktentwicklungszyklus zu sehen.

13.1 Aussagen erstellen

Der Test ist nun durchgeführt worden und es liegen viele verschiedene Aussagen der Probanden vor. Diese Aussagen müssen nun systematisch ausgewertet werden. Dazu gehört, die Aussagen auf Dopplungen zu untersuchen und inhaltlich zu konsolidieren. Aufgrund der an dem Test beteiligten unterschiedlichen Personen ist zu

S. M. Quirmbach, *Suchmaschinen*, X.media.press, DOI 10.1007/978-3-642-20778-5_13
© Springer-Verlag Berlin Heidelberg 2012

beachten, dass gleich mehrere verschiedene Sichten auf die Aussagen aus einem Test generiert werden können:

- Was haben die Probanden bzw. die Teilnehmer gesagt und gemacht?
- Was hat der Interviewer gesehen und notiert?
- Was hat der zusätzliche Beobachter gesehen und notiert?
- Was besagen die realen Nutzungszahlen? (Sofern schon eine Auswertung vorhanden ist.)

Bei der Konsolidierung der Aussagen sollte explizit bewusst werden, dass die meisten Ergebnisberichte aus den Tests eine Mischung der verschiedenen Sichten sind. Beispielsweise kommentieren Probanden oftmals während eines Nutzungsszenarios nicht, ob sie Schwierigkeiten bei der Nutzung der Suche hatten. Hier sind der Interviewer und der zusätzliche Beobachter dazu angehalten, die Reaktionen der Probanden genau zu beobachten. Reaktionen können dabei sowohl eine Geste als auch eine Veränderung der Mimik sein. Weiterhin können unbewusste Handlungsweisen der Probanden von dem Interviewer oder Beobachter mit aufgezeichnet werden, wie das mehrmalige Anklicken einer Kategorie, die nicht erwartungskonform funktioniert hat. Nachdem die Aussagen der Beteiligten konsolidiert wurden, stellt sich nun die abschließende Frage, wie die potentiellen Nutzer die Suche im Einzelnen wahrnehmen. Die User Experience kann dabei nicht nur positiv, sondern auch negativ bewertet werden.

Beispiele für negative Aussagen

- Die Nutzer nehmen die Ergebnisse als nicht relevant zur Suchanfrage wahr.
- Der Nutzen der Suche wird nicht deutlich von den Kunden wahrgenommen.
- Es liegt nur eine geringe Bereitschaft zur Weiterempfehlung der Suche vor.
- Die Funktionen der Suche werden als schwer erlernbar eingestuft.
- Es werden für Nutzer wichtige Funktionen zur Suche vermisst, wie beispielsweise die Sortierung der Ergebnisse nach Datum.

Beispiele für positive Aussagen

- Die Suche wird als innovativ und zeitgemäß empfunden.
- Die Ergebnisse der Suche werden als sehr relevant zur Suchanfrage bewertet.
- Die Funktionen sind einfach zu erlernen und zu bedienen.
- Die Suche liefert den Nutzern immer eine passende Rückmeldung.
- Die Darstellung der Bewertungen schon auf der Suchergebnisseite wird als hilfreich empfunden.

Vor allem aus den negativen Aussagen der Probanden können wertvolle Informationen für die weitere Produktentwicklung der Suche abgeleitet werden. Probanden geben häufig auch Vorschläge zur Implementierung von neuen Funktionen oder Hinweise auf bestehende Fehler.

13.2 Priorisierung der Ergebnisse

Sowohl die Relevanz als auch die Nützlichkeit von User-Experience-Zielen zeigen sich häufig schon in einer frühen Phase der Evaluierung während der Benutzer- und Aufgabenanalyse. Je konkreter die Haupt- und Unterziele definiert werden, umso genauer kann ein Produkt nach der optimalen UX gestaltet werden. Jedes Testziel kann und sollte dabei eine Priorisierung nach Bedeutung erhalten. Liegen die Aussagen aus dem Test vor, werden diese zusätzlich nach ihrem Schweregrad für die Nutzer eingestuft. In dieser Kombination ist die Priorisierung auch dazu da, um das Konfliktpotential zwischen Nutzer und Produktmanagement aufzudecken.

Beispielsweise kann bei der Befragung der Nutzer danach, was sie sich für die Suche für Funktionen wünschen und welche ihnen fehlen, eine lange Liste mit einer Fülle an Funktionen herauskommen. Ob sie die aufgezählten Funktionen auch tatsächlich im Kontext der Suche verwenden würden, wird hierbei nicht berücksichtigt. Oftmals wünschen sich die Nutzer Funktionen, die sie aber tatsächlich nicht benutzen würden. Deswegen muss hier unterschieden werden, ob es Funktionen mit einer zu erwartenden häufigen Nutzung sind, ob das Produkt ohne diese Funktionen am Markt existieren kann oder diese unabdingbar sind. Letztlich werden auch hier der Aufwand zur Umsetzung und die Implementierung der Funktionen mit in die Bewertung einbezogen. Dennoch liefern solche direkten Fragen auch neue Ideen für eine Produktweiterentwicklung. Eine solche Priorisierung kann wie in Tab. 13.1 aussehen (Nielsen et al. 2006).

13.3 Gesichtspunkte der Priorisierung

Bei der Priorisierung gibt es drei verschiedene Gesichtspunkte, nach denen ein Problem gelöst werden kann. In der Praxis wird bei der Problemlösung dabei versucht, gleich mehreren Gesichtspunkten gerecht zu werden.

- *Nutzersicht:* Ein Problem in der Suche ist für die Nutzer sichtbar und hat eine messbare Auswirkung auf den Suchprozess. Das heißt auch, dass das Problem zugunsten der Nutzer gelöst wird.
- *Produktsicht*: Ein Problem in der Suche ist für die individuelle Ausgestaltung des Produktes elementar, um die definierten User Experience Ziele zu erreichen. Das heißt, dass das Problem zugunsten der Individualität des Produktes gelöst wird.
- *Unternehmenssicht:* Ein Problem in der Suche beeinträchtigt die finanzwirtschaftlichen oder strategischen Ziele des Unternehmens. Das heißt, es wird das Problem dahingehend gelöst, dass die Zielerreichung des Unternehmens nicht beeinträchtigt wird.

Tab. 13.1 Priorisierung.

Priorität	Beschreibung
1	Die Erfüllung des Punktes ist zwingend notwendig.
2	Die Erfüllung des Punktes ist wichtig, wenn sie z. B. nicht unnötig Kosten zur Umsetzung produziert oder zeitintensiv wird.
3	Die Erfüllung des Punktes ist wünschenswert, wenn die Umsetzung z. B. nur geringe Kosten verursacht.

13.4 Darstellungsart von User-Experience-Problemen

Die aus den Tests extrahierten Aussagen lassen sich in einfacher Form darstellen. In Tab. 13.2 wurden als Beispiel aus einem qualitativen UX-Test in einem Labor sämtliche negativen Aussagen der Probanden in eine Tabelle eingetragen und gesammelt (Tullis et al. 2006).

Nebeneinander gestellt zeigen sie, wie viele Probanden insgesamt von einem Problem betroffen waren. Daraus kann nun der Schweregrad des Problems für die Nutzer abgeleitet werden. Dabei gilt: Je häufiger ein Problem genannt wurde, desto stärker wurde es von den Probanden in Summe wahrgenommen. Die einzeln genannten Punkte lassen sich nach den Seitenelementen und Themen gruppieren. Besonders häufig negativ erwähnte Elemente oder Themen können dann durch eine detaillierte Analyse überarbeitet werden. Zusammen mit der in Tab. 13.1 genannten Gewichtung können die Angaben zudem auf ihren Schweregrad innerhalb der Gesamtbetrachtung der Suchmaschine bewertet werden.

13.5 Kontrolle der Umsetzung

Mit der Übergabe der Testergebnisse und der Empfehlungen aus dem Test in die Fachabteilungen sollte der Prozess nicht abgeschlossen sein. Gerade an diesem Punkt ist es wichtig, die Umsetzung der Ergebnisse mit zu verfolgen und zu überprüfen. Zudem ist die Rückmeldung von den Fachabteilungen wichtig, um z. B. herauszufinden, welche Empfehlungen nicht vollständig umgesetzt werden können und aus welchen Gründen. Ein Gespräch zwischen den Beteiligten ist demnach wichtig, um neue Maßnahmen zu planen und weitere Fragestellungen zu erörtern. Die nutzerzentrierte Produktgestaltung der Suche ist als ein iterativer Prozess zu verstehen, bei dem sich alle an der Produktentwicklung beteiligten Personen regelmäßig über die Ziele und auch Hürden austauschen sollten (s. Kap. 14). Demzufolge muss geklärt werden, wie die verschiedenen Ziele der Stakeholder[1] der Suche

---

[1] Ein Stakeholder ist jemand, der ein Interesse am Verlauf oder Ergebnis eines Prozesses oder Projektes hat; auch zunächst scheinbar Unbeteiligte wie Kunden oder Mitarbeiter. Laut Definition nach ISO 10006 sind Stakeholder eines Projektes alle Personen, die ein Interesse am Projekt haben oder von ihm in irgendeiner Weise betroffen sind. Man unterscheidet *aktive* und *passive* Stakeholder. Aktive Stakeholder arbeiten direkt am Projekt mit (z. B. Teammitglieder) oder sind

Tab. 13.2 Darstellung der UX-Probleme aufgeschlüsselt nach Proband

	Beschreibung des Problems	P1	P2	P3	P4	P5	P6
1	Suchvorschläge haben sich nicht geöffnet		X	X	X		
2	Suche-Button gibt keine Rückmeldung	X	X				
3	Video im Suchergebnis lässt sich nicht abspielen				X		
4	Datumsanzeige zu den Ergebnissen wird vermisst					X	X
5	Abspielmöglichkeit von Videos aus der SERP heraus übersehen	X	X	X	X		X

wie Marketing, Design, Kunden, Technik etc., in einer übergreifenden Strategie zusammengebracht werden können. Mit der Umsetzung der Ergebnisse aus einem Test hört der Prozess einer User-Experience-Maßnahme somit nicht auf, sondern die Beobachtung des Erfolgs der Maßnahmen und die Kommunikation mit den Stakeholdern beginnen im Anschluss an die Umsetzung.

Fazit

Die aus den Tests gewonnenen Aussagen müssen immer auf ihre Auswirkung und Wichtigkeit im Kontext einer Suche priorisiert werden, bevor sie implementiert werden können. Weiterhin stellt sich die Betrachtung der Ergebnisse aus Nutzer-, Produkt- und Unternehmenssicht als hilfreich für die Priorisierung dar.

Das Kapitel hat gezeigt, dass nach der systematischen Auswertung der Ergebnisse und der Priorisierung nach verschiedenen Gesichtspunkten die Umsetzung in einem Maßnahmenplan erfolgen muss. Die Priorisierung der Ergebnisse sollte dabei nicht nur nach einem Gesichtspunkt erfolgen, sondern gleichermaßen die Nutzer-, Produkt- und Unternehmenssicht beinhalten. Somit wird ausgeschlossen, dass die Suche nur nach einem Gesichtspunkt weiterentwickelt wird. Dabei ist es wichtig, die Umsetzung der Maßnahmen zu kontrollieren, um den Erfolg einer durchgeführten UX-Maßnahme bewerten zu können.

direkt vom Projekt betroffen (z. B. Kunden, Lieferanten, Unternehmensleitung). (Wikipedia, http://de.wikipedia.org/wiki/Stakeholder. Zugegriffen: 2. Januar 2012)

Literatur

Krug S (2010) Rocket surgery made easy. The do-it yourself guide to finding and fixing usability problems. New Riders, Canada

Krug S (2002) Don't make me think! Web Usability – Das intuitive Web. mitp, Bonn

Morville P (2009) User experience deliverables. http://semanticstudios.com/publications/semantics/000228.phpb. Zugegriffen: 2. Januar 2012)

Nielsen J, Pernice K (2009) Eyetracking web usability. Addison-Wesley, Amsterdam

Nielsen J, Loranger H (2006) Web usability. Addison-Wesley, München

Richter M, Flückiger M (2010) Usability Engineering Kompakt – Benutzbare Software gezielt entwickeln. Spektrum Akademischer Verlag, Heidelberg

Righi C, James J (2007) User-centered design stories, real – World UCS case studies. Morgan Kaufmann, New York

Tullis T, Albert B (2008) Measuring the user experience – Collecting, analyzing, presenting usability metrics. Morgan Kaufmann, Burlington

14

Zusammenfassung

Dieses Kapitel behandelt die Produktentwicklung der Suche, die als ein stetiger Prozess der Erneuerung und Optimierung anzusehen ist. Dabei wird auf Methoden eingegangen, die dazu beitragen, neue Ideen für die eigene Suche herauszufinden. Als einen wichtigen Baustein innerhalb der Weiterentwicklung ist die gleichbleibende Qualität der User Experience zu betrachten. Durch die permanent neuen und sich ändernden Faktoren sollte der Fokus der gesetzten User-Experience-Ziele nicht verloren gehen. Sie sind als permanente Messgröße neben den Unternehmenszielen zu integrieren und zu entwickeln. Zusätzlich wird in diesem Kapitel kurz auf den Einfluss der Technologie auf die User Experience eingegangen. Die verwendete Technologie stellt letztlich einen Meilenstein in der Entwicklung von intelligenten und intuitiven Benutzeroberflächen für die Suche dar.

Um eine gute User Experience zu erreichen und sicherzustellen, wird ein geeigneter Prozess innerhalb der Produktentwicklung der Suche benötigt. Dabei sollte der Prozess flexibel genug sein, um den Balanceakt zwischen den verschiedenen Zielen, der stetigen Unsicherheit bezüglich des vorhandenen Budgets für die Produktweiterentwicklung und den technischen Veränderungen der Systemlandschaft zu schaffen.

Unternehmen setzen Suchfunktionen in ihren Intranets, Websites, Vertriebsplattformen und Applikationen auf verschiedene Art und Weise ein. Sie liefern darauf aufbauend verschiedene Services rund um die Suche und bedienen dadurch unterschiedliche Aktivitäten der Nutzer. Jede dieser Suchen hat dabei ihre eigenen strategischen Ziele und basiert auf unterschiedlichen technischen Implementationen und Lösungen. Diese organisatorischen und technischen Voraussetzungen spiegeln sich in der Benutzeroberfläche der Suche wider. Das heißt, dass die Voraussetzungen und der Kontext der Suche die User Experience prägen und auch beeinflussen (s. Kap. 2, 3, 4 und 5). Es wird deshalb ein stetiger Dialog zwischen den Beteiligten der Produktentwicklung der Suche benötigt und fordert darüber hinaus eine

S. M. Quirmbach, *Suchmaschinen*, X.media.press, DOI 10.1007/978-3-642-20778-5_14
© Springer-Verlag Berlin Heidelberg 2012

interdisziplinäre Zusammenarbeit zwischen den beteiligten Stakeholdern: dem Unternehmen, den Nutzern und den Entwicklern, um damit eine sehr gute User Experience der Suchmaschine zu erreichen und aufrechtzuerhalten. Denn auch die Suche kann nach den gängigen Messgrößen innerhalb der Organisation durch Produktmanager, Abteilungen, Inhaltelieferanten, Werbepartnern, Kunden etc. beurteilt werden. Ein Hauptziel der Unternehmen ist es, über ihre Website ihre Kunden zu erreichen. Ist die Suche in einem Shoppingportal eingebettet, bieten sich zur Unterstützung der Unternehmensziele Funktionen an wie die Integration von Vorschlägen für ähnliche Produkte oder *Kunden kauften auch*. Diese Funktionen haben das Ziel, z. B. den Abverkauf von Produkten zu fördern und die Nutzer länger auf der Website zu halten. Letztlich geht es um die zentrale Frage, was eine Suchmaschine erfolgreich macht. Es ist das Ergebnis aus einer optimalen User Experience, bestehend aus der Qualität der Indexe und der intelligenten Umsetzung der verwendeten Technologien. Zudem fügen sich weitere Faktoren ein, die oftmals nicht ausreichend bedacht werden: Es gibt eine Vielzahl an internen und auch externen Faktoren, die auf eine Suche einwirken. Dabei sind die internen Faktoren für die Nutzer nicht sichtbar.

Interne Faktoren
- Strategie,
- Zeit,
- Budget,
- Personen,
- Umsatzdruck,
- technische Infrastruktur
- etc.

Externe Faktoren
- Wetteränderungen bzw. Sommerwetter,
- sinkende Kaufkraft,
- Wirtschaftskrise oder -aufschwung,
- Ferienzeiten des Landes,
- Events,
- Ereignisse, Zeitgeschehen,
- rechtliche Entwicklungen,
- Wettbewerber,
- technologische Entwicklung
- etc.

Unterschiede zwischen internen und externen Faktoren
- *Interne Faktoren* können weitestgehend benannt und definiert werden und sind somit vorhersehbar und planbar. Die Faktoren Zeit, Budget und Personal sind dabei die Eckpfeiler der Produktentwicklung (Wöhe 1996).
- *Externe Faktoren* können nur teilweise benannt und definiert werden und sind somit meist nicht vorhersehbar oder vollständig planbar. Für die planbaren

Faktoren kann aber auch ein Jahreskalender erstellt werden, bei welchen Ereignissen oder Events die Suche wie zu reagieren hat. Dementsprechend können die Ergebnisse ausgesteuert und die User Experience optimiert werden.

Interne und externe Einflussfaktoren sind als Impulsgeber für die Weiterentwicklung einer Suche anzusehen. Letztlich bestimmen diese Faktoren, wie eine Suche von den Nutzern in ihrem Alltag und mit ihren individuellen Fragestellungen verwendet wird. Externe Faktoren können ideal dazu verwendet werden, um die Erwartungshaltung der Nutzer gegenüber einer Website konform zu bedienen. Dies kann beispielsweise dadurch geschehen, dass nicht nur die Hauptnutzungsszenarien einer Suche abgebildet werden, sondern diese auch speziell auf externe oder interne Faktoren flexibel reagiert bzw. reagieren kann, z. B.:

- Oftmals ist es so, dass es zu einem spontanen Ereignis wie z. B. einer Umweltkatastrophe noch keine hinreichenden Informationen in dem dazugehörigen Nachrichtenportal gibt, weil diese noch nicht indexiert wurden. Dabei kann entweder der Index aktualisiert werden oder, falls dies aufgrund interner Prozesse nicht zeitnah möglich sein sollte, ist die Integration von speziellen Ergebnisformaten zu dem Event möglich.
- Durch eine sinkende Kaufkraft kann eine Suche dahingehend die Nutzer motivieren, trotzdem zu kaufen oder in der dazu gehörigen Site zu stöbern, indem verstärkt die Sonderaktionen mit zu den Suchanfragen ausgeliefert werden.
- Um die Nutzer auf eine neue Funktion in einer Website hinzuweisen, wie z. B. Videos bewerten, können zur Förderung der Nutzung dieser Funktion auch aus den Ergebnisseiten heraus die einzelnen Resultate bewertet werden. Die Bewertungen werden entweder mit zum Video ausgegeben oder die Darstellung kann so erfolgen, dass die Bewertungen sichtbar angezeigt werden mit der Aufforderung, auch direkt zu bewerten.

14.1 Der Kontext der Produktentwicklung

Die Produktentwicklung einer Suche ist abhängig von vielen Faktoren, die im Kontext des Unternehmens zu sehen sind und den Produktentwicklungsprozess prägen. Um eine User-Experience-Strategie in einem Suchprodukt oder auch einer Website mit einer umfangreichen Suche zu etablieren, müssen die Voraussetzungen dafür im Unternehmen geschaffen werden. Auch wenn die Suche nur eine Hilfsfunktion in einem großen Portal oder einer großen Website ist, muss sie die Gesamtstrategie der übergreifenden Website oder des Portals mit unterstützen (Abb. 14.1) (Wöhe 1996).

- *Produktstrategie:* Neben den finanzwirtschaftlichen Zielen einer Suche müssen an dieser Stelle auch schon die Ziele für die User Experience implementiert sein. Es ist wichtig, die User-Experience-Ziele schon in der Produktstrategie zu verankern, damit nach deren Vorgaben entwickelt werden kann. Dabei kann das Produkt eine Suche oder eine Website mit größerer Suche darstellen. Die gemeinsame Produktvision bezüglich der UX-Ziele sollte für alle an der Produktentwicklung der Suche Beteiligten verständlich sein, damit gemeinsam auf diese Ziele hingearbeitet werden kann. Es ist die Frage zu klären, wie ein

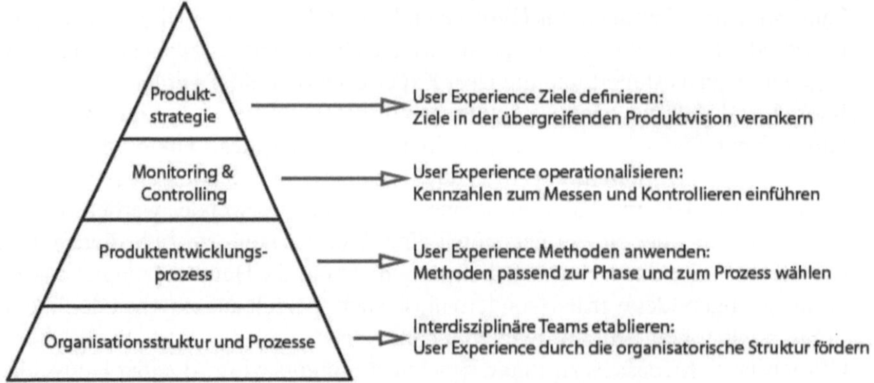

Abb. 14.1 Der Kontext der Produktentwicklung mit seinen Einflussfaktoren (Wöhe 1996)

Unternehmen mit seiner Suche im Markt auftreten möchte. Dabei können Ziele z. B. sein:

– Unsere Suche lässt sich einfach und schnell bedienen.
– Unsere Suche liefert immer die passenden Ergebnisse zur Suchanfrage.
– Unsere Suche unterstützt die Social Community durch Funktionen, die Ergebnisse direkt bewerten und kommentieren zu können, sowie durch die Möglichkeit, in den Bewertungen und Kommentaren der Community zu suchen.
– Unsere Suche regt die Nutzer durch das Anzeigen intelligenter Empfehlungen zur eingegebenen Suchanfrage dazu an, in den Inhalten zu stöbern.

• *Monitoring und Controlling:* Die Kennzahlen für die User Experience müssen hierbei zusätzlich mit in die Kontrolle der finanzwirtschaftlichen Kennzahlen einfließen. Das bedeutet, dass regelmäßig quantitative und qualitative Daten erhoben werden müssen. Sinken die UX-Kennzahlen, kann somit rechtzeitig reagiert werden, um die Gründe zu hinterfragen (s. Kap. 8 und 9). Kennzahlen können dabei sein:

– Nutzer pro definiertem Zeitraum (wöchentliche oder monatliche Auswertung),
– Nutzung pro definiertem Zeitraum (wöchentliche oder monatliche Auswertung),
– Anzahl der Null-Treffer-Seiten (wöchentliche oder monatliche Auswertung).

• *Produktentwicklungsprozess:* Viele Unternehmen entwickeln nicht mehr nach dem traditionellen Phasenmodell oder Flussdiagramm, sondern nach agilen Methoden, wie Kanban[1] oder SCRUM[2]. Durch den schnelleren Entwicklungsmodus

---

[1]   Kanban in der IT ist ein Vorgehen, das bei der Softwareentwicklung die Anzahl paralleler Arbeiten, den *Work in Progress* (WiP), reduziert und somit schnellere Durchlaufzeiten erreicht und Probleme – insbesondere Engpässe – schnell sichtbar macht. (Wikipedia, http://de.wikipedia.org/wiki/Kanban_in_der_IT. Zugegriffen: 6. Januar 2012)
[2]   Scrum (Deutsch: Gedränge) ist ein Rahmenwerk zur Entwicklung komplexer Produkte, das derzeit vor allem in der Entwicklung von Software angewendet wird. Der Ansatz von Scrum ist empirisch, inkrementell und iterativ. Er beruht auf der Ansicht, dass die meisten modernen

der agilen Methoden mit ihren sehr viel kürzeren Phasen müssen sich auch die Maßnahmen zur User Experience anpassen. Das heißt für die Methodenauswahl, dass bei einer agilen Entwicklung schneller durchführbare Maßnahmen zur Verfügung stehen müssen als bei einer traditionellen Entwicklungsmethode, bei der viel mehr Zeit zwischen den einzelnen Phasen vorhanden ist. Dementsprechend haben die Agenturen schon auf die neuen Anforderungen reagiert und bieten schnelle Usability-Tests an, die innerhalb von zwei bis drei Tagen durchgeführt werden und bei denen spätestens am dritten oder vierten Tag die Ergebnisse vorliegen. Die Evaluationsmethoden sollten idealerweise begleitend in jeder Phase des Produktentwicklungsprozesses eingebettet sein. Wie in den Kap. 11 und 12 aufgezeigt, sind für jede Phase des Entwicklungsstandes verschiedene qualitative und quantitative Evaluationsmethoden vorhanden. Sie sind unabhängig davon, welche Entwicklungsmethode angewendet wird.

- *Organisationsstruktur und Prozesse:* Meist liegen im Unternehmen starre Prozesse vor, welche die Produktentwicklung vorgeben. Dabei sind die einzelnen Abteilungen in sich abgeschlossen, und die Produktentwicklung erfolgt auch zwischen den Fachabteilungen weitestgehend getrennt bzw. unabhängig. Eine funktionierende UX-Strategie, die der Produktvision gerecht werden soll, erfordert jedoch interdisziplinäre Teams, die schon von Beginn an zusammenarbeiten und demnach auch ein Verständnis über die Ziele und die Vision haben. Das ist bedeutsam, damit der Austausch uber die Ergebnisse von Tests von allen Beteiligten nachvollzogen und umgesetzt werden kann.

Das Verständnis um die Zusammenhänge ist hilfreich, um die Einflussfaktoren einer erfolgreichen Produktentwicklung der Suche zu kennen (Beyer et al. 1998, S. 192 ff). Einflussfaktoren schließt sowohl die negativen als auch positiven Faktoren ein:

- Negative Faktoren können zu einer Verzögerung in der Produktentwicklung führen oder Neuentwicklungen blockieren. Diese Faktoren sollten dementsprechend aufgelöst werden, da sie meist von den Nutzern auch wahrgenommen werden.
- Positive Faktoren sollten dabei selbstverständlich weiterhin beibehalten und gefördert werden. Sie tragen zur Festigung der Strategie bei.

Der Kontext der Produktentwicklung zeigt zudem, dass es nicht ausreicht, die UX-Werte für eine einzelne Phase zu definieren, sondern sie in der Vision zu verankern und in der Organisationsstruktur vorzusehen. Damit sie vom Produktmanagement gelebt werden können, müssen organisatorische Rahmenbedingungen gegeben werden, wie die Möglichkeit der Zusammenarbeit in interdisziplinären Teams. Das ist wichtig, damit der Produktmanager auch ohne lange Umwege mit Techniker und Designer Rücksprache halten kann, um neue Ideen vorab zu besprechen. Das Ziel dahinter ist, den Produktentwicklungsprozess der Suche so zu gestalten, dass er effektiv und effizient ist.

Entwicklungsprojekte zu komplex sind, um durchgängig planbar zu sein. Scrum versucht, die Komplexität zu reduzieren. (Wikipedia, http://de.wikipedia.org/wiki/Scrum. Zugegriffen: 6. Januar 2012)

14.2 Marktforschung als Treiber der Produktentwicklung

People don't know what they want, not before they see it. Every object of desire is a found object. William Gibson

Aus der Produktentwicklung ist die Marktforschung nicht mehr wegzudenken, denn sie liefert mit ihren vielfältigen Evaluationsmethoden fundiertes Basiswissen über den Markt und die Kunden sowie neue Ideen für das eigene Produkt. Bei der Marktforschung wird sehr detailliert und tief in eine Analyse eingestiegen und die Märkte und Kunden (Endkonsumenten) nach verschiedenen Faktoren durchleuchtet. Zu den Faktoren zählt u. a. die Entwicklung von Suchtechnologien, von Programmierungstechniken oder von Endgeräten mit speziellen Eigenschaften, z. B. Touchscreens. Die Wirkung der eigenen Produktstrategie im Markt und der Mitbewerber werden hierbei detailliert über die Jahre verfolgt und bewertet. Hierdurch können frühzeitig Markttendenzen erkannt werden. Dies kann bei Produkteinführungen zu Wettbewerbsvorteilen führen, wenn schneller als bei den Wettbewerbern auf die neuen Situationen eingegangen wird (Wöhe 1996, S. 597 ff). Als Teilbereiche der Marktforschung sind auch die quantitativen und qualitativen Evaluationsmethoden zu verstehen, die in Kap. 11 beschrieben wurden. Zu den wichtigsten Erhebungsmethoden der Marktforschung zählen Befragungen, Beobachtungen und Experimente. Sie geben in Summe einen guten Einblick in das Verhalten der Nutzer bzw. Endkonsumenten mit dem Produkt. Dabei ist es die Hauptaufgabe der Marktforschung, den vorhandenen Informationsbedarf über das eigene Produkt, die Konkurrenzprodukte und die Endkonsumenten im Marktumfeld zu decken. Dies bedeutet, mittels der Marktforschungsmethoden herauszufinden, wie das eigene Suchprodukt im Kontext der Nutzer, des Marktes und der Konkurrenz steht (Abb. 14.2).

Im Besonderen werden dabei entweder unternehmensinterne Informationen, Informationen über die Rahmenbedingungen oder den Markt benötigt, um ein Gesamtbild des Produktes zu bekommen. Die Marktforschung liefert folglich den Entscheidungsträgern des Produktes kontinuierlich Informationen über den Markt, das Produkt und die Bedürfnisse der Nutzer. Dies erfolgt immer im Hinblick auf eine Optimierung der Suche zur Förderung der Nutzung und/oder des Umsatzes, z. B. durch den gesteigerten Abverkauf von Produkten oder die gesteigerte Nutzung der Services (Wöhe 1996, S. 608 ff). Auf das Umfeld einer Suchmaschine bzw. einer Suche bezogen heißt dies:

- *Angebot der Konkurrenten:* Hier wird im Detail untersucht, wie die Suchprodukte der Konkurrenten ausgestaltet sind, welche Funktionen diese verwenden und wie sie umgesetzt wurden. Zusätzlich werden beispielsweise auch Fragen wie nach der Innovationskraft der Konkurrenz und deren Marktanteil beantwortet.
- *Bedürfnisse der Nutzer:* Hierbei wird die grundlegende Bedürfnisstruktur der Nutzer untersucht, d. h., wie Nutzer suchen, mit welchen Fragestellungen sie innerhalb eines Angebotes oder Services die Suche verwenden, welche Funktionen sie verwenden und über welche Endgeräte sie suchen.

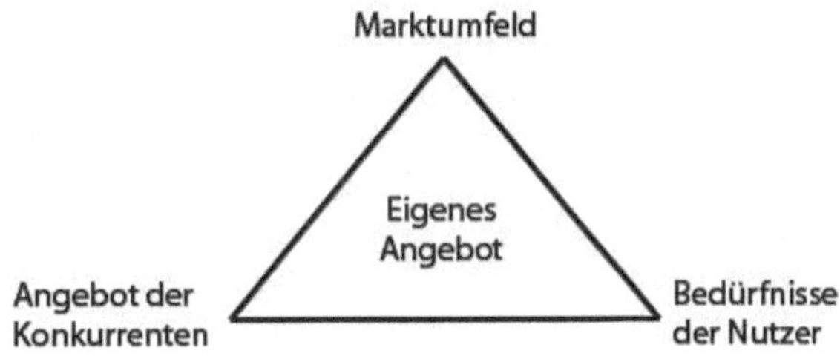

Abb. 14.2 Reflexion durch Marktforschung (Wöhe 1996)

- *Marktumfeld:* Hierbei wird untersucht, wie sich z. B. die Suchtechnologie entwickelt, welche neuen Lösungen es gibt, wie der Markt neue Endgeräte etabliert, wie sich der Markt generell in Deutschland oder auch weltweit aufteilt und woher die Innovationen im Bereich der Suche kommen.

Eine systematische Planung über das Jahr sollte deshalb auch in der Entwicklung von Suchmaschinen und Suchprodukten nicht fehlen. Die vorherigen Kapitel haben aufgezeigt, wie ein kontinuierlicher Einsatz von Evaluationsmaßnahmen erfolgen kann. Insbesondere auch in Abhängigkeit von dem gewählten Produktentwicklungsprozess und den vielfältigen Einflüssen interner und externer Faktoren verlangt es nach einer stetigen Reflexion des eigenen Produktes mit dem Markt, den Kunden und dem Wettbewerb. Hierdurch kann nicht nur eine gute User Experience geschaffen werden, sondern die finanzwirtschaftlichen Faktoren können gleichzeitig mit erfasst und reflektiert werden im Sinne einer übergreifenden Produktstrategie. Die Vorgehensweise zur Auswahl und Durchführung von Maßnahmen zur Marktforschung ist immer gleich und wie auch schon in Kap. 10 erläutert, systematisch anzugehen. Dabei wird oftmals auch eine Agentur oder ein Institut für spezielle Marktforschung beauftragt. Typische Produkte der Marktforschung sind hierbei z. B. Panel, Zeitreihen oder Ad-hoc-Studien (s. Kap. 11). Die Marktforschung sollte, genau wie die User-Experience-Ziele, in einer Produktstrategie verankert sein, die dem Unternehmensleitbild entspricht. Nur so ist garantiert, dass eine stetige Reflexion mit dem Markt, der Konkurrenz und den Nutzern stattfindet, um die Suche in ihrem Kontext zu erfassen.

Dabei lassen sich verschiedene Stufen der Ausprägung und Integration einer Suchfunktion benennen (Stapelkamp 2007, S. 558 ff):

1. *Primärfunktion:* Die Suche ist eine Hauptfunktion der Website, wie z. B. bei Flickr, YouTube oder einer Desktopsearch. Bei dieser Ausbaustufe der Suche wird oftmals von einem suchebasierten Portal gesprochen (Engl.: „search driven portal"). Zu dieser Stufe zählen aber auch Bibliothekskataloge an der Universität oder professionelle Datenbanken.
2. *Primärfunktion:* Die Suche ist gleichberechtigt neben den anderen Funktionen oder ist eine Hauptfunktion innerhalb eines Angebotes, das zudem über verschiedene Endgeräte bedient werden kann. Hier wird parallel über mehrere Endgeräte die Suche von den Nutzern verwendet. Dies betrifft
   - Webangebote, die auch mobile Applikation für Smartphones anbieten, wie immobilienscout.de oder ebay.de,

– E-Mail-Programme, die auf verschiedenen Endgeräten installiert werden können, wie Microsoft Outlook oder Google Mail.

3. *Sekundärfunktion:* Die Suche ist gleichberechtigt neben den anderen Funktionen auf der Website zu sehen und erweitert den Sinn des Angebotes. Dabei umfasst die Website viele meist verschiedene Dokumente und Dateien und veröffentlicht regelmäßig bis mehrmals am Tag neue Inhalte, die indexiert werden müssen. Dies betrifft

– Webangebote, wie z. B. bild.de oder spiegel.de,

– Communities, wie facebook.de oder ciao.de,

– Intranet eines Unternehmens bzw. Enterprice Search.

4. *Tertiärfunktion:* Die Suche ist eine Nebenfunktion auf einer Website, die nur wenige Inhalte im Index enthält. Sie erweitert das Angebot, ohne zwingend notwendig zu sein. Das betrifft vor allem kleinere Websites, wie private Homepages oder die durchsuchbaren Hilfeseiten bei kleineren Softwareprodukten. Das heißt, es besteht nur ein kleiner Index und die Sites oder Dokumente werden nur selten aktualisiert. Auch kommen nur sehr selten neue Sites oder Dokumente zum Index hinzu.

Sobald die Suche eine größere Funktion und einen größeren Platz einnimmt, also ab der Sekundärfunktion, muss sie im Rahmen einer erweiterten Marktforschung mit betrachtet werden. Dabei ist es für die Nutzer nicht wichtig, ob eine datenbank- oder indexbasierte Suche vorliegt. Diese Aspekte betreffen einzig die Seite des Produktmanagements, die zu klären hat, wie die datenbankbasierte Suche nutzerfreundlich umgesetzt werden kann. Durch die Marktforschung lässt sich die Antwort auf die Frage finden, wie ein Produkt gestaltetet werden muss, damit es besser als das Konkurrenzangebot den Vorstellungen und Bedürfnissen der Nutzer entspricht.

14.3   Kosten und Nutzen von User-Experience-Maßnahmen

Eine nutzerfreundliche und effiziente Suche, zusammen mit einem individuellen Design, ist ein Differenzierungsmerkmal im Wettbewerb. User-Experience-Maßnahmen für die Suche sollten deshalb nicht als zusammenhanglose Einzelaktion eingesetzt werden, sondern immer in einem Produktentwicklungszyklus zur Anwendung kommen und als ein fester Bestandteil der Strategie gesehen werden. Dies ist oftmals nicht möglich, weil u. a.:

• kein Budget vorhanden ist, um die Suche weiterzuentwickeln oder eine Marktforschung durchzuführen,

• fehlendes oder nur geringes Verständnis über die Chancen durch regelmäßige Marktforschung in einem Unternehmen vorhanden ist,

• keine zuständige Person vorhanden ist, die das Thema durchgehend betreuen kann.

Es ist für die Existenz einer Marktforschungsabteilung oder zum Erhalt des Marktforschungsbudgets elementar, den Erfolg der UX-Maßnahmen auch unter finanzwirtschaftlichen Gesichtspunkten messbar zu machen. Durch einen messbaren und dadurch benennbaren Erfolg wird die Grundlage zur Etablierung regelmäßiger Tests unterstützt. Der wirtschaftlich messbare Aspekt liegt dabei oftmals nur auf einem einzigen, monetär erfassbaren und benennbaren Faktor, dem *Return on Investment* (ROI) oder als ein neuerer Wert dem *Net Present Value* (NPV), der dem Kapitalwert entspricht (Wöhe 1996). Die Herausforderung bei den UX-Maßnahmen ist die Darstellung des Erfolgs einer Maßnahme in einem sehr frühen Stadium der Entwicklung, z. B. bei der Analyse. Für Wirtschaftlichkeitsbetrachtungen von User-Experience-Methoden werden deshalb nicht nur die klassischen Kosten dem Nutzen gegenübergestellt, sondern auch die Benefits daraus mit einbezogen. Benefits meint hierbei den Zusatznutzen bzw. den Zusatzgewinn, der sich insbesondere bei der Durchführung von UX-Maßnahmen in frühen Phasen der Produktentwicklung nicht mit den Werten der Kosten-Nutzen-Rechnung erfassen und darstellen lässt. Diese haben jedoch in Summe einen erheblichen, wenn auch in vielen Fällen schwer quantifizierbaren Einfluss auf die Wirtschaftlichkeit eines Projektes. Es wird hierbei unterschieden zwischen:

- *Direkte Monetarisierung:* Der direkte Nutzen durch eine Steigerung der Erträge ist messbar.
- *Indirekte Monetarisierung:* Es gibt einen messbaren emotionalen Nutzen, wie z. B. die Steigerung der Kundenzufriedenheit. Dieser Nutzen führt in Folge zu einer Mehrnutzung der Suche, was wiederum in Folge zu einer direkten Monetarisierung führen kann.

Die indirekte Monetarisierung stellt die Benefits der Suche dar und bezeichnet den Zusatznutzen. Messgrößen für Benefits im Umfeld von Suchmaschinen sind beispielsweise:

- die Zufriedenheit der Nutzer, die sich dahingehend auswirken wird, dass sie die Suche gern benutzen,
- die Erfolgsrate bei der Erfüllung einer Suchaufgabe,
- der Zeitaufwand, der für die Erfüllung der Aufgabe gebraucht wurde (Engl.: „time to task"),
- der Spaß an der Nutzung der Suche (Engl.: „joy of use"),
- Nutzerfreundlichkeit der Suche.

Die aufgezählten Benefits stellen dabei einen nicht monetär messbaren Faktor zur Bewertung einer UX-Maßnahme dar. Sie können im Sinne einer betriebswirtschaftlichen Kosten- und Nutzenanalyse nur begrenzt gemessen werden. Die indirekten Werte werden somit von den UX-Methoden geliefert. Auch an dieser Stelle wird wieder deutlich:

1. Die Wichtigkeit einer frühzeitigen Definition und Implementierung von User-Experience-Zielen in die Produktstrategie ist unumstritten.
2. Die regelmäßige Durchführung von UX-Maßnahmen begleitend zum Produktlebenszyklus macht den Erfolg der UX-Ziele sichtbar.

Die Herausforderung bei einer Kosten- und Nutzenanalyse für die Marktforschung ist wie folgt zu erklären: Durch die hohe Individualität der einzelnen Maßnahmen wird es schwer, diese mit einem festen Wert zu versehen. Die Individualität wird u. a. bedingt von der benötigten Stichprobengröße, der Methode, ob eine Agentur dafür eingesetzt wird, ob Programmieraufwand entsteht u. v. m. Ein fester

Wert wäre jedoch wichtig, um eine Kalkulation aufzustellen, wie viel Budget für die User-Experience-Methoden benötigt wird. Oftmals ist es in der Praxis so, dass vor der Produktentwicklung ein Budget in einer bestimmten Summe dafür kalkuliert wird, dieses aber nicht für die Fragestellungen der Suche ausreicht oder aber viel zu hoch angesetzt wird. Dazu lässt sich folgende Aussage treffen: Je früher in der Produktentwicklungsphase die Änderungen erfolgen, desto günstiger sind sie in ihrer Umsetzung. Zur besseren Visualisierung eine schematische Darstellung, die zeigt, dass die Kosten umso höher werden, je später die Änderung am Produkt erfolgt (Abb. 14.3) (Bias und Mayhew 1994). Am teuersten gestalten sich die Änderungen an einem Produkt, das sich schon im Betrieb befindet. Je nach Fragestellung können hier aufgrund der hohen Kosten auch Änderungen nicht umgesetzt werden, da sie das Budget hierfür überschreiten.

Liegen die Ergebnisse aus einem User-Experience-Test vor, werden die Umsetzungsempfehlungen daraus nach verschiedenen Gesichtspunkten priorisiert. Ein Priorisierungspunkt dabei ist, wie kostenaufwändig die durchzuführenden Änderungen sein werden. Es gibt dabei Punkte, die auf den ersten Blick vielleicht schnell und einfach umzusetzen erscheinen, sich jedoch aber als sehr kostenintensiv erweisen, da sie viele Tage zur Programmierung benötigen, z. B.:

- Die Implementierung der Anzeige von Bewertungssternen zu einem Ergebnis ist relativ einfach und schnell umzusetzen. Sofern die Bewertungen mit indexiert worden sind, bedarf es einer Anpassung der Ergebnisdarstellung.
- Zusätzlich eine Routine zur Verfügung zu stellen, bei der die Nutzer direkt das Ergebnis bewerten können und auch das Resultat ihrer Bewertung sehen, erfordert im Vergleich zur einfachen Anzeige der Bewertungssterne mehr Aufwand.

Festzuhalten ist, dass die aus den Maßnahmen resultierenden Empfehlungen vorab auf ihre Kosten und ihren Nutzen im Gesamtzusammenhang des Produktes analysiert werden müssen. Auch sollte der indirekte Nutzen für den Erfolg einer Suche nicht unterschätzt werden, wobei dieser nicht einzig am ROI festzumachen ist. Dahingehend ist zu empfehlen, auch die weichen Kriterien wie Nutzerfreundlichkeit oder Erfolgsrate mit in die Gesamtbetrachtung einer Kosten- und Nutzenanalyse aufzunehmen.

14.4   Einfluss der Suchtechnologie auf die User Experience

Eine intelligente Suche nimmt den Nutzern die Arbeit durch sinnvoll integrierte Hilfsmittel an der richtigen Stelle weitestgehend ab und unterstützt sie im Suchprozess.

Neben dem Ziel der Unternehmen, durch ihr Produkt ihren finanzwirtschaftlichen Plänen gerecht zu werden, muss den Nutzern ein effektives und effizientes Werkzeug zur Erfüllung ihrer Informationsbedürfnisse angeboten werden. Die optimale Gestaltung der Suchprozesse und des Suchinterfaces trägt dem Rechnung.

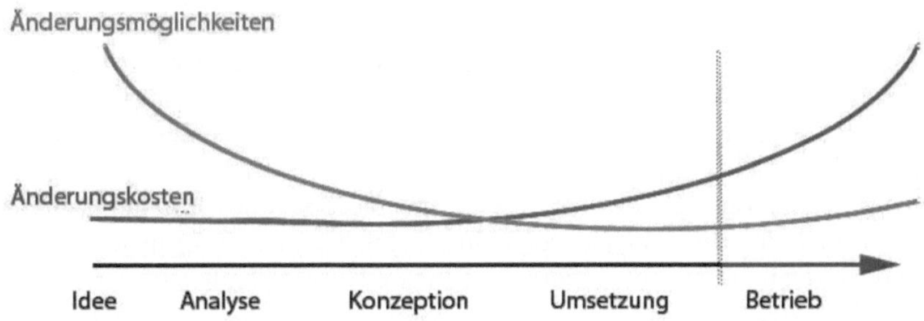

Abb. 14.3 Änderungskosten und -möglichkeiten im Verlauf der Produktentwicklung (Bias und Mayhew 1994)

Beachtet werden müssen bei einer Suchmaschine immer die Aufbereitung und Darstellung der Daten, die mit in die Gesamtbetrachtung der User Experience einfließen. In diesem Abschnitt wird der Zusammenhang zwischen der verwendeten Suchtechnologie und der User Experience erläutert. Es werden dabei Möglichkeiten aufgezeigt, um eine optimale Search Experience zu gestalten. Oftmals ist es so, dass durch Einführung einer anderen Technologie auch die Gestaltungsmöglichkeiten des Produktes sowohl positiv als auch negativ beeinflusst werden. Idealerweise wird bei der Einführung einer anderen Technologie eine solche verwendet, die mehr Möglichkeiten bei der Gestaltung der Suche bietet und die Suchprozesse besser unterstützt. Aus der Erkenntnis über die Nutzungskontexte der Suche, des Datenmaterials und des Suchprozesses können somit neue Ideen umgesetzt werden, die mit der bestehenden Technologie nicht umgesetzt werden konnten oder deren Umsetzung sehr kostenaufwändig wäre. Das heißt, durch die Möglichkeit der Technologie, z. B. Unternehmensziele intelligent in die Rankingprofile zu bringen und Ergebnisse dementsprechend auszuliefern oder durch eine flexiblere Integration verschiedener Schnittstellen, kann die User Experience für Nutzer erheblich gesteigert werden. Auch ein Tuning kann schnell umgesetzt werden, z. B. die Performance zur Steigerung der User Experience, indem die einfachen Maßnahmen beachtet werden, wie folgende Beispiele zeigen (Bennett et al. 2010):

- *Best Bets:* Hierbei wird das natürliche Ranking der Suchmaschine bewusst übersprungen, indem zu einer Suchanfrage sehr relevante oder besondere Treffer oberhalb der generischen Liste angezeigt werden. Dies kann im visuellen Design so umgesetzt werden, dass für die Nutzer optisch kein Unterschied zwischen den generischen und den gepushten Ergebnissen sichtbar ist. Dies wird meist praktiziert, um die Unzulänglichkeiten der Suchmaschine zu übergehen. Als Beispiel sind ältere Content-Management-Systeme zu nennen, die noch nicht hinreichend auf die Bedürfnisse der Suche ausgestaltet sind.
- *Query Federation:* Bezeichnet die Zusammenführung der Suchanfrage und der Ergebnisauslieferung. Hierbei wird ein Zugriff auf Informationen möglich, die

in verschiedenen Systemen liegen oder durch diverse Einschränkungen nicht über eine Schnittstelle zugänglich wären. Die Nutzer können somit auf Informationen zugreifen, ohne dass diese vorab in einen Index oder in einer Quelle zusammengelegt werden müssen. Dabei sollte die Benutzeroberfläche so gestaltet sein, dass für die Nutzer die dahinterliegende Komplexität der Systeme nicht sichtbar wird.

Bei der Technologie geht es also immer um die optimale Gestaltung und das Zusammenspiel der drei Hauptaspekte in Suchmaschinen: Informationen sammeln, indexieren und über eine intuitiv bedienbare Nutzerschnittstelle verfügbar zu machen. Es ist zudem für die Produktentwicklung einer Suche unumgänglich, den Einfluss strategischer Regeln des Unternehmens auf die Ziele zu verstehen (Lervik et al. 2006, S. 67). Nur so können Nutzungsszenarien hinreichend bedient werden, damit die Nutzer die gewünschten Informationen erhalten. Dabei sollten Suchtechnologie, Suchalgorithmen, Regeln und Verfahren idealerweise immer die Schwächen der Inhalte verstecken. Schwächen sind beispielsweise:

- Die Benennung der zu indexierenden PDF-Dateien ist für die Nutzer nicht eindeutig und ergibt keinen Sinn.
- Die Metatags bei Videos sind entweder nicht vollständig für jeden Eintrag im Index oder gar nicht vorhanden.
- Fehlende Produktbilder zu Einträgen im Index.

Die intelligente Suche

Zunehmend werden intelligente Funktionen und Werkzeuge für den Nutzer, wie Suchhistorie, Navigationshistorie, Klickhistorie oder Empfehlungen basierend auf Nutzungsstatistiken oder Verkaufszahlen in das Suchinterface integriert. Als intelligent werden sie deswegen bezeichnet, weil sie nicht nur einen Wert oder eine Aussage wiedergeben, sondern die Ergebnisse mit Verhaltensdaten der Nutzer verknüpfen. Dabei können die Daten eines einzelnen Nutzers verknüpft werden oder ganzer Nutzergruppen, die zwar unterschiedliche Merkmale haben, aber z. B. gleiche Kaufinteressen oder Nutzungsvorlieben. Dies geht so weit, dass sie Nutzer dazu anregen, sich mit den Inhalten einer Website oder einem Webangebot mehr zu beschäftigen. Diese Funktionen und Werkzeuge werden zunehmend bei größeren Websites und Shoppingportalen mit großen Datenbeständen angeboten. Die Verwendung von intelligenten Funktionen wird umso wichtiger, je stärker die Funktion Suchen in das Angebot integriert ist (s. Abschn. 14.2). Oftmals gestaltet sich ein Nutzungsszenario auch so, dass es für den Nutzer nicht offensichtlich ist, ob er gerade in einer Suchergebnisliste ist, auf einer Detailseite oder innerhalb eines Prozesses. Das heißt, die Funktionen verschmelzen innerhalb eines Nutzungskontextes. Beispielsweise kann der Nutzer bei einer Sucheingabe direkt und ohne Umweg über die SERP zur Detailseite gelangen, wenn die Suchvorschläge auch schon die ersten passenden Ergebnisse komplett anzeigen (s. Abschn. 14.5). Ziel dahinter ist jedoch nicht nur, dass die Nutzer schneller ihre Informationen über die Suche bekommen. Vielmehr steckt dahinter das Bedürfnis seitens der Entwickler, den Nutzern den Aufwand bei der richtigen Formulierung der Suchanfrage, dem Stellen von mehreren Suchen oder auch dem Einschränken der Suchergebnisse abzunehmen. Dazu ist es wichtig, Motivationen und Verhalten der Nutzer zu kennen. Denn auch die verwendete Technologie ist ein wesentlicher Baustein für die Gestaltung der User Experience. Fehlerhaft oder unzulänglich implementierte Technologie ist auch für die Nutzer sichtbar. Die in diesem Buch vorgestellten Evaluationsmethoden helfen dabei, dies herauszufinden (s. Kap. 11 und Kap. 12).

14.5 Lokal, sozial und personalisiert

Die Anforderungen der Nutzer an eine Suche werden immer größer aufgrund der vielfältigen Nutzungsmotivationen und neuen Nutzungssituationen, auf die sie individuell eingehen soll. Durch die mobilen Endgeräte besteht die Anforderung der Nutzer, überall und jederzeit suchen zu können. Dabei soll die Suche die sozialen Kontakte der Nutzer beachten, Bewertungen ermöglichen und auch noch auf die individuellen Vorlieben der Nutzer eingehen können. Dies umso mehr, je stärker die Suche im Nutzungskontext der Applikation, der Website, des Services oder des Produkts relevant ist. Mehr denn je ist die Suche kontextbezogen und nutzerzentriert. Dabei sind die Hauptthemen, die eine Suche mit abbilden muss und die schon in vielen Ausprägungen und Kombinationen auf dem Markt sind:

- *Lokal (Location Based Services):* Charakterisiert Services, bei denen der aktuelle Standort des Nutzers als Basis für eine Suche automatisch herangezogen wird (Geolokalisierung). Bei dieser Suche wird die Lokalisation meist automatisch mit einer weiteren Bedingung der Nutzer kombiniert. Wobei auch meist der Ort von den Nutzern individuell geändert und angegeben werden kann. Beispiele sind:
    - Wetterportale, die das aktuelle Wetter des identifizierten Ortes ausgeben,
    - Kartendienste, die z. B. Hotels des identifizierten Ortes innerhalb einer Karte anzeigen,
    - Nachrichtendienste, die aktuelle Nachrichten zum identifizierten Ort ausliefern.
- *Personalisierung (Personalisation):* Bezeichnet die aktive oder passive Personalisierbarkeit der Suche. Bei der aktiven Personalisierung bestimmen die Nutzer selbst die Handlungen zum eigenen Vorteil. Diese unterstützen jedoch meist auch die Unternehmensstrategie. Die Nutzer stehen hierbei mit ihren Interessen und Vorlieben im Fokus und haben Möglichkeiten, die Darstellung von Funktionen, die Auslieferung und Weiterverarbeitung von Ergebnissen zu beeinflussen. Beispiele sind:
    - Verwendung vorgegebener oder individueller Designs für den Hintergrund des Services,
    - Zusenden von Ergebnissen bei Stellenbörsen, die neue Stellenangebote nach vorher persönlich ausgewählten Kriterien automatisch durchsuchen und diese Resultate ausliefern.

Bei der passiven Personalisierung bestimmt das Unternehmen, welche Personalisierungsmöglichkeiten für die Nutzer vorgenommen werden. Beispiele sind:

- automatisches Aufzeichnen der verwendeten Suchwörter und Ausgabe in der Benutzeroberfläche,
- automatische Lokalisation des Nutzers.
- *Sozial (Social Networking):* Benennt die Möglichkeit, einen Bezug der Nutzer zu ihren Netzwerken und Freunden herzustellen. Die Aktivitäten oder die Meinungen des Netzwerkes stehen hierbei im Fokus mit ihren Vorlieben und Interessen. Es ist liegt hierbei eine Vernetzung aufgrund bestimmter Aspekte der Freunde und Netzwerke vor. Diese Aspekte fließen mit in Bewertungen und Darstellungen von Suchergebnissen ein. Beispiele sind:
  - in einer Shoppingcommunity die Anzeige der Aktivitäten der Freunde, nach welchen Produkten diese zuletzt gesucht haben,
  - Anzeige der Bewertungen zu einem Suchergebnis, die von Freunden gegeben wurden.

Bei diesen Trends ist zu beachten, dass der Einfluss von mobilen Endgeräten auf die Nutzung der Suche sehr groß ist. Dabei verschmelzen auch zunehmend die Nutzungsszenarien dahingehend, dass eine Suche über mehrere Endgeräte erfolgt. Beispielsweise hat ein Nutzer in einem Geschäft ein Paar Stiefel entdeckt und möchte über das Smartphone herausfinden, ob diese Stiefel in einem speziellen Shoppingportal günstiger zu erwerben sind. Weil sich die Recherche nach einem Angebot über das Smartphone in diesem Augenblick in dem Geschäft als mühsam erweist, wird die Suche in dem Shoppingportal zu einem späteren Zeitpunkt zu Hause am Computer in Ruhe fortgesetzt. Durch das Verschmelzen der Nutzungsszenarien ist als Folge die Anpassung und Optimierung der Suche auf verschiedene Ausgabegeräte zu nennen. Dabei ist zu beachten, dass sich die Funktionen nicht immer an die gleiche Darstellungsart adaptieren lassen. Wegen der Bedingungen des Ein- und Ausgabegerätes, wie Fernsehbedienung, Tastatur oder Touchscreen eines Smartphones, müssen die Funktionen individuell angepasst werden (s. Abschn. 7.3). Dabei ist auch die Ergebnismenge spezifisch für das Endgerät anzupassen. Beispielsweise ist bei einem mobilen Endgerät stärker die Precision als der Recall für die Nutzer hilfreich (Tate 2011), da in diesem Nutzungskontext nur eine sehr geringe Bereitschaft vorhanden ist, durch lange Ergebnislisten zu blättern.

Fazit

Je nach Ausprägung und Funktionsumfang der Suche kann die Suche als eigenständiges Produkt behandelt und bewertet werden. Dabei müssen die Bedingungen der Produktentwicklung innerhalb des Unternehmens mit beachtet werden.

Um die Suche einfacher und bedienbar zu halten und die Nutzer im Suchprozess zu unterstützen, werden zunehmend intelligente Funktionen implementiert. Dies ist umso wichtiger, je stärker die Funktion Suchen in einer Website, einem Produkt oder einer Applikation integriert ist. Davon abgeleitet werden kann auch die Wichtigkeit der Suche, die nicht nur als kleinere Funktion, sondern als Hauptbestandteil eines Angebotes dazu beiträgt, den finanzwirtschaftlichen Zielen eines Unternehmens gerecht zu werden. Je ausgeprägter die Suche in einem Angebot ist, desto frühzeitiger und intensiver müssen die User-Experience-Maßnahmen zur kontinuierlichen Qualitätssicherung der Suche durchgeführt werden.

Literatur

Battelle J (2006) Die Suche, Geschäftsleben und Kultur im Banne von Google & Co. Börsenmedien AG, Kulmbach

Bennett M, Fried J et al (2010) Professional Microsoft search, FAST search, sharepoint search, and search server. Wiley, Indianapolis

Beyer H, Holtzblatt K (1998) Contextual design – Defining customer-centered systems. Morgan Kaufmann, New York

Bias R, Mayhew D (1994) Cost-justifying usability. Morgan Kaufmann, New York

Google (2009) Steigerung Ihres ROI mit Google Enterprise Search. Wie Google Suchlösungen Ihr Endergebnis im heutigen Wirtschaftsklima steigern können. http://static.googleusercontent.com/external_content/untrusted_dlcp/www.google.de/de/de/intl/de/enterprise/gsa/pdf/internal_search_roi_wp.pdf. Zugegriffen: 2. Januar 2012

Mayhew D Making a Business Case for Usability: Four Real Life Stories. http://drdeb.vineyard.net/index.php?loc=16&nloc=1. Zugegriffen: 2. Januar 2012

Morville P (2005) Ambient findability. What we find changes who we become. O'Reilly, Cambridge

Mutschler B, Manfred Reichert M (2004), Usability-Metriken als Nachweis der Wirtschaftlichkeit von Verbesserungen der Mensch-Maschine-Schnittstelle. Proc. IWSM/MetriKon Workshop on Software Metrics (IWSM/MetriKon'04). Königs Wusterhausen, Deutschland, S 407–418

Righi C, James J (2007) User-centered design stories, real –World UCS case studies. Morgan Kaufmann, New York

Stapelkamp T (2007) Screen- und Interfacedesign, Gestaltung und Usability für Hard- und Software. Springer, Berlin

Tate T (2011) Designing mobile search. http://www.slideshare.net/lucenerevolution/tate-designing-mobile-search-eurocon2011. Zugegriffen: 2. Januar 2012

Usability Professionals' Association (2002) The ROI of usability. http://www.upassoc.org/usability_resources/usability_in_the_real_world/roi_of_usability.html. Zugegriffen: 2. Januar 2012

Wöhe G (1996) Einführung in die allgemeine Betriebswirtschaftslehre. Vahlen, München

15

Zusammenfassung

In diesem abschließenden Kapitel werden Checklisten und Hilfestellungen für Produktmanager, UX-Experten, Designer und auch Techniker zur Planung von User-Experience-Maßnahmen und Erstellung von Qualitätsrichtlinien für Suchmaschinen vorgestellt. Diese können selbstverständlich individuell an den Kontext der Suchmaschine angepasst und erweitert werden.

15.1 Suchprozess

Dies sind die Checklisten und Arbeitshilfen, die je nach Kontext der Suche individuell ergänzt werden können. Sie bilden jedoch eine gute Grundlage für die Erstellung der Fragebögen für die Tests.

15.1.1 Die Sucheingabe

Ein Sucheingabefeld
- Bei der Sucheingabe ist deutlich gekennzeichnet, welche Themen die Nutzer dort eingeben können. Der Hinweis kann entweder innerhalb, ober- oder unterhalb des Eingabefeldes angezeigt werden.
- Die Schriftgröße und die farblichen Kontraste unterstützen die Lesbarkeit der Sucheingabe.
- Die Breite des Eingabefeldes ist ausreichend lang, damit mindestens 25 Zeichen in das Sucheingabefeld passen, bevor die Suchwörter aus dem sichtbaren Bereich des Eingabefeldes verschwinden.
- Der Autofokus der Website kann in dem Sucheingabefeld liegen.

Mehrere Eingabefelder der Suchmaske
- Die verschiedenen Sucheingabefelder sind deutlich dahingehend gekennzeichnet, welche Themen die Nutzer eingeben können. Der Hinweis kann entweder innerhalb, ober- oder unterhalb des Eingabefeldes angezeigt werden.

S. M. Quirmbach, *Suchmaschinen*, X.media.press, DOI 10.1007/978-3-642-20778-5_15
© Springer-Verlag Berlin Heidelberg 2012

- Die Schriftgröße und die farblichen Kontraste unterstützen die Lesbarkeit der Sucheingabe.
- Die Breite des Eingabefeldes ist ausreichend lang, damit mindestens 25 Zeichen in das Sucheingabefeld passen, bevor die Suchwörter aus dem sichtbaren Bereich des Eingabefeldes verschwinden.
- Die Suchmaske mit ihren Eingabefeldern und Optionen ist so aufgebaut, dass die für die Website oder Applikation wichtigsten Felder und Optionen zur Suche in der Reihenfolge zuerst angezeigt werden. Dabei ist die Leserichtung des jeweiligen Kulturkreises der Nutzergruppen zu beachten. In Deutschland ist die Leserichtung von links nach rechts, von oben nach unten.
- Die Anordnung der Sucheingabefelder und der Optionen ist für die Nutzer verständlich und logisch angeordnet.

Suche-Button

- Abbilden des Verhaltens des Suche-Buttons bei Mouse-over und Klick, sodass die Nutzer eine visuelle Rückmeldung bekommen.
- Eine eindeutige Bezeichnung des Suche-Buttons liegt vor.
- Die Suche kann sowohl mit Klick auf den Button gestartet werden als auch über die Eingabetaste der Tastatur.
- Der Suche-Button grenzt sich für die Nutzer eindeutig von der Funktion *Sucheingabe löschen* ab.

Weitere Optionen zum Einschränken vor der Suche

- Die Optionen sind eindeutig bezeichnet. Der Nutzer versteht die verwendete Terminologie.
- Die Optionen sind für die Nutzer einfach und verständlich zu bedienen.
- Die Optionen müssen nicht zwangsweise verwendet werden, um eine Suche zu starten. Falls dies doch gewünscht wird, deutlich für den Nutzer kennzeichnen.
- Bei einem Drop-down-Menü zur Auswahl des Suchraumes oder einer Kategorie ist die Standardeinstellung deutlich bezeichnet, wie z. B. *Alle Kategorien*.
- Die Einstellungen dürfen in ihrer unterschiedlichen Kombinationsweise keine Fehler produzieren.

Suchvorschläge

- Sehr schnelles Anzeigen der Suchvorschläge beim Eintippen.
- Das Auswählen der Suchvorschläge ist sowohl mit der Tastatur als auch mit der Maus möglich.
- Die Suchvorschläge sind relevant zur getätigten Suchanfrage.
- Keine doppelten Suchvorschläge ausliefern.
- Keine Suchvorschläge ausliefern, die Null-Treffer-Seiten produzieren.
- Kategorien als Suchvorschläge sind für die Nutzer sichtbar gekennzeichnet.
- Suchvorschläge, die direkt in eine Detailseite verlinken, sind für die Nutzer deutlich gekennzeichnet.
- Eine zu große Auswahl an Suchvorschlägen ist zu vermeiden, maximal 10 pro eingegebenes Zeichen.

- Die Suchvorschläge werden in einer für die Nutzer sichtbaren Schriftgröße angezeigt.
- Der farbliche Kontrast der Suchvorschläge zu dem Hintergrund der Site ist gegeben.

Suchhistorie

- Sehr schnelles Anzeigen der Suchhistorie beim Eintippen.
- Die Suchhistorie wird in einer für die Nutzer sichtbaren Schriftgröße angezeigt.
- Der farbliche Kontrast der Suchhistorie zu dem Hintergrund der Site ist gegeben.
- Auswählen der Suchhistorie ist sowohl mit der Tastatur als auch mit der Maus möglich.
- Ein aktives Ab- und Auswählen der Suchhistorie ist für die Nutzer möglich und einfach durchzuführen.
- Die Suchhistorie ist als solche nochmal separat für die Nutzer zu kennzeichnen, damit sie nicht mit den Suchvorschlägen verwechselt wird.

Position der Sucheingabe

- Die Sucheingabe innerhalb der Website, der Applikation oder des Dienstes ist für die Nutzer sehr schnell als solche erkennbar und nicht mit anderen Eingabefeldern des Angebotes verwechselbar.
- Die Sucheingabe wird nicht von Werbeelementen des Angebotes überdeckt und ist für die Nutzer direkt ansteuerbar.

Erkennbarkeit der Inhalte

- Die potentiellen Inhalte der Suche sind für die Nutzer vor der Suche erkennbar.
- Das Logo mit einem Hinweis der Quelle ist sichtbar eingebunden. Das Logo ist eventuell mit der Quelle verlinkt.

15.1.2 Verarbeitung der Sucheingabe

Sucheingabe absenden

- Nutzer bekommt eine Rückmeldung, dass der Suchprozess gestartet ist.
- Die Suche kann auch bei nur einem oder zwei eingegebenen Zeichen gestartet und verarbeitet werden.

Verarbeitung der Suche

- Eine schnelle Verarbeitung der Suchanfrage ist gegeben.
- Sonderzeichen und Umlaute werden richtig verarbeitet und provozieren keine Fehlermeldungen, einen Stopp des Suchprozesses oder Null-Treffer-Seiten.
- Wurde ein für die Suche wichtiges Feld nicht ausgefüllt, ist dies für die Nutzer eindeutig zu kennzeichnen, mit der höflichen Aufforderung, die fehlende Eingabe noch zu tätigen.
- Die Suche darf auch gestartet werden bzw. funktioniert, obwohl nur ein oder zwei Zeichen eingegeben worden sind.

15.1.3 Ausgabe der Suchergebnisse

Ein Sucheingabefeld
- In der Sucheingabe werden alle eingegebenen Suchwörter angezeigt.
- Es liegen keine Kodierungsfehler bei der Anzeige der Suchwörter vor.
- Wenn möglich, ist nur ein Sucheingabefeld auf der SERP vorhanden.
- Die Sucheingabe auf der SERP sollte so platzsparend gestaltet sein, dass zumindest noch ein generisches Ergebnis zu sehen ist. Betrifft insbesondere niedrige Auflösungen und Screens für mobile Endgeräte.
- Darstellung Sucheingabefeld und Button wie in Abschn. 15.1.1.

Mehrere Eingabefelder der Suchmaske
- In der Sucheingabe werden alle eingegebenen Suchwörter angezeigt.
- Es liegen keine Kodierungsfehler bei der Anzeige der Suchwörter vor.
- Wenn möglich, sind alle Felder der Suchmaske auf der SERP vorhanden.
- Darstellung Sucheingabefeld und Button wie in Abschn. 15.1.1.
- Die Suchmaske wird so platziert, dass noch generische Ergebnisse sichtbar sind. Alternativ kann sie auf der linken Seite der SERP platziert werden, sofern sie nicht mit Kategorien kollidiert.

Suchergebnisse
- Daten sind richtig abgebildet.
- Die Daten werden gemäß ihrer Definition angezeigt.
- Die Titelzeilen der Ergebnisse sind lesbar und werden nicht zu früh ausgepunktet. Wenn die Titelzeile ausgepunktet wurde, ist sie mit einem Mouse-over versehen, der den vollständigen Titel zeigt.
- Die Titelzeile der Ergebnisse ergibt einen Sinn. Es ist nicht der falsche Text indexiert und wird angezeigt. Dokumente wie z. B. .pdf, .doc oder .gif haben eine für Nutzer sinngebende Benennung.
- Die Ergebnisse unterscheiden sich für die Nutzer eindeutig untereinander.
- Es wird nicht bei einer Ergebnisliste zu einem Suchwort immer die gleiche Titelzeile und der gleiche Beschreibungstext mit ausgegeben. Die einzelnen Ergebnisse unterscheiden sich voneinander.
- Es liegen keine Dubletten der Ergebnisse vor.
- Die Titelzeile ist mit dem Zieldokument verlinkt.
- Umlaute und Sonderzeichen in den Ergebnissen sind richtig abgebildet.
- Falls Preise mit angezeigt werden, sind diese auf ihre Aktualität zu prüfen.
- Die Datumsanzeige ist korrekt abgebildet.
- Die Bilder sind passend zu den Ergebnissen.
- Die Bilder sind mit einem Mouse-over-Text versehen, der lesbar ist und Sinn ergibt.
- Die Beschreibungstexte der Treffer sind lang genug, sodass sich der Inhalt des dahinterliegenden Dokumentes erschließen lässt.
- Die Zieladresse ist verständlich abgebildet und verlinkt mit dem richtigen Zieldokument.

- Integrierte Werbung ist für die Nutzer deutlich gekennzeichnet. Die Kennzeichnung kann dabei auch dezent erfolgen, muss jedoch für die Nutzer nachvollziehbar sein.
- Das erste generische Ergebnis ist deutlich im sichtbaren Bereich des Browserfensters zu sehen bei einer kleinen Auflösung.
- Die Herkunft der Ergebnisse ist für die Nutzer eindeutig.
- Die Schriftgröße der Ergebnisliste ist für die Nutzer angemessen.
- Die Ergebnisliste ist für die Nutzer schnell scanbar.
- Die Ergebnisliste wird nicht durch zu viele Werbeelemente unterbrochen.
- Die Ergebnisliste hat eine für die Nutzer eindeutige Sortierung.
- Die Bilder innerhalb der Ergebnisse sind so groß, dass deren Aussage für die Nutzer erkennbar ist (s. a. Abschn. 5.2).

15.1.4 Interaktion mit den Suchergebnissen

Dies ist nur eine Auswahl möglicher Aktionen und Funktionen. Generell ist darauf zu achten, dass die Funktionen:
- für die Nutzer einfach und schnell zu bedienen sind,
- verständlich sind und die Benutzeroberfläche nicht überfrachten,
- keine Fehler produzieren,
- erreichbar sind,
- von den Nutzern aktiv angestoßen werden müssen,
- den Nutzern eine Rückmeldung geben, wenn sie eine Funktion oder Aktion ausgewählt haben,
- einen Tooltipp anzeigen mit einer kurzen Erklärung, wie z. B. *Musiktitel anhören*,
- darauf zu prüfen sind, ob sie von den Nutzern aktiv ein- und ausgeschaltet werden können, wie automatische Lokalisierung oder Suchhistorie.

Sortieren der Ergebnisliste
- Die Funktion *Ergebnisse sortieren* ist für die Nutzer einfach und verständlich zu bedienen.
- Die ausgewählte Sortierung kann von den Nutzern wieder einfach und schnell rückgängig gemacht werden.
- Die Funktion zeigt eindeutig an, welche Art der Sortierung aktuell vorliegt.
- Innerhalb der Ergebnisliste ist für die Nutzer ersichtlich, dass die gewählte Sortierung vorliegt. Das heißt, die Sortierungskriterien müssen auch in den Ergebnissen mit angezeigt werden und für die Nutzer erkennbar sein, wie Preis, Erscheinungsdatum, Downloadzeit, Entfernung oder Alphabet.

Kategorien auswählen
- Die Kategorien sind für die Nutzer einfach und verständlich zu bedienen.
- Die verwendete Terminologie der Kategorien ist für die Nutzer eindeutig.
- Die Kategorien können einfach und verständlich wieder abgewählt werden.
- Die Kategorien zeigen eindeutig an, welche ausgewählt wurde und aktiv ist.

- Die Schrift ist für die Nutzer in einer leserlichen Größe.
- Die Sortierung innerhalb der Kategorien ist für die Nutzer verständlich, wie nach Anzahl der Treffer oder nach Alphabet.
- Die Kategorien sind in einer für die Nutzer sichtbaren Stelle positioniert.
- Die Kategorien sind visuell deutlich von der Navigation abgegrenzt und für die Nutzer unterscheidbar.
- Die Ergebnisse passen sich sichtbar den ausgewählten Kategorien an. Für die Nutzer ist es einfach und schnell erkennbar, in welcher Kategorie sie sich gerade befinden.

15.1.5 Hilfestellung und Rückmeldung innerhalb des Suchprozesses

Rückmeldung für den Nutzer
- Nutzer bekommt eine Rückmeldung, wenn der Sucheservice ausgefallen ist.
- Der Nutzer bekommt eine Rückmeldung angezeigt, dass die Sucheingabe verarbeitet wird.
- Nutzer bekommt eine eindeutige Null-Treffer-Seite ausgeliefert, wenn keine Ergebnisse zur Suchanfrage gefunden wurden.
- Die Rückmeldungen für den Nutzer sind nicht mit Werbung überfrachtet. Es muss gewährleistet sein, dass der Nutzer versteht, was gerade innerhalb des Suchprozesses oder der Suche passiert ist.
- Die verwendete Terminologie innerhalb der Rückmeldungen ist für die Nutzer verständlich.

15.2 User–Experience-Ziele

Tabelle 15.1 dient als Vorlage zur Erstellung des Fragenkatalogs für Tests, passend zum Abschn. 8.1. Die Werte können zum Kontext der Suche selbstverständlich erweitert werden.

Tab. 15.1 User-Experience-Messwerte für die Suche

Messwert	Beispiele für Fragestellung
Attraktivität	Ist die Suchmaschine attraktiv für den Nutzer? Wenn nein, welche Kritikpunkte werden genannt?
Bedienbarkeit	Ist die Suche einfach zu bedienen? Wenn nein, wo gibt es Probleme?
Design	Ist das Design der Suchmaschine attraktiv und unterstützt den Suchprozess? Passt das Design zu der Unternehmensmarke? Wenn nein, woran liegt das?
Effektivität	Unterstützt das Design ein schnelles Scannen der Suchergebnisseiten? Finden die Nutzer schnell ihre gewünschten Informationen? Wenn nein, wo liegen die Störer auf der Site?
Einfachheit	Ist die Bedienung der Suchmaschine einfach und schnell für die Nutzer zu verstehen? Wenn nein, was ist für die Nutzer nicht verständlich?
Erwartungskonform	Verhält sich für die Nutzer die Suche mit ihren Prozessen und Funktionen genau so, wie sie es erwarten? Wenn nein, was erwarten die Nutzer?
Innovation	Wird die Suche von den Nutzern als innovativ empfunden? Wenn nein, warum nicht?
Übersichtlichkeit	Sind die Elemente der Suchergebnisseite übersichtlich angeordnet? Wenn nein, wo gibt es Probleme?
Vollstandigkeit	Enthält die Suchmaschine alle für den Nutzer wichtigen Funktionen, Informationen und Elemente? Wenn nein, was vermisst der Nutzer?
Werbung	Ist die angezeigte Werbung für die Nutzer verständlich und hinreichend gekennzeichnet? Ist die Platzierung der Werbung optimal? Ist das Ausmaß der Werbung für Nutzer akzeptabel? Wenn nein, warum nicht?
Wettbewerbsvorteil	Wird die Suche im Vergleich zu den Wettbewerbern von der Zielgruppe mehr genutzt oder bevorzugt benutzt? Wenn nein, warum wird die eigene Suche nicht von den Nutzern verwendet?

15.3   System Usability Scale

Der SUS wurde für die Fragestellungen der Suche adaptiert (s. Abschn. 10.6.3).
- Ich denke, dass ich diese Suche häufiger verwenden würde.
- Ich fand die Suche unnötig komplex.
- Ich denke, die Suche war einfach zu bedienen.
- Ich denke, ich würde die Hilfe einer anderen Person benötigen, um die Suche benutzen zu können.
- Ich halte die verschiedenen Funktionen der Suche für gut integriert.
- Ich halte die Suche für inkonsistent.

- Ich kann mir vorstellen, dass die meisten Personen sehr schnell lernen, mit dem System umzugehen.
- Ich fand das System mühsam zu bedienen.
- Ich fühle mich bei der Benutzung der Suche sehr sicher.
- Ich musste viele Dinge lernen, bevor ich die Suche richtig benutzen konnte.

Die Antworten erfolgen auf einer Skala:
- Ich stimme voll und ganz zu.
- Ich stimme teilweise zu.
- Teils so, teils so.
- Ich stimme teilweise zu.
- Ich stimme überhaupt nicht zu.

Index

S. M. Quirmbach, *Suchmaschinen*, X.media.press, DOI 10.1007/978-3-642-20778-5
© Springer-Verlag Berlin Heidelberg 2012